21世纪公共管理学系列教材
Textbooks of Public Management and Administration in the 21st Century

西方管理思想史（第二版）

The History of Western Management Thoughts

姜杰 孙倩 陶传平 韩慧 编著

北京大学出版社

PEKING UNIVERSITY PRESS

图书在版编目(CIP)数据

西方管理思想史/姜杰等编著. —2 版. —北京:北京大学出版社,2011.2
(21 世纪公共管理学系列教材)
ISBN 978-7-301-18492-9

Ⅰ. ①西… Ⅱ. ①姜… Ⅲ. ①管理学-思想史-西方国家-高等学校-教材 Ⅳ. ①C93-095

中国版本图书馆 CIP 数据核字(2011)第 011917 号

书　　　名：西方管理思想史(第 2 版)
著作责任者：姜　杰　孙　倩　陶传平　韩　慧　编著
责 任 编 辑：张盈盈
标 准 书 号：ISBN 978-7-301-18492-9
出 版 发 行：北京大学出版社
地　　　址：北京市海淀区成府路 205 号　100871
网　　　址：http://www.pup.cn
新 浪 微 博：@北京大学出版社
电 子 信 箱：编辑部 ss@pup.cn　总编室 zpup@pup.cn
电　　　话：邮购部 62752015　发行部 62750672　编辑部 62753121
印　刷　者：三河市北燕印装有限公司
经　销　者：新华书店
　　　　　　730 毫米×980 毫米　16 开本　17.25 印张　330 千字
　　　　　　2007 年 7 月第 1 版
　　　　　　2011 年 2 月第 2 版　2023 年 8 月第 12 次印刷
定　　　价：31.00 元

未经许可,不得以任何方式复制或抄袭本书之部分或全部内容。
版权所有,侵权必究
举报电话：010-62752024　电子邮箱：fd@pup.pku.edu.cn
图书如有印装质量问题,请与出版部联系,电话：010-62756370

前　言

　　本书是在研究生教学和本科生教学讲义的基础上多次修改而成的。本书以大的时间段为标界，以管理理论发展为线索，结合管理实践变化的背景，采取相对集中的方式，分别叙述了管理理论的各个主要流派及各阶段有代表性管理大师的管理思想，以期给读者提供世界管理思想宝库的精华。

　　本书在写作过程中，考虑到研究生和本科生的学业繁重、课程多、时间紧，我们力图做到删繁就简、集中明了、叙述概括，便于读者在较短时间内对主要内容的重点把握。

　　管理思想随管理实践而发展。管理思想和管理理论是各个领域各类组织的具体管理实践的概括和抽象，具有普遍性和一般性的特点。企业管理是管理实践的主要领域和主要形式，但绝不是唯一领域和唯一形式。企业管理是管理学理论的发源地，但绝不是唯一发源地。管理实践和管理理论的研究也绝不再仅仅局限于企业管理的范围。世界发展到今天，大家已经习惯于国家、市场和社会三大领域的划分以及政府组织、非营利组织和企业组织三大类组织的划分。管理理论跟随管理实践也相应地丰富为国家行政管理、非营利组织管理和企业管理三大领域的高度提炼和集中概括。由于国家政府类组织管理和非营利组织管理在社会进步和经济发展中的作用日益增大，国家政府类组织管理研究和非营利组织管理研究，在上个世纪已经产生了很多重要的管理思想理论和管理大家。"新公共管理"的兴起及其影响的日益扩大就是佐证。管理思想和管理理论在这三大领域里蓬勃发展，管理科学的一般性或共性更为突出，管理实践更为丰富。鉴于此，作为管理思想史，本书必须突破原有局限，拓宽视野，根据管理实践和管理学普遍性特点，把管理理论和管理思想的收录范围扩展为三大领域，成为三大类组织的管理理论概括和抽象，以体现管理理论和管理思想的一般性。

　　在讲义编写和讲授过程中，笔者参照了丹尼尔·雷恩的《管理思想的演变》、小阿尔弗雷德·D.钱德勒的《管理学的历史与现状》和国内的一些相关著述，如孙耀君、李长武、郭咸纲、桑玉成等先生分别所著的管理书籍，借鉴、吸收和采用了学界前辈和同行们的许多研究成果。只有以此为基础和前提，本书才能得以完成，作者借此机会由衷地向他们表示深深的谢意。所有参考到的文献资料，在书中尽可能地做了详细注明。对于难免的疏漏或谬误，我们能做的就是事先表示歉意，但一经发现，我们将会在再版中立即改正。本书是来自于多所大学的教师集体努力、多方合作的结果。

人类管理实践历史久远,世界管理思想宝库博大精深,管理理论与管理实践大家辈出,一本《西方管理思想史》显得异常单薄,仅仅可能提供一个大纲概要或脉络线索。更多的内容需要读者参阅原著。

　　本书得以顺利出版,首先要感谢北京大学出版社张盈盈编辑,她的敬业、热心与真诚合作,给予了我们很大的促进与帮助。山东大学政治学与公共管理学院的刘敏同学为本书做了大量繁重的技术性工作,如果没有她的帮助,本书交付出版的时间还要拖延。山东轻工业学院的王萍萍老师提供了大量资料,参与撰写了本书第七章的部分内容。

作者

2007年4月

再 版 前 言

本书自出版以来,受到读者欢迎,印刷了多次。在作为教材使用的过程中,读者对本书提出了许多建设性的意见和建议,本次修订多数得以采纳。一是补充了一些管理理论所必需的背景资料和管理实践,努力体现出管理思想发展脉络的全貌和理论演进框架;二是尽可能突出本教材的简明特点,保留其简明特征,删繁去冗,精炼知识点;三是精心筛选和慎重吸收了近十年来管理思想发展所沉淀下来的新成果,提炼添加了一些影响较大、成效显著的管理实践探索;四是修改和订正了个别疏漏和错误。

主观上,我们一直努力把本书做成精品,不负读者的厚望;客观上,还取决于读者自己在阅读中做出自己的评判。一部教材的改进、完善和提高,离不开读者的帮助,我们期待着来自各方面的建议和帮助。

作者
2010 年 6 月

目录

第一章　早期管理思想　1
- 第一节　古代管理思想　1
- 第二节　中世纪的管理思想　3
- 第三节　资本主义早期的管理思想　5
- 第四节　18世纪后半期到19世纪的管理思想　8

第二章　科学管理理论　12
- 第一节　科学管理理论的产生　12
- 第二节　科学管理理论的基本要点　17
- 第三节　泰勒的追随者和同时代的人对科学管理理论的发展　22

第三章　古典管理学理论体系的形成　27
- 第一节　法约尔的一般管理理论　27
- 第二节　韦伯的行政集权组织理论　34
- 第三节　古典管理理论的系统化　41

第四章　行为科学理论　45
- 第一节　行为科学产生的思想理论准备　45
- 第二节　行为科学的建立　49
- 第三节　行为科学理论的发展　54

第五章　现代管理理论丛林　77
- 第一节　管理过程学派　78
- 第二节　社会系统学派　82
- 第三节　决策理论学派　88
- 第四节　系统管理学派　93
- 第五节　权变理论学派　98

第六节　经验主义学派　　　　　　　　　　　106
　　第七节　经理角色学派　　　　　　　　　　　114
　　第八节　管理科学学派　　　　　　　　　　　117

第六章　管理学理论的发展　　　　　　　　　　120
　　第一节　战略管理理论　　　　　　　　　　　120
　　第二节　全面质量管理理论　　　　　　　　　139
　　第三节　组织文化与文化管理理论　　　　　　164

第七章　公共行政管理思想　　　　　　　　　　185
　　第一节　形成时期　　　　　　　　　　　　　186
　　第二节　发展时期　　　　　　　　　　　　　195
　　第三节　繁荣时期　　　　　　　　　　　　　199
　　第四节　转折时期　　　　　　　　　　　　　214

第八章　管理学理论的新转折　　　　　　　　　223
　　第一节　再造与创新　　　　　　　　　　　　223
　　第二节　组织环境与观念　　　　　　　　　　230
　　第三节　合作竞争　　　　　　　　　　　　　234
　　第四节　无边界管理　　　　　　　　　　　　239
　　第五节　管理思想的国际化实践　　　　　　　246

结束语　　　　　　　　　　　　　　　　　　　250

参考文献　　　　　　　　　　　　　　　　　　258

附录　人物及著作一览表　　　　　　　　　　　261

第一章　早期管理思想

第一节　古代管理思想

现代西方管理思想的历史渊源可以追溯到远古时代,人类生活以集体为基础,而集体就需要一定的管理活动。随着人类蒙昧时代的结束和文明时代的到来,管理实践和管理思想也随之发展。西方古代管理思想主要源于文明的古国,埃及、巴比伦、希腊和罗马。

古埃及修建了大量的金字塔,突出显示了其组织和管理能力。修建过程中,石块的采掘、搬运和凿刻以及大量人员的管理问题,都需要周密的计划、组织和控制工作。古埃及也兴修了大规模的水利工程,这些工程都需要国家建立专门的机构和任命专职人员来管理。

古巴比伦国王汉谟拉比在建立中央集权的奴隶制国家以后,为巩固其统治地位,颁布了《汉谟拉比法典》,以作为国家行为的准绳。法典共包括282条,涉及个人财产、商业活动、租赁、借贷、生产控制、劳动刺激和报酬等多个方面,体现出经济管理思想的萌芽。

管理活动是一种历史范畴,与一定历史条件下的生产实践相联系,管理思想和管理理论的形成也与时代特征密切相关。古希腊是欧洲文明的摇篮。古希腊的一些改革家和思想家受到先进文化和先进生产力的影响,其思想中也孕育着管理萌芽,主要代表人物有:苏格拉底、色诺芬、柏拉图和亚里士多德。

苏格拉底(Socrate,前469—前399)通过"问答法"传授自己的思想,即通过谈话、提问和解决矛盾等方法,把早已包藏于受教者心灵中的各种论证结果揭示出来,从而使受教者接受自己的思想。基于此,他认为管理具有普遍性,管理私人事务和管理公共事务仅仅是量的不同,管理不好私人事务也就管理不好公共事务,公共事务的管理方法和私人事务的管理方法可以互通使用。

色诺芬(Xenophon,约前430—前350)是古希腊著名的思想家和作家,苏格拉底的门生,他的代表作是《家庭管理》(又称《经济论》),这本书是色诺芬根据自己的亲身经历和管理庄园的实践经验以对话的形式写成的。他在书中提出了经济管理的研究对象——家庭管理,他强调家庭管理应该成为一门学问,即研究奴隶主如何组织和管理好自己财产的问题,包括训练妻子、管家和奴隶等,而管理水平优劣的判别标准就在于财富是否增加;他还强调了劳动分工的重要性,认为分工可以提高产品的质量;当时的奴隶不作为人对待,只是会说话的工具,基于此色诺芬认识到加强人的管理的重要性。

柏拉图(Plato,前427—前342)是苏格拉底的学生,古希腊著名的唯心主义哲学家,代表著作为《理想国》。柏拉图通过国家范围内的劳动分工体现了他专业化的管理思想,他认为:"如果一个人根据自己的天生才能,在适当的时间内不做别的工作,只做一件事,那么他就能做得更多,更出色,更容易。"[①] 他在《理想国》中把人分为三等:第一等人,哲学家,他们以自己的智慧来管理国家;第二等人,卫国武士,其职责是以勇敢和军事才能辅助统治工作;第三等人,民间艺工,主要是农民、商人和手工业者,他们通过劳动为国家创造物质财富并接受前两个等级的统治。他认为人的本性是由理性、意志和欲望三个部分构成的,而这三个等级分别代表了三部分。理性是统帅,富有智慧;意志是执行,具备勇敢的品质;欲望最低劣,使灵魂有了节制品性。各个阶层的人应该相互协调,各执其事,各尽其职,不可僭越。即"各做各的事而不互相干扰"。[②] 人们实行分工和互助,每人精专一业,物品精美,人们也可以结成团体而形成国家。

亚里士多德(Aristotle,前384—前322)是柏拉图的著名弟子,代表著作为《政治学》。书中他以"天赋人性"为基础阐述了管理者和被管理者的关系,以维护当时的阶级统治,他说:"从来不知道服从的人不可能是一位好的指挥官。"[③] 亚里士多德还对事物的"形式"和"质料"进行分析,认为事物的运动、变化和发展是"质料"实现的"形式",实际上他揭示了管理矛盾的运动、变化和发展的内在规律。

古罗马是意大利北部的一个城邦,统一意大利之后又逐步扩张,征服了亚历山大王国,进而统一了地中海,建立了庞大的罗马帝国。罗马帝国在建立过程中实行了中央集权和地方分权相结合的原则,既有效控制了庞大的帝国,又适应了地方的特点。后来,因为这种组织制度遭到破坏,罗马帝国也逐渐衰落。

马库斯·贾图(Marcus Poreius Cato,前235—前149)是古罗马的政治活动家和大奴隶主,主要著作是《论农业》。他生活在古罗马奴隶制兴盛的时代,《论农业》反映了奴隶主巩固奴隶制度、榨取更多剩余产品的要求。贾图还指出农业是罗马人最适宜从事的职业,奴隶主的主要任务就是管理好自己的庄园以增加收入。

马库斯·铁伦提乌斯·瓦罗(Marcus Terentius Varro,前116—前28)是古罗马著名的思想家,他也著有《论农业》一书。瓦罗注重维护自然经济,主

---

① 柏拉图:《理想国》,商务印书馆1952年版,第77页。
② 《古希腊罗马哲学》,三联书店1957年版,第229—230页。
③ 亚里士多德:《政治学》,大英百科全书出版社1952年版,第474页。

张自给自足。在管理奴隶的方法上,他提倡用语言而不是鞭子。他还提出庄园中最好不要使用数量太多的同一部落的奴隶,以防止发生争端。

第二节　中世纪的管理思想

欧洲的中世纪指的是从罗马帝国的衰亡到文艺复兴前这段时期,属于封建社会时期,其政治管理体制和组织结构森严。西欧封建社会以土地为纽带,实行分封制,形成了从国王到诸侯、家臣和骑士一系列不同等级的封建主,他们既是政治统治者,也是土地的所有者。封建制度的实质就是维护地主阶级对农奴的统治。

随着商业和手工业的日益活跃,城市逐步兴起,市民要求建立城市自治机构以保护自己的财产、安全和权利。贸易的发展也促成了行会制度的形成,行会的等级制度、人事制度、竞争和垄断都对管理思想的发展具有重要意义。

这段时期的学者主要从管理国家的角度出发,提出的管理原则促成了现代管理中的领导理论的发展,以及管理者职能的界定。随着城市的兴起和贸易的发展,特别是行会的成立,对现代技术等级制度,质量管理做了最早尝试,行会也可以被看作是最早的行业垄断组织。同时,银行的出现,促进了管理信息系统的完善。

此外,中世纪也出现了十分出色的工厂管理实践。威尼斯兵工厂的管理代表了这一时期的管理水平。政府授权,厂长经营;政府给工厂下达明确的任务并实施控制;兵工厂在成品部件的编号和储存、安装船只的装配线、人事管理、部件的标准化、会计控制、存货控制、成本控制等方面积累了成型的管理经验。

中世纪的管理思想中影响比较深远的代表学者有阿奎那、马基雅弗利和莫尔。

一、托马斯·阿奎那

托马斯·阿奎那(Thomas Aquinas,1226—1276),是中世纪意大利著名的神学家和经院哲学家,代表作是《神学大全》,该书被誉为中世纪经院哲学的百科全书,阿奎那也因此被奉为"神学之父"。13世纪初期,随着教会和异教斗争的日益激烈,早期的经院哲学家发展为以折中主义为特征的多米尼克经院哲学正统派,阿奎那是其中的著名代表。阿奎那的神学理论在封建社会兴盛时期占据统治地位。

阿奎那从自然法的观点来论证封建农奴制度的合理性。他认为自然法是凌驾于人类之上的法,是由神性支配的永恒规律,人类行为都必须以它为准则。阿奎那认为宇宙是按照等级阶梯构成的,从生物体到人,再到圣徒、天使,最高就是上帝,整个宇宙都是按照上帝的旨意来运转的。实际上他是为教会权力极力做辩护,以维护神权在中世纪的崇高地位,维护农奴制度。

二、尼科洛·马基雅弗利

尼科洛·马基雅弗利(Niccolò Machiavelli,1469—1527),意大利文艺复兴时期著名政治思想家和历史学家。他的管理思想内容丰富,代表著作有《战争的艺术》、《君主论》、《佛罗伦萨史》等。他在管理思想方面做出了令人瞩目的贡献,尤其是他的四项领导原理最为著名。

1. 性恶论。他主张"人性本恶论",提出"权力欲望"和"财富欲望"是人性的基础,所以他认为必须采取强制手段对人进行管理和控制才能达到目标。马基雅弗利主张"物质利益确定论",他认为人们冲突的根本原因始于物质利益,他是较早认识到"物质利益"在管理中的重要性的思想家之一。

2. 四项领导原理。马基雅弗利的领导原理对现代领导科学具有重要的借鉴意义,它们分别是:

(1) 作为领导者必须得到群众的拥护和认可。这包含两层含义:一是群众要拥护和支持他成为领导者;二是领导者的行为要得到群众的支持和响应。尤其在研究政治体制时,马基雅弗利肯定了人民(新兴资产阶级)在国家政治生活中的作用。君主制或是民主制的持续存在都依赖于群众支持,这是一种权力接受论,即权力是自下而上的。

(2) 领导者必须具有维持组织内聚力的能力。国家要持续发展就必须具有内聚力,即领导者必须把组织中的成员团结在一起,抚慰和利用他们,使人民相信他们是值得信赖的君主,从而使自己和组织具有很强的吸引力和凝聚力。

(3) 作为领导者必须具备坚强的精神意志。面对组织生存的各种问题,领导者必须具备坚忍不拔、百折不挠的意志品质,为组织和自己的生存发展而不断克服困难,努力奋斗。

(4) 作为领导者必须具有崇高的品德和卓越的能力。主张领导者像狮子一样勇敢,像狐狸一样狡猾,才能使狼感到恐惧;同时领导者还要遵循时代潮流,做到随机应变;马基雅弗利还倡导领导者要努力学习管理技术以自己为榜样鼓舞人民。

马基雅弗利的管理原则阐述了一个君主如何管理好自己的国家,但这些原则也同样适于其他组织和管理活动,尤其是他所主张的领导与群众的关系、领导者的素质条件、领导者权威来源等问题,将现代现代管理中的领导理论与其比较相似,可以看成是该原理的继承和发展。

三、托马斯·莫尔

托马斯·莫尔(Thomas More,1478—1535)是英国空想社会主义学说的创始人,代表作是1516年出版的《乌托邦》。该书采用对话体裁,主要讲述了一位水手在航海中到达乌托邦的过程。莫尔尖锐地批评了英国资本主义原始积累的罪恶,指出私有制是一切罪恶的根源,只有摆脱私有制,才能消除贫富不均。莫尔描绘了未来理想社会的基本特征:实行财产公有制,人们都分批从事义务劳动,不存在商品货币关系,社会产品极大丰富,按需分配,政府官员按民主方式选举产生并以民主的方式治理国家。

第三节 资本主义早期的管理思想

一、詹姆斯·斯图亚特

詹姆斯·斯图亚特(James Stewart,1712—1780)是英国重商主义后期的主要代表人物之一,是英国最早探索政治经济学体系的学者,代表作是1767年出版的《政治经济学原理研究》。书中,斯图亚特论述了货币流通的一般规律,主张国家对经济生活进行全面干预,反对经济自由主义。斯图亚特先于亚当·斯密提出了分工的概念,论述了工人因重复操作而获得的灵巧性。他早于泰勒一百多年就指出了工作方法研究和工资激励制度的实质。他认为工人如果始终按固定的劳动量工作,工作方法就不会得到改进,而计件工资制则促使工人想方设法改进工作方法以增加生产量。同时,他还指出管理人员和一般工人之间应明确分工,机器的大规模应用会促进工人的就业等问题。

二、亚当·斯密

亚当·斯密(Adam Smith,1723—1790)是18世纪后半期英国古典政治经济学的创始人之一,最主要的代表作是1776年出版的《国民财富的性质和原因的研究》(也称《国富论》)。该书的问世,标志着资本主义商品经济理论体系的构筑完成。亚当·斯密以资本主义财富为中心,从"经济人"的本性出发,主张劳动分工、控制职能和自由经济,以提高劳动生产率增加社会财富,达到"国富民裕"的目的。

1. "经济人"假设。亚当·斯密最早地完整论述"经济人"假设,他认为一切经济问题的出发点都是人的本性使然,资本主义的人性基础是利己主义,人都是利己的、自私的,每个人的一切活动都受到这一本性的支配和控制。"经济人"就是要追求个人利益的最大化,只有实现个人利益的最大化才能满足他们的利己心,使其利己行为也有利于他人,就能实现人与人之间的互惠,实现"国富"。主观利己，客观利于社会，但社会利益以个人利益为立足点。因此，亚当·斯密的经济思想以自由市场经济为中心，一切经济活动均应按照市场规则运行，反对政府干预。亚当·斯密的"经济人"假设恰恰反映了当时资本主义生产关系的实质，成为资本主义管理的理论基础之一，对西方管理思想的发展过程有着深刻的影响。

2. 分工问题。亚当·斯密非常强调劳动分工，认为劳动分工可以带来更多的经济利益。他说："人类把注意力集中在单一事物上，比把注意力分散在许多事物上更能发现达到目标的更简易更便利的方法。"①他认为，分工可以使劳动者专门从事某一操作，提高技术熟练程度，节省了转换工作所需要的时间。在专业分工的基础上有利于发明高效率的机器设备，不断促进生产工具的改革和生产的合理化程度，以提高生产效率。亚当·斯密认为，无论是行业分工还是行业内部分工，"分工的效果总是一样的，凡能采用分工制作的工艺，一采用分工制，便相应地增加劳动的生产力"②。

亚当·斯密分析了国家财富和分工的关系，也就是提高生产效率的原因。他指出一个国家财富的多少，是由这个国家的国民所提供的劳动数量决定，劳动数量又取决于两个因素，一是从事有用劳动的人数；二是劳动生产率的高低。而劳动生产率由工人的技能或技巧决定，技能或技巧又由生产上的分工决定，因而分工才是劳动生产率高低的决定性因素。斯密认为分工在管理上对于提高劳动生产率有三个好处：(1) 分工促使工人快速提高劳动技术的熟练程度；(2) 分工可以实现生产的专门化，节约劳动时间；(3) 分工有利于专门从事某项工作的劳动者有时间和能力改进劳动工具和发明创造。③

亚当·斯密在《国富论》中阐述的分工有两种形式：一种是工人之间的操作分工，即按照产品的作业进行分工，每个劳动者担任产品作业中的几项操作；另一种则是社会范围生产的行业分工，社会生产的行业分工提高，社会生产力也会提高，国民财富就会增加。分工理论是市场经济的一个主要支柱，也是工厂制度和资本主义大工业生产的基础，分工是生产组织和管理最重要的思想和方法之一。

3. 劳动分工与财富的关系。亚当·斯密指出劳动是国民财富的源泉，因此要增加生产性劳动，减少非生产性劳动以增加社会财富；而提高劳动者的素质是国民财富增长的根本原因。

4. 控制职能。亚当·斯密认为如果要真正对一个组织进行控制，就必须以

---

① 〔英〕亚当·斯密：《国民财富的性质与原因的研究》，商务印书馆1972年版，第10页。
② 同上书，第7页。
③ 郭咸纲：《西方管理思想史》（第三版），经济管理出版社2004年版，第50页。

自己的成绩对控制者负责,而对控制者如无法施加任何重大影响,就无法进行控制。他还讲到了当时的教师不负责的问题来说明这一思想。"教师应当服从权力,如掌握在法人团体即专门学校或大学的手中,而他自己又成为这学校或法人团体中的一员,其他成员大部分亦同是教师,或可为教师者,那么这些教师们彼此间就会宽大为怀,各个人以容许自己的疏忽义务为条件,而对其同事也就同样的疏忽了其义务,他们会把这样看作是共同的利益。"①

5. 计算投资还本问题。亚当·斯密提出应用于购买和装置机器的方法,他解释说:"购置高价的机器,必然期望这种机器在磨损前所成就的特殊作业可以收回投资,并至少获得普通的利润。"②即是当时的利息的两倍。

三、让·巴蒂斯特·萨伊

让·巴蒂斯特·萨伊(Jean Baptiste Say,1767—1832)是法国新古典经济学的创始人,代表著作是1803年发表的《政治经济学概论》。萨伊是在英国完成教育的,他亲自感受到了英国产业革命的发展,也拜读了斯密的《国富论》。萨伊自诩为斯密理论的解释者和传播者,但他也指出了斯密理论的一些错误和缺陷。萨伊的著作中包含了丰富的管理学思想。

1. 分工理论。萨伊肯定了劳动分工可以带来高效率的观点,但分工的程度受到种种条件的限制,如产品的消费量、资本的实力和行业性质等。萨伊也分析了分工的弊端,即长期专注于某一操作,而导致其他方面的才干逐步消退,萨伊曾说:"如果一个人的一生中除了制造扣针的第十八部分外没有干过其他工作,说起来将是多么难过。"③因分工导致的退化对工人阶级来说更为不利,陷入困苦境地的可能性更大。

2. 共同劳动的思想。萨伊认为人类劳动可以分为三个步骤:其一是对产品规律和性质的研究,其二是将研究结果应用于产品的创造实践,其三是提供执行力量生产产品。这三部分劳动可概括为理论、应用和实践,分别由科学家、企业家和工人完成。科学家消除了人们的愚昧无知,为劳动的发展提供了直接的推动力;企业家善于把科学知识应用于有益的开发途径,广泛传播科学家的知识;工人能够熟练灵巧的执行手工工作,并应用知识以供人类需要的技巧。这三种人的劳动都是有效的,能够产生经济效益,财富就是这三者共同劳动的结果。萨伊肯定了企业家作为工厂管理人员在财富创造过程中的重要作用。

3. 劳动报酬理论。按照萨伊的共同劳动思想,劳动报酬也包括科学家、企

---

① Adam Smith, *An Inquiry into the Nature and Causes of the Wealth of Nations*, p. 321.
② Ibid.
③ 〔法〕萨伊:《政治经济学概论》,商务印书馆1963年版,第100页。

业家和工人的劳动收入。萨伊对企业家的报酬有详细的论述。他指出,企业家(冒险家)是继土地、资本、劳动之后生产力的第四种要素。企业家在将三种传统要素结合起来的同时,必须筹措资金,担负投资和偿还债务的风险;同时他还要招募工人、选购原材料、寻找消费市场等,这需要冒险家掌握一定的管理技术,具备专业知识、敏锐的判断力和敢于承担风险的精神品质。这种事业总带有一定的风险性,成功的企业家人数有限,这就决定了冒险家要获得高水平的劳动报酬,除了以资本家身份取得的收入以外,还以管理者的身份取得一部分管理报酬。

四、大卫·李嘉图

大卫·李嘉图(David Ricardo,1772—1823)是19世纪初英国在经济学方面的杰出代表人物,主要代表著作是1817年出版的《政治经济学及赋税原理》。李嘉图极力宣扬经济的自由主义,认为只有自由经济才最有利于资本主义制度的发展。他对早期的管理思想的贡献主要包括:

1. 他在资本和管理技术两者关系的基础上提出了所谓的"工资规律"。认为工资、利润和地租的源泉是工人劳动创造的价值,并且由此得出了工资越低,利润就会越高,反之工资越高,利润就会越低的结论。

2. 大卫·李嘉图提出了有关经济人的群氓假设:(1) 社会由一群群无组织的个人所组成。(2) 每个人都是利己自私的,为追求个人利益的最大化而采取行动。(3) 每个人为了达到这个目的,尽可能合乎逻辑地思考和行动。因此针对这三个假设推导出的结论是对这些群体只能采用绝对的、高压的、集中的权力来控制和管理。

第四节 18世纪后半期到19世纪的管理思想

在西方一些经济较为发达的国家,资本主义制度相继代替封建制度,实现了人类社会的最大历史进步。几个主要的资本主义国家,虽然走的道路不同,具体形式不同,但都已经实行或确立了三权分立的资本主义宪政体制,立法、司法、行政三权相互制衡,国家组织形式及其管理体制在当时的环境和历史条件下实现了科学化的巨大进步,也是行政管理真正科学化的开端。与国家体制相适应,作为资本主义国家微观经济细胞的企业,也逐渐过渡到了成熟的组织形式,普遍进化到股份制形式,实现了完善而科学的治理结构。董事会(股东大会)、监事会、总经理为首的职业管理团队,形成了企业上的"三权分立"。资本主义国家体制确立和现代企业组织形式的形成,为管理学理论诞生奠定了现实基础。

从18世纪60年代后半期开始,西方主要的资本主义国家陆续开始了工业革命。其结果是以机器制造为基础的资本主义工厂制度,最终代替了以手工劳动为基础的资本主义工场。生产力发展和生产组织形式的变革,必然引起了管理理论和管理思想的变革。这一阶段的管理实践者面对工业管理带来的挑战,在前期管理学家和经济学家的基础上,提出了诸多有价值的思想见解,促进了管理思想的发展,也为后来的科学管理的诞生提供了思想基础。

一、伊莱·惠特尼

伊莱·惠特尼(Eli Whitney,1765—1825)是美国著名的发明家和企业家,他曾发明了轧棉机,后来又获得了美国制造步枪的合同并取得了一定成就。惠特尼进行了初期的科学管理探索,他采用了科学的加工方法使部件标准化;建立了精确的成本会计制度;严格控制产品的质量;认识到管理幅度原则等。这些管理原则都是惠特尼对科学管理的最初探索,为后来的科学管理的产生奠定了基础。

二、罗伯特·欧文

罗伯特·欧文(Robert Owen,1771—1858)是英国伟大的空想社会主义思想家,他为人正直、富有慈爱之心,著作有《新社会观》(1813—1814)、《关于制造制度的效果的观察》(1815)。欧文生活在英国产业革命的早期,目睹了工厂巨大的劳动强度、工人的失业、恶劣的劳动条件,感受到了贫困、饥荒和愚昧对工人生命和道德的摧残与戕害,欧文决心向整个社会推广他的管理原则和思想。他对管理思想的重要贡献主要体现在新拉那克工厂的管理试验中的人事管理方面。欧文致力于改善工厂的条件和工人的生活、工作环境:为工人建造住房,规定了工人申诉的规章制度,禁止雇用十岁以下的童工,建立公共食堂、医院,发放抚恤金等;同时他也致力于以工厂为中心的社区社会改革,对新拉那克的学校进行教育改革,建立晚间娱乐中心以解决工人们闲暇时间增加的问题。

欧文是人事管理的先驱,他认为环境塑造了人性,非常重视人的因素在工业发展中的作用。因此,欧文痛斥了以惩罚为主要手段的管理方法,他认为管理者没有理由惩罚和训斥工人,他提倡以教育和感化为主要手段的柔性管理方法。欧文首先关注到人的因素,强调利用人力资源,为后来的人际关系学说和行为科学开创了理论先河。

三、卡尔·冯·克劳塞维茨

卡尔·冯·克劳塞维茨(Carl Von Clausewitz,1780—1831)是普鲁士的一名将军,对战争哲学和战争史颇为了解,他的代表著作是《战争论》。该书主要论述了军事领域的组织和管理问题,但这些基本原则同样也适用于其他大型组织。

他曾指出,工商业经营是同战争很类似的人类竞争的一种形式。他认为一切军事活动都集中在作战计划中,作战计划包含着战争的总目标;因此,要管理好一个企业组织,必须制定明确细致的规划,确定组织目标,以使组织决策中的不确定性降低到最低程度,再依据计划采取行动。克劳塞维茨还非常重视组织的纪律,这些思想同样都适用于工商业的管理。

四、安德鲁·尤尔

安德鲁·尤尔(Andrew Ure,1778—1857)出生于英国的格拉斯哥,大学毕业之后在安得逊学院任教,在管理思想和管理教育方面作出了贡献。教学工作中他还培养了大批科技人员和管理人员,后来格拉斯哥许多工厂的经理都是尤尔的学生。尤尔的管理著作是《制造业的哲学》(1835),主要是为管理人员和职工的培训而写作的。他在书中论述了制造业的原则和生产过程,他指出每个企业都存在三种系统:(1)机械系统,生产的技术和过程。(2)道德系统,企业的人事制度。一方面工人应顺从工厂的纪律,不应怠工、罢工、破坏机器;另一方面企业的管理者也必须采取恰当的措施维持企业的整体和谐状态。(3)商业系统,为维护企业的生存和发展,负责销售和筹措资金活动。尤尔的系统思想对后来法约尔管理思想的产生有所影响。

五、查尔斯·杜平

查尔斯·杜平(Charles Dupin,1784—1873)是法国的管理学家和管理教育家,也是一位数学家和经济学家,他的管理著作是1831年出版的《关于工人情况的谈话》,该书出版以后赢得了广泛的读者。杜平最早指出管理可以通过教授获得,他把管理作为一门独立学科进行教学。他还提出了工时研究,以及劳动分工以后工人人数和工作量匹配等问题。杜平强调要对工人的作业进行必要的指导,以尽量减少工人的劳力;对行业也要进行研究,以找出适合每种行业的工业措施。杜平还指出机械化的广泛运用不会对工人产生威胁,反而会创造更多的就业机会并为其福利服务,以此劝解工人不要破坏机器或进行罢工,同时也鼓励管理者更多地关心处于困境的工人。

六、查尔斯·巴贝奇

查尔斯·巴贝奇(Charles Babbage,1792—1871)是英国著名的数学家和发明家,也是科学管理的先驱代表。他于1822年设计出世界上第一台现代计算机——小型差分机,他还利用计算机统计工人的劳动量以及其他数据,被称为"管理的机械原则"。巴贝奇在1832年发表了他管理理论的代表作《论机器和制造业的经济》,详细论述了劳动分工、工作方法和生产成本等问题。

1. 分工思想。巴贝奇肯定了亚当·斯密的分工理论，他认为分工可以节省学习时间，节省材料耗费，节省改变工序和工具所耗费的时间，而使工人的注意力集中于单纯的作业，从而提高劳动生产率。他还进一步指出，脑力劳动和体力劳动之间也可以分工，并且他还把分工和报酬结合起来，按照不同分工所需要的技术和力气来支付工人的工资，这些思想都超出了亚当·斯密对分工的论述。

2. 工资加奖金的报酬制度。巴贝奇不仅关注机器设备的操作过程和生产的合理安排，也关注生产过程中人的因素。他认为工人和企业主之间存在共同的利益，每个工人的利益和工厂的发展及其所创造利润的多少有直接关系，因此，为了提高工人的劳动积极性，巴贝奇主张实行工资加利润和奖金的报酬制度，把工人的劳动和他对劳动生产率所作的贡献联系起来。这不仅调节了劳资矛盾，也把工人的实际利益和企业的整体利益相联系，消除了隔阂，促进了企业的发展，也提高了工人的技术和品德。

3. 对科学管理的建议。巴贝奇对管理理论的最大贡献在于科学方法在管理领域的应用。他根据科学精密的调查实验，提出了如何确定平均工时的方法、生产过程的精确成本、观察制造业的方法、生产程序的集中化管理，以及管理人员用一种标准提问表进行调查等问题。巴贝奇是科学管理的先行实践者，所有这些都体现了巴贝奇在管理思想上的远见卓识，也为科学管理理论的形成做了铺垫。

七、威廉·杰文斯

威廉·杰文斯(William Jevons,1835—1882)是英国的经济学家、统计学家和逻辑学家，代表作有《科学管理》(1874)、《经济学原理》(1905)等。他在管理思想方面的贡献主要有：他研究了劳动强度和身体疲劳之间的关系，以确定劳动强度、工时和动作速度的标准，使工人每天能够完成最大的工作量，但又能完全恢复疲劳重新工作。杰文斯还研究了劳资关系问题，提倡管理者和工人之间进行合作，共同拥有股票和分享利润，这在一定程度上缓和了当时的劳资矛盾和工人的反抗情绪。

* * *

思考题

1. 简述管理学诞生以前的理论准备。
2. 请分析马基雅弗利的管理思想。

第二章 科学管理理论

科学管理理论是相对于经验管理而言的。经验管理是指一个组织的管理者以个人的经验和直觉为标准进行管理。而科学管理则恰恰相反,它排除了个人的主观臆断,通过对客观事物进行调查和实验的结果为依据行事,遵循客观的原则、程序和方法,蕴科学于管理之中。19世纪末,随着生产力的进步,经济水平的提高和资本主义机器大工业的发展,势必要求生产方式和管理方式随之进行改变,科学管理思想出现萌芽;20世纪初,泰勒根据自身的实践,提出了一套科学管理的原则,被称为"泰勒制","泰勒制"的出现标志着科学管理的诞生。

第一节 科学管理理论的产生

一、科学管理理论产生的历史背景

提高效率是古典管理理论产生的直接动因,而思想准备、产业准备、实践准备和理论准备则是其理论产生的前提条件。以泰勒为代表的科学管理理论形成于20世纪初的美国,这与美国当时的社会经济背景是分不开的。19世纪后半期美国的南北战争结束以后,资本主义经济得到了迅速的发展,据统计,从19世纪中期到20世纪初期的半个世纪里,美国加工工业的人数增长了四倍,工业总产值增长了近十倍。

随着美国资本主义经济的快速发展,市场竞争日趋激烈,周期性经济危机频繁发生。从美国南北战争结束到19世纪末,总共发生了四次经济危机,分别是1866年、1873年、1882年、1893年。在市场经济的体制之下,由于经济危机的推动,竞争日益激烈,企业的生存和发展面临严峻的挑战。各个资本家开始竞相采用先进的管理技术和经营方法,科学化管理成为必然。

另一方面,经济危机使得一部分中小企业纷纷倒闭,被大企业收购兼并,生产要素也自由流向少数的大企业,资本集中和资本集聚的趋势不断加强,企业规模不断扩大。而当时企业的经营和管理却很落后,基本停留在传统的经验管理阶段,管理方式十分粗俗,因循守旧,远远落后于工业的发展。这不仅造成了物资和人力的极大浪费,而且工人的劳动生产率低下,劳动的积极性受挫,工资普遍比较低。正是在这种情况下,大批的资本家、工程师和管理者开始关注企业的科学经营和管理问题,希望通过实验来寻求合理组织生产、发挥工人潜力以提高生产效率的方法,科学管理理论应运而生。管理复杂化客观上也要求建立科学的管理体制和管理原则与之相适应。

当时美国企业的组织形式也发生了重要变化,大量股份公司的涌现,使企业的所有权和管理权分离。资本家成为股份的所有者,他们只关心资本是否增值,并不直接参与企业的经营管理活动,催生了职业经理阶层的出现。管理职业化,职业经理人市场逐渐形成,管理职能专业化趋势成为科学管理产生的有利因素。

资本家为了获取更多的利润而致使劳动时间的延长、劳动强度的增加和工资的低水平,激起了工人阶级的强烈反抗,资本家和工人的矛盾日益激烈。工人开始破坏机器,有组织地开展大规模的罢工,所有这些都使资本家感到惶恐不安,不得不从企业管理上寻求出路,这也促进了科学管理的产生。

二、美国科学管理的先驱及实践

19世纪后半叶,在美国经济高速发展的过程中,铁路行业首先出现了巨型企业。为了对巨型企业进行有效控制和管理,必须建立相应的完整的科学计划、协调方案和组织结构。这种要求促进了管理的科学化,科学管理的探索卓有成效,其中的代表人物有麦卡勒姆、普尔、汤尼、梅特卡夫、哈尔希和史密斯等。

(一)丹尼尔·克雷格·麦卡勒姆

丹尼尔·克雷格·麦卡勒姆(Daniel Craig McGallum,1815—1878)只有初中教育水平,但却是杰出的实践成效突出的管理专家。1854—1857年他担任美国纽约伊里铁路公司的总监,他出色的管理制度解决了当时铁路管理面临的复杂局面,于1862年被美国陆军部长任命为美国全国铁路总监。在任期间,麦克勒姆表现出卓越的管理才能。为了解决大型铁路公司效率低下、缺乏严密监管的难题,他提出必须建立严格的规章制度以达到有效控制。

第一,他在管理组织系统中进行职责分工,将职工分成若干等级,授予每个职工相应的权力,权责匹配。他还编制了职务说明书,对职位进行描述,包括职位的名称、性质、职责和权力范围、薪酬待遇等内容,以作为履行职责和奖惩的标准。

第二,在明确职责范围的基础上,建立有效的报告制度,及时向上级报告工作情况,做到上通下达,使最高管理者掌握组织的运行状况。一旦发现有玩忽职守者,必须及时予以纠正,以防影响到以后的组织管理问题。

第三,建立组织结构图,将组织内部的机构和部门及其相应的权责用图示表示出来,形成树状的结构图,明确上下等级关系,保证组织的统一指挥。

麦卡勒姆的管理制度的确很有创见,一针见血地指出了铁路公司存在的问题,但因管理制度极其严格,遭到了员工的反抗,未能有效实施。1857年,麦卡勒姆因无法平息伊里铁路公司的罢工风波而被迫辞职,但他的管理思想却继续被效仿,在美国铁路公司和其他的大型公司里得到应用。

(二) 亨利·瓦农·普尔

亨利·瓦农·普尔(Henry Varnum Poor,1812—1905)长期担任《美国铁路杂志》的主编,后来又创办了《美国铁路手册》,对美国铁路的经营和管理有广泛的了解。普尔是麦卡勒姆的忠实支持者和宣传者,他针对当时美国铁路管理的种种弊端,根据麦卡勒姆的管理实践,结合自己多年来对铁路制度的分析,提出了关于组织结构和领导方式的四项原则。他主张建立一种管理体系,并由专职管理人员进行管理:(1) 建立明确的组织结构。从总经理到普通工人都要明确职能分工,并对其直接领导负责。(2) 建立通信联系系统。以便最高领导能迅速掌握工作的进展情况。(3) 建立情报资料管理制度。将相关的成本、收入、价格和定额测定等内容记录下来,对其进行分析,作为日后改进业务的依据。(4) 采取新型的领导方式。借鉴麦卡勒姆的教训,普尔主张建立一种新型的领导方式,改变僵化、呆板、缺乏人情味的领导风格,注重企业中人的因素,提倡和谐、团结。他提出要坚持整体观念,一个组织不能只强调严格管理,实现组织的统一,既要有服从精神,又要有主动精神。普尔在梅奥之前就意识到人的因素,他对早期的管理思想有重大贡献。

(三) 亨利·汤尼

低效率是当时美国企业界普遍存在的问题,不仅在铁路行业,其他的领域里也存在这种情况。美国机械工程师协会于 18 世纪后半期到 20 世纪初期,在美国的企业界率先发起了一场科学管理运动,旨在缓和劳资矛盾,改进工资制度,消除怠工现象提高劳动积极性,以及强化组织管理等。在这场运动中,涌现出大批的管理实践者,亨利·汤尼便是其中之一。

亨利·汤尼(Henry R. Towne,1844—1924)是美国著名的机械工程师和管理学家,1882 年他加入了美国机械工程师协会,并在 1884 年和 1890 年先后担任协会的副会长和会长。汤尼著述颇丰,代表作有《作为经济家的工程师》(1886)、《收益分享》(1889)、《有关制造成本的原则》(1912)、《工业管理的演变》(1921)。他在管理思想上的贡献主要是:他强调了管理的重要性,他认为一名优秀的工程师不仅要具有技术知识,还要具备管理知识,呼吁发展管理科学。汤尼极力推广科学管理运动,也利用自己的影响力促进了协会其他成员对科学管理的支持,《美国管理工程师》杂志的编者们一致认为他是科学管理的杰出先驱。汤尼还提出了一种收益分享制度,他认为当时企业通行的利润分配制没有考虑到影响利润的各种因素,比如市场价格变动、各个生产部门之间实际生产量的差别等,因此利润分配制并不是一种公正、合理的分配制度;而收益分享制度是以生产要素的成本和每个部门职工的收益进行分配,弥补了利润分配的不足。

(四) 亨利·梅特卡夫

亨利·梅特卡夫(Henry Metcalfe,1847—1917)于 1868 年毕业于美国西点

军校,是一名军官,在法兰克福等地的兵工厂从事军工企业管理工作,代表著作是1885年出版的《制造业的成本与工厂管理》。他在管理思想上的主要贡献是运用系统观点,提出了对企业的生产经营活动进行有效控制的方法。针对当时法兰克福兵工厂中浪费和效率低下的现象,梅特卡夫于1881年提出了一种新的管理控制制度——卡片制度。卡片包括三种:工厂指示卡、劳务卡和材料卡。工厂指示卡对生产过程中的各项消耗进行控制预算,以作为各个生产部门在生产过程中遵循的准则;劳务卡和材料卡主要用于记录生产过程中所发生的实际情况,以向上级报告作为采取措施和预测未来的根据。卡片制度既简便又有效,将劳动控制、成本控制和工厂管理紧密结合起来,得到了泰勒的赞扬,对泰勒建立科学管理产生了很大的影响。

(五)弗雷德里克·哈尔希

弗雷德里克·哈尔希(Frederick Halsey,1856—1935)是美国的机械工程师,曾在《美国机械师》杂志任编辑,后来在哥伦比亚大学任教。哈尔希是科学管理运动的积极推动者,在管理思想上的重要创见就是实行了工资和奖金制度的改革。他的代表作是1891年在美国机械工程师协会上宣读的论文《劳动报酬的奖金方案》。他认为当时普遍使用的日工资制、计件工资制和亨利·汤尼的收益分配制都存在缺陷。日工资制条件下,工人提高效率所获得的利益归资本家所有,挫伤了工人的积极性。计件工资制按工人的实际工作量支付报酬,克服了日工资制的缺陷,但时间一长,资本家就会降低单件的利润率,同样无法坚持长期的高效率作业。收益分配制的影响因素来自多方面,不仅仅只是工人自身的因素;各个工人的努力程度不同,收益分配也抹杀了同一部门不同个体之间的差异,显失公正。

通过分析以上三种工资制度的不足之处,哈尔希提出了一种新的工资分配制度——奖金制。基本做法是:在保证工人基本工资的基础上,以目前的产量为标准产量,如果工人的产量增加或者生产单个产品的时间减少了,增加的收益由劳资双方共同分享。奖金制简单易行,保证了工人的基本工资,提高了其工作积极性;奖金的多少取决于个人的超额量,避免了平均主义;劳资双方共同分享收益也在一定程度上减少了劳资纠纷。哈尔西的奖金制是工资报酬制度上的创新之举,所以,奖金制对当时的英美各国产生了很大影响。

(六)奥柏林·史密斯

奥柏林·史密斯(Oberlin Smith,1840—1926)是美国的工程师和企业家,是美国机械工程师协会最早的成员之一,并于1890年担任了该协会的第九任主席。史密斯是泰勒自己承认的科学管理的先驱者之一,主要著作有《实验机械学》(1881)、《机械零件术语》(1881)等。他在管理方面的贡献主要是提出了一整套关于机械零件的术语和记忆符号的系统及其相关的原则。他指出一个良好的命名和符号系统包括三条原则:(1)区别性,是同一工厂中的各个机器零件能够相互区别;(2)记忆性,术语和符号的使用能使人想起所表示的是哪一种机器零件及其相应的用途;(3)简明性,术语表示要简单而明确。

史密斯还提出了工序安排的思想,为自己的工厂描绘了详细的工序图,得到了泰勒的肯定。这些都对美国管理思想和泰勒的科学管理制度的发展起了重要作用。

三、泰勒对科学管理的探索

弗雷德里克·温斯洛·泰勒(Frederick Winslow Taylor,1856—1915),出生于美国一个富有的律师家庭,自幼爱好科学研究和调查。18岁他考入哈佛大学,他的父母希望他能够攻读法律继承父业,但因患上眼疾和健康状况受损,被迫中途辍学。1875年进入一个小机械厂当学徒工,三年的学徒期满之后,他进入米德维尔钢铁厂做一名技工。泰勒工作刻苦,表现突出,近六年的时间就被提升为总工程师。

泰勒的母亲是一名清教徒,他从小养成了清教徒式的美德,一种新型的资本主义精神,重视效率,以勤奋和节约为宗旨。因此,他进入米德维尔工厂以后,最基本的指导思想就是提高劳动效率。但当时工厂的工人普遍出现磨洋工和浪费时间的现象,泰勒认为这是低效率的表现,是他所不能容忍的,他甚至认为工作效率低下是品德败坏的表现,是一种罪恶,这种罪恶比机器和工人的闲置都要可恨。正是出于这种思想,泰勒坚持和工人斗争了三年。他当上工长以后就开始考虑如何提高产量,当时工厂已经开始实行计件工资加利润的分配制度,但是工人还是不愿意多干活,产量只能达到当天能完成产量的三分之一。随后泰勒开始自己上车床作示范,让工人认识到改进生产方式的可能性,但由于泰勒粗暴的惩罚手段,经过短期的胜利之后,掌握车床手艺的工人便降低自己的产量,和其他工人联合起来对付泰勒,他们的产量就变得一样。经过和工人的持久艰苦斗争,泰勒认为主要的问题并不在于工人的惰性,而在于管理的不科学和合理工作量的标准问题。基于这种想法,泰勒开始了他科学实验的探索和作业研究。

为了提高企业的管理水平,泰勒认识到必须使用科学的方法进行实验,他组成了专家实验小组,挑选了最优秀的工人,记录他们的每一个动作。然后根据工作日写实的纪录,保留有效劳动,去除无效劳动,按照操作步骤进行实地测量并研究工时消耗的状况,最后得出标准的工作时间和工作方法,由此确定合理的工作量标准。泰勒的著名实验包括搬运铁块实验、铁砂和煤块铲掘实验以及金属切削实验。

1. 搬运铁块实验。这项工作由工人用手将92英磅的铁块搬到火车车皮上。他们先观察了75个人的劳动,然后从中挑选了4个人,经过研究决定又从这 4 个人中挑选了一个人，荷兰人施密特。泰勒精心设计了工作的程序和休息时间，施密特开始按照新的要求干活，如果搬运量从 12.5 吨提高到 47 吨，他的工资也会从 1.15 美元提高到 1.85 美元，在金钱的利诱下，施密特同意按照泰勒的计划进行工作。通过试验，泰勒得出了搬运工作的动作规范，同时认为要提高生产率必须挑选一流工人，对他们进行利益诱导和科学训练。

2. 铁砂和煤块铲掘实验。伯利恒公司有一项铲掘煤块和铁砂的工作，铲具由工人自带。由于铲掘铁砂时平均每一铲的重量都要远远重于铲掘煤粉时一铲的重量，工人铲铁砂时太容易疲劳，而铲煤块时又重量不够。泰勒意识到这一点便开始进行实验，以确定铲具和工作量之间的关系。他先使用秒表和量具精确计算了铲煤的动作时间和工作量，最后得出每铲的重量为 21 磅时铲掘的效率最高。于是企业开始设置工具库，准备了 8—10 种大小不同的铲具，工人就不必自带工具，根据每次铲掘物的不同从工具库领取大小不同的铲具，保证了高效率。

3. 金属切削实验。泰勒经过多次实验，得出了不同金属原料和不同刀具的切削与进刀速度之间的关系，由此确定了金属切削材料及切削速度的工作标准。并发明了一种高速钢和计算尺，高速钢的使用减少了切削时间；计算尺的运用可以在最短的时间内计算出最佳的切削速度，机器操作达到了最优化。

泰勒把他的管理制度称作"计件工资制"，后又称为"作业管理"，习惯上称为"泰勒制"，是管理学发展史上的里程碑。20 世纪初，泰勒制得到普遍重视和应用，科学管理制度开始推广。在实际管理工作的基础上，泰勒也进行了著述活动，代表作有《计件工资制》(1895)、《工厂管理》(1903)、《效率的福音》(1911)、《科学管理原理》(1911)。泰勒被誉为"科学管理之父"，并为科学管理理论奠定了基础。

第二节 科学管理理论的基本要点

泰勒的科学管理原理是管理思想上的一次大综合，这里面蕴含着很多人的心血和经验，如巴贝奇的作业研究、亨利·汤尼的收益分配思想、杰文斯的劳动强度和疲劳问题研究，以及和泰勒同时代的甘特、怀特、巴恩等人的贡献，泰勒是他们的集大成者。英国的管理学家林德尔·厄威克说："泰勒所做的工作并不是发明某种全新的东西，而是把整个 19 世纪在英、美两国产生、发展起来的东西加以综合，而形成一整套的思想。他使一系列无条理的首创事物和实验有了一个哲学的体系，称之为科学管理。"科学管理原理是管理思想发展史上的一个转折点，是管理的第一次革命，同时也是一个相对完整的管理思想体系。科学管理原理的意义在于它的建立使管理学从此成为一门新兴的独立研究领域和学科，使管理从此走上了科学发展之路。泰勒的科学管理思想具有划时代的伟大意义。

泰勒的科学管理原理是建立在一系列基本假设前提之上的：(1) 当时劳资双方矛盾尖锐的主要原因是管理水平的落后造成社会资源得不到充分利用，造成极大的浪费。如果通过科学管理可以将社会资源进行重新配置得到充分利用的话，使劳资双方都得到好处就可以缓和甚至解决劳资矛盾。(2) 对工人的基本假定仍然是"经济人"。即每个人都是自私的和利己的，追求个人利益的最大满足，如果科学管理能够让工人提高其货币收入、增加其经济利益的话，那么工人就会愿意主动配合管理人员的工作，挖掘自身的最大潜力。因此，为了达到最高的工作效率可以采取任何方法，不用考虑人性的特点，把人视为机器和提高劳动生产率的工具。(3) 科学管理思想认为单个人可以取得最大效率，集体的行为反而会使效率下降，所以科学管理是使单个人提高效率的有效方法。泰勒针对工人磨洋工、工作效率低下现象所做的搬运铁块实验、铁砂和煤炭的铲掘实验、金属切削实验都是建立在上述3个假设的基础上的，取得了巨大的成功。科学管理理论也是以上述假设为前提的，基本要点包括以下内容：

一、合理确定工作定额，提高劳动生产率

泰勒在《科学管理原理》中强调了提高效率的重要性，坚持效率至上原则。他在书中指出，生产率巨大增长这一事实标志着文明国家和不文明国家的根本区别，正是由于生产力的增长和产量的增加，使得今天的劳动人民(尽管有人谈论着他们的悲惨处境和可怕遭遇)生活得像250年前的国王一样好，而且总的来说更加舒服。泰勒认为工人提高生产率的潜力是很大的。当时工厂的管理者对工人每天的工作量没有客观依据，只是凭经验确定了一个标准；而工人也不满资本家的剥削，普遍采用"磨洋工"的斗争方式，他们都尽量少干活，没有发挥出劳动的积极性。要确定科学合理的日工作量标准，必须对工时和动作进行研究并记录下来，加上必要的休息时间和延误时间，得出完成一项工作所需要的总时间，据此制定工人合理的日工作量。这就是工作定额原理。

二、挑选"第一流的工人"

所谓"第一流的工人"是指适合于其工作，可以发挥他的才能和潜力，并且愿意努力工作的人，那些能够做这项工作但不愿意做的人并不能成为第一流的工人。泰勒认为每个人都具有不同的天赋和才能，只要工作适合他，都能成为第一流的工人。非一流工人只是那些体力或智力不适合分配给他们的工作的人，和适合工作但不愿意工作的人。对不愿意工作的人，要采用说服教育和相关的

约束措施以及激励性的工资制度,以使其努力工作。对体力或智力不适合分给他们的工作的人,要加以培训,重新安排他们做适合自己的工作。因此,天赋和才能固然重要,而制定科学的培训方法,培训工人成为第一流的工人也是管理者的重要职责之一。

制定工作定额时,泰勒以第一流的工人"在不损害健康的条件下能够维持较长年限的速度"为标准,这种速度不是以突击活动或持续紧张为基础,而是以工人能够长期维持正常速度为基础。因此,泰勒认为健全的人事管理的原则是:工人的天赋和能力与其从事的工作相匹配,管理者的责任在于为雇员找到最适合他的工作,培训他成为第一流的工人,激励他尽最大的努力来工作。

三、标准化原理

挑选了第一流的工人之后,应当实行标准化原理。以往,工人的操作方法、使用的工具、劳动时间和休息时间以及采用何种机器设备,都是由管理者根据经验确定的,缺乏科学依据。泰勒认为要实行标准化的作业方法,必须使工人掌握标准化的操作方法、使用标准化的工具、机器和材料,遵循标准化的工作流程工序,并协调好劳动和休息时间的搭配、机器的安排和作业环境的布置等,使作业环境标准化。通过实验分析消除不合理因素,把各种最好的因素结合起来,形成一种最好的方法,作为工人作业的标准。然后根据作业标准制定合理的作业时间,以确立工人一天的合理工作量。

泰勒在《科学管理原理》一书中指出:"管理人员的第一项责任,就是由管理人员把过去工人们自己通过长期实践积累的大量的传统知识、技能和诀窍集中起来。管理人员主动地把这些传统经验收集起来,记录下来,编成表格,然后将它们概括为规律和守则,有时甚至将它们概括成为数学公式。尔后,将这些规律、守则、公式在全厂工人中实行,通过工人与管理人员的密切和用心的合作。"①泰勒认为这是管理当局的首要职责。

四、刺激性的计件工资制

泰勒认为以前的工资方案存在许多缺陷,计时工资制不能体现多劳多得,计件工资制虽然表面上将报酬与完成的工作数量挂钩,但是随着工人完成数量的增加,资本家可以通过降低单件报酬的办法剥削工人的劳动所得,最后并不能使工人的总报酬得到实质性的提高,于是磨洋工的现象开始出现。泰勒认为不合理的工资制是引发劳资矛盾的重要因素,于是他提出了著名的"差别工资制",为了激励工人完成定额的工作量,对同一种工作设有两种不同的工资率。这是

---

① 引自〔美〕泰勒:《科学管理原理》,中国社会科学出版社 1984 年版,第 245 页。

一种具有很大激励性的工资报酬制度,主要包括三个方面的内容:

(1) 由管理当局根据实验制定一个工时定额或标准,摆脱以前的经验依据。

(2) 采用激励性的差别工资制,即按照工人是否完成定额来支付不同的工资。如果工人完成定额,所有的工作量都按照高工资率(125%)付给工资;如果工人没有完成定额,全部工作量都按低工资率(80%)支付工资,以此督促工人完成或超额完成工作量。

(3) 差别工资不是针对职位,而是根据工人的效率高低和实际工作表现来支付。差别工资制既避免了平均主义,又克服了磨洋工现象,提高了工人的劳动积极性。缓和了劳资矛盾,使劳资双方达到"和谐的合作关系"[①]。泰勒还强调标准一旦形成,资本家就应当严格按照标准执行,保证工资的增长是永久性的,否则工人不会更卖力地为资本家干活。

五、计划职能和执行职能

为提高劳动生产率,泰勒主张将计划职能和执行职能分开,改变传统的经验管理方法,实行科学的工作方法。泰勒认为计划和执行职能的分开是科学管理的基本原理之一。以前的工作方法都是工人根据自己或师傅的经验来决定,单凭经验不足以找到科学的方法,工人们也没有时间和条件来从事科学实验。因此,计划职能就由管理当局承担,建立专门的管理部门,配备专门的管理人员,负责进行时间和动作研究、制定工作定额或标准、选用标准工具和采用科学的工作方法等。工人只需要从事执行职能,按照计划部门制定的操作方法进行实际操作。

泰勒在《科学管理原理》一书中指出:"有意识地把以前工人承担的工作分给管理者一部分,这些工作交给管理当局承担是以前没有想过的,这就需要企业管理当局与工人合作,而这就是科学管理的工人从不罢工的原因。"[②]计划工作与执行工作的分离在管理发展史上具有深远意义,它促进了劳动分工的发展,实现了管理工作的专业化,也为科学管理理论的形成奠定了坚实的组织基础。

六、实行职能工长制

传统的组织机构中,工长必须具备九种素质:智能、教育、专门的技术知识、机智老练、充沛的精力、毅力、诚实、判断力和良好的健康状况。但实际上一个人很难同时具备这些素质,为了提高工效,泰勒主张把工长的职能细分,由八个职能工长每人担任一项管理职责,代替原来的一个工长。这八个职能工长分别是

---

① 〔美〕泰勒:《科学管理原理》,第4—5页。
② 同上书,第247页。

工作命令卡工长、工时和成本工长、纪律工长、工作分派工长、工作程序工长、速度工长、修理工长、检查工长。

职能工长制具有三个优点：每人只承担一项职能，培训所花费的时间较少；各个工长制职责明确，便于提高效率；工长不需要负责计划职能，只需进行现场指挥监督，技术不熟练的工人也可以从事复杂工作，降低了企业的生产费用。

七、例外原则

泰勒等人认为，大规模企业和组织除了采用职能原则进行管理之外，还必须应用例外原则，即高层管理者把一般日常的例行性事务交给下级管理人员去处理，而自己只保留对事关全局的重大事务或人事任免等例外事务的决策权。例外原则是泰勒提出的组织管理的重要原则，这种原则的实质是实行分权管理，对以后的事业部管理体制也产生了重大影响。在当时集权化管理占据统治地位的背景下，例外原则的提出无疑具有非常积极的现实意义，至今也仍然是管理中非常重要的原则之一。

八、管理哲学：资本家和工人之间的"精神革命"

科学管理理论看起来是一种提高劳动生产率的方法，但它有着更为深刻的精神实质，即管理哲学——试图使劳资双方在精神和思想上的彻底转变。资本家关心的是低成本和高利润，而工人关心的是高工资，两者之间有着不可调和的矛盾，双方的利益决定了他们之间的关系只能是持续不断的纷争，任何一方也许都不相信他们之间的关系会调和到利益共享的地步。泰勒提倡的精神革命就是要试图改变资本家和工人之间此消彼长的斗争方式，使劳资双方进行合理的职责分工，由对立走向合作与信任。为了提高劳动生产率，使双方不再把注意力放在盈余的分配上，而是想方设法实现尽可能多的盈余，为实现各自的目标而共同努力。他认为这不仅是一种管理方法的革命，更是一种管理思想的革命。

泰勒认为其科学管理与其说是一些原理和原则所组成的管理理论，不如说是一种管理哲学实践尝试，它使当时的人们对管理实践进行重新审视。正如泰勒在其著名的美国听证会上的声明所说，科学管理不是任何一种效率措施，不是一种取得效率的措施；也不是一批或一组取得效率的措施。它不是一种新的成本核算制度；它不是一种新的工资制度，它不是一种计件工资制度；它不是一种分红制度，它不是一种奖金制度，它不是一种报酬职工的方式，它不是时间研究；它不是动作研究，也不是对工人动作的分析；它不是印制大量的工作文件交给工人说："这是你的制度，你必须执行"；它不是工长分工制，也不是职能工长制；它也不是普通工人在提到科学管理时就会想到的各种措施。普通工人听到"科学管理"时就会想东想西。但科学管理并不是上述那些措施。我不轻视成本会计制度、时间研究、职能工资制,也不轻视任何一种新的工资方法,也不轻视任何效率措施——如果它们的确是可以提高效率的措施。我相信它们,但我强调指出这些措施都不是科学管理,它们是科学管理的有用附件,因而也是其他管理制度有用的附件。[①] 科学管理的主要目的是实现劳资双方的最大利益,正如泰勒在《科学管理原理》一书中指出的那样,"管理的主要目的应该是使雇主实现最大的富裕,也联系着使每个雇员实现最大限度的富裕"[②]。

科学管理实际上是努力在工人和资本家之间进行一场心理革命,它的基本精神在于通过劳资双方的思想变革,弥合他们的矛盾,使劳资双方由对立走向共同合作,从合作中都获取更多的好处。这种精神转变的实质就是如何实现管理者和被管理者之间的和谐,实现企业内劳资之间的共同目标。而科学管理的各项具体措施都是在这个基础上实行的,只不过是精神变革的"附件"。这种精神变革也转变了人性,将人们传统的小农思想意识形态转变为现代社会化大生产的思想意识。正如美国管理学家德鲁克所言:"科学管理只不过是一种关于工人和工作系统的哲学,总的来说它可能是自联邦主义文献以后,美国对西方思想作出的最特殊的贡献。"

第三节 泰勒的追随者和同时代的人对科学管理理论的发展

科学管理理论是诸多理论和思想的合成,而不是泰勒一个人的发明创造,泰勒的追随者和同时代的人对科学管理的探索,对泰勒科学管理原理的产生、发展和宣传起到了重要作用。

一、卡尔·乔治·巴思

卡尔·乔治·巴思(Carl G. Barth,1860—1939)是美国的工程师,美国机械工程师协会的终身会员,科学管理运动的积极倡导者,也是泰勒最早、最能干和最亲密的助手,他的主要著作有:《泰勒〈论金属切削技术〉一文的补充》(1920)、《机械工具的标准化》(1916)、《经过改进的带状计算尺》(1922)等。

巴思在数学方面有着较深的造诣,在协助泰勒进行金属切削实验时,提供了许多数学方面的知识,并协助甘特解决了进刀速度和切削速度的问题。在协助泰勒的过程中,巴思通过数据和资料分析,得出了泰勒在《工厂管理》中描述的包含12个变数的公式,在这些公式的基础上他又发展出巴思计算尺。巴思计算尺帮助泰勒解决了金属切削问题和工具标准化的问题。

---

① 〔美〕泰勒:《科学管理原理》,第237—238页。
② 同上书,第157页。

巴思还帮助泰勒进行了工时研究、疲劳研究,并在工厂中具体推行泰勒制。直到泰勒去世前,巴思一直都是他最忠实的门徒。珀森博士在《先进管理》一书中曾评价说他们是两种类型的天才的结合,使每个人都发挥出更多的创造性。

二、亨利·甘特

亨利·甘特(Henry L. Gantt,1861—1919)是科学管理运动的先驱代表,是泰勒的亲密合作者,他的代表作主要有:《制造业中的一种日平衡图示法》(1903)、《培训工人的勤奋习惯和协作精神》(1908)、《工作、工资和利润》(1910)、《效率与民主》(1918)、《工业的组织》(1919)等。甘特在管理思想方面的贡献主要有:

1. 工作任务加奖金的工资制度。这种工资制度,首先要确定工作任务,甘特以详细的指令卡的形式发给工人,说明标准的操作方法和工具以及工作定额。如果工人在规定的时间内完成或超额完成任务,除了得到基本的日工资外,还可以得到相当于日工资20%—50%的奖金。如果工人没有完成任务,就得不到奖金,只能拿到平常的日工资。甘特认为稳定的收入对工人来说是一种有力的刺激,可以起到教育的作用,鼓励工人学习技术。

2. 对职工进行培训。培训工人不仅可以向工人传授知识和技术,也可以培养工人养成勤劳的良好习惯,实现管理者和工人之间的良好合作。甘特指出,强制性的管理方式已经不适应现代企业了,对工人进行培训和教育是管理的重心。可见,同泰勒相比,甘特更注重管理中的民主方式和人的因素,重视人的精神状态和主动性的发挥,这在当时是很突出的,也可以说他是人际关系理论的先驱之一。

3. 甘特图。1903年,甘特提出了一种日平衡图,主要是通过对工作任务的计划完成时间和实际完成进度进行对比,显示作业计划执行情况,以有效地监督和管理作业的整个过程。日平衡图主要反映的是通过生产日期和产量图示来显示生产任务的计划控制进程,因此也被称为"生产计划进度表"。这种图表极为简单,但对实践影响极大。甘特去世以后,华莱士·克拉克写了《甘特图:管理的一个行之有效的工具》一书,并于1922年出版。后来这本书被翻译成多种文字,使甘特图在世界各国得到广泛传播。

4. 企业的社会责任。甘特在《工业的组织》一书中提出了一个新问题,企业的社会责任问题,即企业与社会的关系,把研究视野从企业内部环境延伸到了企业的外部环境。甘特指出企业的发展是近代文明发展的基础,但企业也离不开社会,必须与社会合作,服务于社会。企业离开了社会责任,便失去了其存在的依据和意义。

三、吉尔布雷斯夫妇

弗兰克·邦克·吉尔布雷斯(Frank Bunker Gilbreth,1868—1924)是美国一位泥瓦工出身的工程师和管理家,是泰勒的合作者之一。弗兰克是科学管理的著名实践家,1903年加入美国机械协会工程师协会,他在动作研究方面颇有成就,也因此被人们称为"动作研究者之父"。莉莲·莫勒·吉尔布雷斯(Lillian Moller Gilbreth,1878—1972)毕业于加利福尼亚大学,后来专攻心理学,以协助她的丈夫弗兰克从事科学管理研究,莉莲也因此被称为"管理学第一夫人"。吉尔布雷斯夫妇对管理思想的研究主要有:

1. 提出了动作研究和动作经济原则。这是吉尔布雷斯夫妇作出的最大贡献。动作研究是使操作者提高效率的一种方法,也可以据此确定最佳的工作方法。弗兰克在做泥瓦工的时候发现工人师傅在快砌砖、慢砌砖和教授学徒工的时候分别采用三种不同的砌砖方法,他对各种方法的动作进行观察研究,消除了无效动作之后形成了一套最有效的方法。这种方法是各种最有效的动作基本要素合并成的一种最经济的动作,最有利于作业的进行,能够产生最高的效率,这就是动作经济原则。

2. 疲劳研究。疲劳研究和动作研究是紧密联系的,是动作研究的继续。动作研究要有助于消除疲劳,不仅要使工人干得快、干得好,还要干得轻松。疲劳有两种:一种是由必要动作产生的疲劳,这是不可避免的,但可以通过改善工作环境和条件,降低疲劳度;另一种疲劳是由不必要的动作产生的,这种疲劳可以通过消除不必要的劳动来消除。

1916年,吉尔布雷斯夫妇发表了《疲劳研究》,解决疲劳有两个层次:一是掌握基础的常识方法,包括缩短劳动时间、改进劳动条件、合理安排工作地点等;二是通过实验找出一种最佳的工作方法,合理搭配工作和休息时间,保证工人产生高效率的同时还要感到轻松愉快。

3. 认识到工人、工作和环境之间的相互影响。工人的劳动生产率不仅取决于动作的操作方法,还受到工人自身条件和环境因素的影响。就工人自身来说,骨骼、肌肉、体格大小、满足程度、信仰、工作经验、习惯、健康状况和技术水平等都会对工作产生影响。环境方面也有很多因素,机器、服装、颜色、照明、工具、材料质量和周围设施等。

四、哈林顿·埃默森

哈林顿·埃默森(Harrington Emerson,1853—1931)是美国早期科学管理的热心宣传者和实践者,他曾在大学任教,后来又从事管理咨询,积极推广科学管理,代表作是《效率的十二原则》(1912)。1910—1911年间他出席了州际商业委员会的听证会就美国东部铁路公司的运费案作证,他指出如果铁路管理当局采用科学管理的原则,就可以提高作业效率,没必要提高铁路运费。这在当时的美国企业界引起了轰动,科学管理成为报纸的头条新闻,立即变得家喻户晓,对科学管理的推广和传播起了很大作用。埃默森在管理思想方面的贡献有:

1. 提出了十二条效率原则。埃默森虽然推崇科学管理,但他却从来不使用"科学管理"一词,他坚持使用"效率"一词,称自己的咨询业务为"效率工程",人们也称他为"效率的传教士"。十二条效率原则分别是:

(1) 明确规定组织目标。这是首要条件。

(2) 知识。管理人员要掌握专业知识,并听取他人的意见和建议。

(3) 向有能力的人请教。

(4) 纪律。这是实现其他原则的保证。

(5) 公平。管理人员处理问题时,要坚持公正廉明的原则。

(6) 可靠、及时、充分、持久地记录。作为正确决策的依据。

(7) 工作调度。科学合理地安排工作。

(8) 时间和动作标准及日程表。

(9) 实行工作环境的标准化。

(10) 实行操作方法的标准化。

(11) 书面作业指示。

(12) 给予高效率者以奖励。

2. 提出直线—参谋型组织结构。埃默森认为合理的组织结构与劳动效率的提高有直接关系,他主张将普鲁士军队中的参谋职能应用到企业组织中去,建立并行的直线组织和参谋组织。在直线—参谋组织结构中,直线组织的管理人员负责统一领导和发布命令,参谋组织中的专业人员负责对各项问题进行详细调查,并向直线管理人员传达自己的意见和建议。这种组织结构得到了参谋专家的协助,既弥补了直线组织孤立无援的缺陷,又弥补了知识和经验不足的缺陷。并且直线—参谋结构也坚持了统一领导原则,避免了泰勒的职能工长制所导致了多头指挥的混乱。

五、莫里斯·库克

莫里斯·库克(Morris Cooke,1872—1960)是美国早期科学管理运动的研究者之一,和巴思、甘特一样被泰勒认为是自己的亲密门徒,代表作有《学院的效率和工业的效率》(1910)、《我们的城市在觉醒》(1918)、《有组织的劳工和生产》(1940)等。他在管理思想上的贡献主要有:

1. 把科学管理原理应用到大学管理中。1909年,库克接受泰勒的派遣调查高校管理,他在调查中发现,大学管理存在许多缺点,比企业管理的状况更糟糕:近亲繁殖盛行;委员会管理效率低下,缺乏整体协调,各个系自行其是;权力分配不平衡;缺乏效率的衡量标准等。为了改变这种混乱的管理状态,库克主张在大学管理中实行科学管理,并提出了一些改革意见:教授应把更多的时间用在教学和科研上;管理工作由专家承担而不是委员会;教工工资应以成绩和效率为标准;严格控制教学和科研成本等等。这些措施对改进大学管理起到了一定的作用。

2. 把科学管理应用于市政管理。1911年新当选的费城市长主张改革,库克应邀帮助解决市政管理问题。在库克担任费城公共工程局局长的四年里,他提出了一些高效率的新方法和革新措施,比如申诉处理、财务计划、设施更新、人事甄选、公共关系、工程转包、标准化作业等。这些措施的应用降低了公共事业的费用支出,缓解了财政压力,为市政管理提供了经验借鉴。

3. 与泰勒相比,库克更重视管理中人的因素,他主张实行"人情化"管理,在工资和福利等问题上可以与工会进行集体谈判,这比泰勒反对工人组织起来的态度更能赢得工人的欢迎,也在一定程度上解决了劳资矛盾。

六、路易斯·布兰代斯

路易斯·布兰代斯(Louis Brandeis,1856—1941)是美国的一位律师,后来成为美国最高法院的法官,他在管理方面的代表作有《科学管理和铁路》(1911)、《有关提高铁路运费率事件的证词》(1910)等。布兰代斯对管理思想最大的贡献就是在1910年美国东部铁路公司运费率案件中宣传了科学管理。布兰代斯在这起案件中代表货物托运方反对铁路公司提高运费率的做法,他指出铁路公司如能采用科学的管理手段,所节省的费用将远远超过增加运费率的所得,结果铁路公司没能实现增加运费率的要求,科学管理却得到了宣传。

布兰代斯的另一贡献就是提出了"科学管理"的名称。1910年,在一次工程师的集会中布兰代斯提出了"科学管理"一词以总结泰勒等人提出的管理思想,大家一致同意,科学管理得到了普遍应用。

通过泰勒的追随者和同时代的人对科学管理的探索和宣传,科学管理被应用到大学管理、市政管理、教育管理、铁路运输、建筑行业、军事组织、学术界、零售业、办公室管理等多个领域,亨利·福特在采用了科学管理之后也首创了流水线的大规模生产方式。科学管理的普遍运用不仅提高了效率,也促进了人类文明,实现了管理方式由经验到科学的质的飞跃,具有划时代的意义。

* * *

思考题

1. 简述泰勒《科学管理原理》的主要内容和基本观点。
2. 泰勒在管理学发展史上的贡献和地位如何?
3. 泰勒同时代管理学家及其追随者对科学管理理论的贡献有哪些?

第三章 古典管理学理论体系的形成

第一节 法约尔的一般管理理论

西方发达资本主义国家中先进的生产力和落后的管理技术之间的矛盾不仅出现在美国,法国也发生了同样的情况。泰勒的科学管理理论在美国盛行的同时,法国也产生了法约尔的一般管理理论。19世纪末20世纪初,法国的汽车生产居世界前列,经济发展也达到了相当的高度,但管理的落后现状却阻碍了经济的进一步发展,法约尔等人对管理理论的探索正是在这种背景下进行的,对管理思想和管理理论的发展作出了杰出的贡献。

亨利·法约尔(Henri Fayol,1841—1925)是法国著名的管理学家,他出生于法国一个资产阶级家庭,1860年他于圣艾蒂安国立矿业学院毕业之后,在法国高芒特里—福尔尚布德公司做了一名矿业工程师,并在此度过了他的整个职业生涯。法约尔的一生可以分为四个阶段,第一阶段是从1860年到1872年,法约尔只是一名层级较低的管理人员,主要负责采矿工程和防止火灾等方面的工作;第二阶段是从1872年到1888年,这时他已经是领导一批矿井的总管,主要考虑矿井的经济情况,这促使他从管理和计划方面对管理进行研究;第三阶段是从1888年到1918年,法约尔任公司的总经理,并对公司进行整顿和管理,使一家濒于破产的公司又重新获得了繁荣。法约尔对高芒特里—福尔尚布德公司的改革取得了很大成功,他认为这主要归因于他提出的管理理论和管理制度。法约尔的代表作是《工业管理和一般管理》,该书于1916年出版后得到管理界和学术界的高度重视,法约尔的管理思想也得到了推广。

法约尔和泰勒的背景和经历不同,他们提出的管理思想也各有侧重,泰勒是从学徒工做起,比较重视对微观工程技术和作业方法的研究;法约尔长期担任企业的领导职务,着重于从宏观的角度对企业整体的研究,他提出的一般管理理论也同样适用于军政机关和宗教组织。因此,法约尔认为管理理论是得到普遍认可和经验证明的各种原则、方法和程序的体系。如果说泰勒是从工厂实验中归纳出科学管理的一般结论的话,那么法约尔则是从高层管理者的角度通过管理实践和对管理过程的研究创立了组织管理理论,然后将其应用到下级组织机构中。法约尔的管理思想和管理理论在当时被笼罩在泰勒的科学管理的光环之下,没有得到人们的充分重视,但他的管理思想和理论对以后管理理论的影响却是重大而深远的。他的理论成为后来管理过程学派的理论基础。西方有的学者认为:"为数众多的理论之父与为数不多的理论之母共创了管理理论,然而,集20世纪管理理论之大成者,首推亨利·法约尔。管理者是职能活动的综合者,这一观点牢牢把握了管理的本质。"

一、管理活动与管理人员素质

法约尔曾一度认为泰勒科学管理的基本内容只是职能管理,而他的组织管理理论是在企业的经营活动中总结出来的,管理功能与企业的其他功能有所不同。对管理的定义也是通过对经营和管理的对比分析得出管理的构成要素的。法约尔认为经营和管理是两个不同的概念,经营是指导一个企业达成预定的目标。经营包括六种活动,而管理只是其中的一种,管理又由计划、组织、指挥、协调和控制五个要素构成。为使企业的经营活动顺利进行,必须发挥管理的作用。

企业经营包括六种活动,分别是:(1)技术活动,主要指生产方面的系列活动,包括生产、制造和加工;(2)商业活动,主要是流通方面的活动,包括购买、销售和交换等;(3)财务活动,主要是收入和产出方面的活动,比如资金的筹集和利用;(4)安全活动,包括对设备和人员的保护活动,预防偷盗、消除罢工等;(5)会计活动,包括财产清点、制作资产负债表、统计成本等;(6)管理活动,包括计划、组织、指挥、协调和控制等方面的工作。

法约尔对这六类活动进行分析之后发现,对基层工人或其他人员主要要求具备较高的技术能力;随着组织层次中的职位不断提高,对员工的技术要求就降低,对管理能力的要求逐步提高。职位的高低与技术能力的要求成反比,而与管理能力的要求成正比。企业的规模越大,管理职能越重要,而技术能力的重要性相对减少。在这一点上法约尔和泰勒是不同的,泰勒强调作业阶层和技术能力,而法约尔重视一般性的管理职能。

法约尔认为管理活动自成体系,不同于其他五种活动,因而管理人员也必须具备不同于其他活动的特殊能力和条件。法约尔强调管理人员一般都要具备以下素质和能力:(1)身体,这是一个人正常工作的基本条件,必须健康、敏捷、体力充沛;(2)智力,必须具备理解和学习的能力和高超的判断力,思维活跃;(3)品德,要有毅力、坚定、忠诚、自尊、道德水准高;(4)一般文化,知识领域广泛,不仅限于职能范围的知识;(5)专业知识,是指对技术、商业、财务或管理等方面的知识;(6)经验,指从自身的业务实践中获得知识、汲取教训。为使不同的员工适应不同的职务,就需要对员工素质和才能进行培训,使之胜任自己从事的工作。因此,法约尔强调对企业员工管理能力方面的培训和教育,并指出培训要有系统的管理理论为指导,才能培养出真正的管理人才。

二、管理五要素

在分析了经营和管理的区别之后,法约尔指出"管理的过程就是预测、计划、组织、指挥、协调、控制的过程"①。法约尔认为管理活动有五种要素构成,即计划、组织、指挥、协调、控制。这是法约尔在管理学理论上最突出的贡献,奠定了管理学的基础,建立了管理学的主要框架,沿用至今。

1. 计划。就是探索未来,制订行动计划。是企业根据自身的资源、业务性质和未来的趋势制定企业发展的步骤和具体措施,计划决定了企业发展的战略方向。计划是法约尔着重强调的一个重要要素。他认为制订计划需要组织中所有人的共同参与,一个良好的计划应该具有统一性、连续性、灵活性、精确性四个特点。法约尔还认识到制订长期计划的重要性。

2. 组织。好的计划需要有好的组织,组织是对计划执行的分工。这就要建立企业的物质和社会的双重结构,包括有关组织体系、结构框架、活动内容与规章制度、职工的选拔、任用、奖惩、培训。法约尔认为成员的素质和首创精神决定了组织的效率,对于职工的培训方面他主张注重管理培训,减少技术培训。

3. 指挥。简单说就是使员工发挥自身潜力的一种领导艺术。法约尔主张在组织管理中采用参谋职能制而不是泰勒的职能工长制,这样可以确保对员工进行统一指挥。法约尔认为指挥人员应具备八点:(1) 对自己的手下人员有深入的了解;(2) 淘汰不胜任的人;(3) 制定约束企业和员工的合同;(4) 树立榜样;(5) 定期检查账目;(6) 召集主要助手参加会议以便统一指挥和集中精力;(7) 不要把精力浪费在细节琐事之中;(8) 要使员工保持团结努力、勇于创新的工作精神。

4. 协调。即调动一切可以联合的力量实现组织目标,使事情和行动都有合适的比例,使企业的一切工作都和谐进行并且相互配合。法约尔认为应从三个方面对协调进行分析:(1) 各个部门的工作是否与其他部门协调一致;(2) 各个部门的各个部分对自己应承担的责任和彼此之间的义务是否明确清楚;(3) 每个部门的计划是否做到随时间和其他情况的变化而有所调整。

5. 控制。即根据所制定的方案、规定的原则和下达的命令检查企业的各项工作是否与之相符,目的在于及时纠正工作中出现的缺点和错误,避免重犯。为了有效控制,控制活动必须马上执行,伴以适当的奖励和惩罚。由于工作性质和对象的不同,控制应采取不同的方式。

法约尔指出,管理五要素并不是企业经理或领导的个人责任,它应该与企业其他工作一样,是分配于管理者和全部组织成员之间的职能。法约尔管理五要

---

① 〔法〕法约尔:《工业管理与一般管理》,团结出版社1999年版,第7页。

素的提出影响了整个20世纪的管理学,以后许多管理学者在法约尔管理理论的基础上继续进行研究,逐渐形成了管理程序(过程)学派,也被称为管理职能学派,法约尔则是这一学派的奠基人。法约尔还指出,不要把管理同领导混为一谈,领导是从企业拥有的资源中寻求获得尽可能大的利益,引导企业达到既定目标,保证企业各类工作顺利进行的高层次工作。

三、14项管理原则

法约尔根据自己多年的管理实践总结出了著名的14项管理原则。这些原则是任何一个管理人员在管理过程当中都会遇见的,既普遍又重要,直到今天仍然是管理者们在实践中所遵循的,也是管理学者一直关注和研究的主题。

1. 劳动分工。法约尔认为劳动分工是属于自然规律的范畴,是关于劳动专业化的古典概念,实行劳动的专业化分工可以提高人们的工作效率,同样的劳动由于进行了劳动分工可以得到更多的东西。法约尔认为劳动分工不仅适用于技术工作,在管理方面和职能的权限划分方面也同样适用。但需要注意的是专业化分工要有一定的限度,不能超出这个限度,如果分工过细或过粗,效果都不好。

2. 权力和责任。权力是指挥和要求别人服从的力量。法约尔把权力分为个人权力和正式权力。前者与管理人员的智慧、经验、学识、道德品质、管理能力、以往成绩等因素有关。后者则是由管理者所处的职位和职务所决定。一个出色的管理者应该学会用个人权力弥补正式权力的不足,把个人权力作为正式权力的必要补充。一个人在组织中的地位越高,明确其责任范围就越困难。避免滥用权力的最好方法是提高领导者个人素质,尤其是要提高其道德素质。对于责任,法约尔指出:"权力是责任的孪生物,责任是权力的当然结果和必要补充,凡有权力行使的地方就有责任的存在。"①为了贯彻权力与责任相符的原则,应该建立有效的奖惩制度,用来鼓励好的行为,制止不好行为的发生。

3. 纪律。纪律是以尊重而非恐惧为基础的。纪律是企业领导人同下属员工之间在服从、积极、勤勉、举止和尊敬等方面所达成的一种协议。纪律包含两个方面:一是纪律协定;二是人们对纪律协定的态度及遵守情况。纪律是一个企业取得成功的关键。一个企业要有良好的纪律应做到以下三点:第一,各级要有好的领导;第二,要有尽可能明确而又公平的纪律协定;第三,奖惩的执行必须合理。纪律是由领导人制定的,组织的纪律状况取决于领导人的品德状况。不良的纪律往往由不良的领导造成,因此领导也要和下属人员一样,必须接受纪律的约束,遵守纪律。

4. 统一指挥。法约尔在这方面产生了与泰勒截然相反的观点,泰勒的分权制是法约尔决不容许的,他对职能工长制极力反对。他认为无论什么时候,什么

---

① 〔法〕法约尔:《工业管理与一般管理》,第25页。

工作,一个下属都应接受而且只应接受一个上级的命令。如果没有统一指挥,那么权力将遭到损害,纪律也会受到破坏,秩序和稳定也会受到威胁。如果组织中有两位领导对同一个人或事下达了不同的命令,将会使下属人员无所适从,造成组织活动出现混乱。因此,必须避免出现多重指挥的现象。

5. 统一领导。统一领导是指具有同一目标的全部活动,仅应有一个领导者和一项方案。法约尔比喻:"人类社会和动物一样,一个身体有两个脑袋,就是个怪物。"①统一领导与统一指挥既有区别又有联系,统一指挥是一个下属人员只能听从一个领导者的指挥,而统一领导则是指组织机构设置的问题。人们可以通过建立完善的组织机构来实现一个社会团体的统一领导,而统一指挥则取决于人员如何发挥作用。统一指挥必须在统一领导下才能实现,但并不来源于统一领导。

6. 个别利益服从集体利益。个人利益与集体利益之间是一场持久的较量。在一个企业中,个人利益不能置于企业利益之上。为了贯彻这一原则,企业目标应尽可能多地包含个人目标,在企业目标实现的同时满足个人的合理需求;企业领导人要以身作则,起模范带头作用,以集体利益为重;对员工进行教育,努力使其做到当个人利益与集体利益发生冲突时,优先考虑集体利益。

7. 人员的报酬。报酬制度应当首先考虑能够维持职工的最低生活消费,其次要考虑企业的基本经营状况,然后再结合员工劳动贡献的多少,制定一个公平合理的报酬制度。人员报酬应符合三个条件:A. 报酬要公平;B. 奖励努力工作的员工;C. 报酬要有一个合理的限度。

8. 集中。这条原则主要讨论了管理的集权和分权的问题。管理的集权与分权本身并没有好坏之分,适合企业发展就是好的,需要把握好一个"度"的问题,即掌握好集权与分权的尺度。一个组织,必须有某种程度的集权,问题是合适的集权程度是什么。合适的集权程度是由领导者的能力、员工素质、企业领导对发挥下属工作积极性的态度等因素决定的。这些因素总是在不断变化的,因此,一个机构的最合适的集权程度也要根据因素变化和组织的实际情况发生相应的变化。

9. 等级系列。等级制度就是从企业的最高领导层到基层管理人员的管理系列,等级制度一方面表明组织中各个层级之间的权力关系,另一方面也可以表明组织中信息传递的渠道,在一个正式组织中,信息的传递是按照组织的等级系列进行的,贯彻等级系列原则有利于组织加强统一指挥原则。但是有时候可能会因为信息沟通的路线太长而延误了信息传递的速度,甚至会出现信息在传递过程中的失真现象。为了既能维护统一指挥原则,又能避免这种信息的延误和

---

① 〔法〕法约尔:《工业管理与一般管理》,第31页。

失真问题,法约尔提出了著名的"跳板"原则,即在相同层次的人员之间也要有直接联系,在需要沟通的两个部门之间建立一个"法约尔桥",以这个桥做跳板,建立畅通的沟通渠道。法约尔的"跳板原则"如图3-1所示:

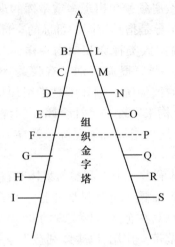

图3-1 跳板原则

在一个等级制度表现为I—A—S双梯形式的企业里,假设F部门与P部门需要发生联系,以常规就需要沿着等级路线攀登从F到A的阶梯,然后再从A下降到P,这个过程中每一级都要停顿。然后再反向从P经过A回到原出发点F。显然,如果通过F—P这一"跳板",直接从F到P,问题就简单多了。当领导人E与O允许他们各自的下属F与P直接联系,F与P及时向他们各自的领导人汇报他们所共同商定的事情,沟通既快又便捷,而且维持了等级制度原则。

10. 秩序。包括物的秩序和人的秩序。不仅要物归其位,而且要让适当的人从事适当的工作。秩序原则既适用于物质的管理,也适用于对人的管理。每一个人都应该被安排在最适合发挥作用的工作岗位上。贯彻秩序原则时要注意防止表面上整齐而实际混乱的现象发生。法约尔认为要使人们做到内外统一,就要对企业的社会需要与资源有确切的了解,另外还要慎重选人用人,消除任人唯亲,做到知人善用,利用好人才。

11. 公平。法约尔认为,"公平"原则就是"善意"加上"公道"。公道是执行已订立的协定。领导人为了激励下属人员全心全意地做好工作及对组织忠诚,就要善意地对待下属,鼓励他们忠诚地执行自己的职责。在实际的工作过程中,由于受各种因素变化的影响,原来的公道协定可能会变成不公道的协定,导致工作努力得不到公正的体现,如不及时改变这种状况,就会打击员工的工作积极性。作为领导者应重视员工在工作中希望公平和受到鼓励的愿望,努力做到公正合理善意地对待员工。

12. 保持人员的稳定。员工从事的工作需要一定的时间来熟悉和了解，不宜轻易变动，如果他刚刚对自己的工作熟悉一些就被调离，那么他就没有时间和办法为组织提供良好的服务，管理人员尤其如此，他们熟悉工作往往需要很长的时间，因此，一个成功企业的员工和领导人员必须是相对稳定的。人员变动频繁的企业或组织是很难成功的。当然，人员的稳定是相对的，对于企业而言，关键是要把握好人员流动的适当尺度，保持企业中人员工作的稳定性与适应性。

13. 首创精神。首创精神鼓励员工在工作中发挥自己的聪明才智，提出具有创造性的想法或发明，它能够带给员工极大的快乐和满足，也是激励员工努力工作的最大动力之一。企业的领导者不但自身要具有首创精神，而且更应当肯定和激励员工的首创精神。

14. 团结精神。法约尔强调不团结对企业的生存和发展是极为有害的，企业中的员工往往由于缺乏管理能力，有私心，追求个人利益而忽视或忘记了组织的团结。组织的集体精神的强弱取决于这个组织内部员工之间是否和谐团结，为了加强组织的团结，培养员工的集体精神，最有效的方法是遵守统一指挥原则，加强组织内部交流，鼓励口头交流与沟通，口头交流比书面联系更直接、更迅速、更清楚也更密切。一个企业全体成员的和谐与团结是这个企业发展的巨大力量，领导者有责任尽一切努力保持和维护组织内部成员的团结。

法约尔说："没有原则，人们就处于黑暗和混乱之中；没有经验与尺度，即使有最好的原则，人们仍然处于困惑不安之中。原则是灯塔，它能使人辨别方向；它只能为那些知道通往自己目的地道路的人所利用。"[①]法约尔的14项管理原则可以适用于一切的管理活动，其实质内容在于统一指挥和等级系列。这些原则不是呆板的而是灵活的，重要的是尺度的把握问题，这是一门很难掌握的管理艺术，领导者要充分运用自己的智慧、经验、洞察力和判断能力去适当运用这些原则管理好自己的企业。

四、法约尔管理思想的贡献

法约尔对管理思想和管理理论的主要贡献：

第一，研究了管理的一般性或普遍性，提出了管理五要素和14项管理的一般原则，为管理理论的形成构建了一个科学的理论框架，奠定了管理学的基础。

泰勒的科学管理是管理从经验阶段上升为科学阶段，为管理理论的发展作出了巨大贡献。但是由于科学管理的研究主要集中在微观生产领域，提出的尽

---

① 〔法〕法约尔：《工业管理与一般管理》，第53页。

是具体的管理方式和方法,缺乏宏观思维,因而无法形成理论体系,法约尔一般管理理论的提出不仅揭示了管理的本质,还为管理理论提供了一套科学的理论框架,使人们认识到,管理是一种普遍存在于各种组织中的具有共性的活动,人们可以在工作中摸索管理的规律性,把这种规律性提炼上升为管理理论,再反过来指导人们的管理实践。法约尔的一般管理理论虽然是以企业为研究对象建立起来的,但由于抓住了管理的一般性,使得他的理论不仅适用于企业管理,也适用于医院、学校、幼儿园等的管理,还适用于政府部门、军事部门及其他部门的管理。这就扩展了科学管理所涉及的领域,也开创了组织的研究领域,为现代组织理论的成长奠定了基础。

第二,提出了管理教育的重要性。法约尔认为,对管理知识的需要是普遍的,尤其对于企业的中上层管理者来说。他大力提倡在大学和专科学校中开设管理专业的课程,教授有关管理方面的知识。现代管理学教科书一般都是按照法约尔一般管理的框架来撰写的。法约尔提出的管理原则,经受住了时间的考验,沿用至今,一直在指导着人们的管理实践活动。

法约尔的组织管理理论,尤其是他的管理要素和14项管理原则在西方管理学中享有很高的声望,英国管理思想家林德尔·厄威克在《管理备要》中评价法约尔是"欧洲献给世界管理运动的最重要的人物"[①]。

法约尔提出的一般管理理论,尤其是14项管理原则和管理五要素层次较高,被作为管理理论和管理实践普遍遵循的准则,但他比较强调集权和职能化的组织结构,强调以严明的制度和残酷的纪律对人进行监督,和泰勒一样突出管理的机械模式。

第二节 韦伯的行政集权组织理论

古典管理理论当时不仅出现于美国和法国,也开始在德国兴盛起来,杰出代表就是马克斯·韦伯的行政组织理论。19世纪末20世纪初,英、法、美等国已涌现出一些大型的现代工业企业组织,而与此相比,德国的资本主义经济迅速发展,垄断组织相继出现,这些都要求企业组织形式的转变,即从传统家族企业向现代的资本主义企业形态转变,建立和经济发展相适应的管理体制和组织体制。家族企业中的大多数职位或职务的担任者,都是和企业所有者具有血缘关系或某种个人感情的人。他们担任管理人员并不是出于个人卓越的管理才能,而仅仅是因为他们和企业的所有者具有某种关系。这种管理模式以情感为基础而不是以理性为基础,也就造成了企业的低效率。针对这种情况,韦伯提出了官僚组

---

① Lyndall Uriwicked, *The Golden Book of Management* (New York: Arno Press, 1956), p.26.

织结构理论，以理性、制度和规范进行组织构建和管理，以适应现代化社会大生产发展的需要。当时德国社会和政府的特点是家长制和世袭制，传统权力突出，以官僚制代替世袭制，以合理合法的权威取代传统权威，成为任何一种合乎需要的统治的合法性基础。另外，德国最大的普鲁士邦长期处于俾斯麦的军事统治之下，在1866年的普奥战争和1870年的普法战争中获胜，统一了全国，促进了统一市场的形成，为德国资本主义经济的发展清除了障碍，这也促进了德国古典管理理论的产生。

马克斯·韦伯(Max Weber,1864—1920)，是德国著名的古典管理理论学家，是继卡尔·马克思之后最有影响的德国社会科学家和经济学家，韦伯是现代社会学的奠基人，他与泰勒、法约尔齐名，并称为西方古典管理理论的三位先驱。他出生于德国图林根的埃尔福特的一个富有家庭，父亲曾是一位法学家兼市政议员。1896年全家迁居柏林，积极参加政治活动，其家庭有着相当广泛的社会关系。1882年，他进入海德堡大学攻读法律，并先后就读于柏林大学和哥丁根大学，1889年获博士学位。韦伯也于1883年、1885年和1887年先后参加过三次军事训练，1888年参加波森的军事演习，对德国的军事生活和组织制度有相当多的了解，这对韦伯的行政组织理论产生了重要的影响。1891年获柏林大学教席资格，1892年获柏林大学教授法学的教职，1894年担任弗莱堡大学政治经济学教授，1896年担任海德堡大学经济学家教授。1899年他游历了英、美、意大利等国，对美国的官僚制政党和美国社会经济组织中的进取精神进行了研究。

韦伯在学术研究方面建树颇多，在社会学、经济学、政治学、法学、哲学、历史学和宗教学等领域都有较深的造诣。他的代表著作有《新教伦理与资本主义精神》(1905)、《社会和经济组织的理论》(1921)、《一般经济史》、《社会学基本概念》(1922)、《社会学论文集》(1946)、《社会科学方法论》(1949)等。韦伯最突出的贡献是提出了官僚制，被称为"官僚组织结构理论"或"理想的行政组织体系理论"或"行政集权组织理论"，这是他在组织管理方面有关行政组织的观点，是他对社会和历史因素导致复杂组织的产生和发展进行仔细研究的结果，也是他的社会学理论的重要组成部分。他的组织体系理论以及他的限制企业文化和结构理论都对后来管理学的新发展具有重要的意义。韦伯的行政集权组织理论在西方管理学界享有很高的评价，他为官僚行政机构建立了一个非常理想的模型，对后世产生了深远的影响，也因此被后人尊称为"组织理论之父"和"官僚制之父"。他的行政集权组织理论在其《社会和经济组织的理论》中作了充分的论证，韦伯的行政集权组织理论主要分成以下三个部分。

一、理想的行政组织

在韦伯看来,"理想的行政组织通过职务或职位而非通过个人或世袭的地位来管理,这就是关于集体活动的理性化社会学概念"①。这种理想的行政组织体系即官僚制就是指通过职位和职务进行管理。需要指出的是,韦伯所说的"理想的",不是指最满足需要的,而是指现代社会中最合理和最有效的组织形式。"理想"只是代表了一种纯粹的、现实中没有例证的组织形态,以和现实中各种各样的组织形态相区别。作为一种规范的理想行政组织体系,便于说明从小规模的传统家族企业管理到大规模的现代职业性管理的转化与过渡。

韦伯认为,现代理想的行政组织要发挥作用必须具备四个基本要素:第一,为达成组织目标所要求的日常活动是按照正式职责来分配的;第二,执行职责所需要的相对应的权力是按照稳定的方式授予的,并通过一系列强制手段严格限制;第三,行使权力和履行职责的方法由法律规定,权责匹配;第四,职位所需要的人员只有符合规定的条件才能被录取。这四项要素是理想的行政组织必不可少的条件,这种组织不仅适合于国家机关,也同样适合于私营经济领域的企业,这是现代国家和资本主义生产力充分发展的产物。

二、权力的分类

在韦伯看来,各种社会组织在不同的发展时期具有不同的特点和性质,但无论哪种组织都离不开控制和权力,权力是社会生活领域普遍存在的要素。"社会与其组成部分,更多的不是通过契约关系或道德一致,而是通过权力的行使而被聚焦在一起,在那些和谐和秩序占上风的地方,权力的威慑性运用从未彻底消失过。"②他认为:"任何组织都必须以某种权力作为基础才能实现目标,只有权力才能变混乱为秩序。"任何一种合乎需要的统治都具有合法性基础,因为权力总会通过某种方式为自己的统治寻求合法性基础。权力代表了统治者的合法性,它意味着统治者的命令对被统治者行为的影响,以及被统治者对统治者命令的服从。正是这种命令与服从关系的存在使得统治自然而然地具有了合法性,进一步说,合法性来源于正当性的信念,即与按照形式上的正当和既定程序执行的规则保持一致,无论是个人权威还是法律法规,只要它形成于正当的程序,它就是合法的。这样被统治者就乐于接受统治者的命令,统治者的权威也具有正当性和合法性,从而为社会公众所接受。韦伯通过历史比较认为存在三种纯粹

---

① Max Weber, *The Theory of Social and Economic Orgnization*, trans. by T. Parsons (New York: The Free Press, 1947), pp. 248—249.
② 〔英〕帕金:《马克斯·韦伯》,四川人民出版社1987年版,第101页。

形态的合法权力(被社会公众所接受的权力):

1. 传统型权力。这种权力的合法性来于不可侵犯的古老传统和执行这种权力的人的正统地位,对这种权力的服从是对拥有不可侵犯的正统地位的个人的服从。传统权力有族长制和世袭制,族长制是传统权力最重要的表现形式,人们对族长首领的服从是以对个人的盲目忠诚为基础的,族长行使权力的约束力也来自传统习惯,实际上他们宁愿遵从习惯也不愿意遵守法律。世袭制也是传统权力的重要表现形式,世袭统治者的权力是任意的,被统治者也必须按照统治者的旨意行事,统治者的权力看来是绝对的、无限制的,但仍然受到传统习俗的支配。总之,在传统型权力中,人们对权力的服从是基于统治者的正统地位,统治者行使权力时也受到传统的制约,由传统确定下来的规定一旦被违反,统治将面临失去合法性的危险。

2. 魅力型权力。这种权力的合法性来自于对某个具有模范品德的英雄人物或是具有某种天赋的人物的崇拜和热爱,对这种权力的服从也是基于追随者对英雄人物的超凡魅力的信仰和忠诚,而不是来自于某种强制的力量。领袖人物以其领导天赋和英雄行为赢得追随者的信赖,从而维护其统治的稳定,他们一旦失去追随者的信仰,这种权力就会崩溃。追随者对领袖人物的信仰也是自愿的,而不能被强制。但韦伯指出,持久的政权不能以信仰和崇拜为基础,因此,魅力型权力不能长久地作为稳固政治统治的基础。

3. 法理型权力。法理型权力是指建立在正式制定而非个人臆断或崇拜的法规基础之上的权力,这种权力的合法性来源于理性和法规,对这种权力的服从也是对合理合法的客观秩序的服从。上级拥有权力是基于他在组织内所处的职位,下级的服从也是对以法律为基础建立起来的等级制度中所规定的职位的服从。在这里权力和权力的行使者是相分离的,一切都必须依法规行事,遵循人们所共同接受和认可的客观秩序。这种权力只有在法制社会中才能存在,也是现代社会组织的权力基础。

综上三种不同类型的权力,可以看出每种权力都有各自的合法性来源和服从基础:

权力类型	要求服从的基础
传统型权力	服从我,因为我们的人民一直这样做
魅力型权力	服从我,因为我可以改变你们的生活
法理型权力	服从我,因为我是你们法定的法官[①]

---

① 李长武:《近代西方管理思想史》,吉林大学出版社1991年版,第130页。

在这三种类型的权力当中,韦伯认为效率最差的是传统型权力,因为其领导人不是按照能力来挑选的,管理也只是为了保存以往的传统而行事;魅力型权力带有浓厚的感情色彩,并非理性的,其管理是依据某种神秘的力量来进行的;只有合理的法定的权力才能作为行政组织的基础,这是保证组织能够健康发展的最好的权力形式。所以,在韦伯看来,只有和法理型权力相适应的组织才是"理想的官僚制",只有这种组织的效率最高。

三、理想的行政组织管理体制

韦伯认为理想的行政管理体制即官僚制,不同于以传统权力或对某种神秘启示的信仰为基础而建立的管理体制,它是以合理、合法的权力为基础。官僚组织结构之所以能带来高效率,是因为从纯技术的角度看,官僚制强调知识化、专业化、制度化、正式化和权力集中化,它在组织中消除了个人感情等非理性因素对组织活动的影响,因此,它能使组织内人们的行为理性化,具有一致性和可预测性。韦伯理想的行政集权组织体制的主要特点为:

1. 明确的组织目标。明确的目标是任何组织运行的基础,人员的一切活动都必须遵守一定的程序,以实现组织的目标。

2. 明确的职能分工。人员按专业化进行分工,明确划分每一个组织成员的职责权限,并以制度和法规的形式严格固定这种分工。在官僚制的组织结构中,所有工作都被细分为若干小的方面,然后落实到组织中的每个人,并且组织中每个职位的权利和义务都有明确的法律规定。高度明确的分工有利于形成工作的专业化,有利于提高组织的工作效率。

3. 层级节制的权力链条。在官僚制组织中等级与权力是一致的,各种职位按权力等级组织起来,形成一个井然有序、层层节制、自上而下的金字塔式权力等级体系。在这种权力体系中,每一级人员的权力与责任相互对应,对自己的行为负责,并共同服从于一个指挥决策中心,上级对下级进行指挥和监督,下级服从上级,从而形成一个严密的行政管理等级系列,保证组织的强有力和稳定运行。

4. 专业的培训机制。官僚制的不断发展,必然带来专业管理人员的增加,这就要求组织内的所有职务都要由受过专业训练的专业人员来担任,具有与职位相适应的技术能力。因此,人员任用必须经过考试和培训精心挑选,根据职位需要提供各种专业的培训,以候选人的技术条件为依据来挑选,以提高管理人员的素质和能力,人员职位相称,同时又相对固定,以从根本上提高组织的工作效率。

5. 合理合法的人事制度和薪酬制度。人员任用根据职务的要求,以自身的资格条件和能力为基础,实行委任制,职务要能发挥人员的最大积极性,并以自由契约关系来承担,不得随意免职、转职和脱离组织。组织发给员工固定的薪金和养老金,保障他们应得的各项合法权益,也同时拥有解雇他们的权力。管理人员的升迁、奖励和报酬要以明文规定的工作成绩和资历为标准,组织应有稳定、合理的薪酬制度和严格的考核制度。

6. 组织管理的非人格化。韦伯认为,组织管理应明确划分公事和私事的界限,公务活动不得掺杂个人感情等非理性因素的影响,为保证合理性、合法性和客观性,在人员之间的关系上应完全以理性准则为指导,每个组织成员都恪尽职守,以冷静的态度处事,这就表现为一种指挥和服从的非人格化关系。这种关系不是由个人决定的,而是由职位所带来的权力决定的,只是工作与职位的关系,而非对人的关系。他们拥有人身自由,只是在与人身无关的官方职责方面从属于上级的权力。组织建立起这种关系就能保证成员行为的理性准则以及处理问题的客观性,这不仅提高了组织的工作效率,也有效地避免和防止了人与人之间的摩擦,维持了组织的和谐运行。

7. 严格遵守规章制度和办事程序。官僚组织要建立有关职权和职责的法规和规章,组织的运行就是以一整套规章和程序为基础对组织及其成员进行管理的,以保证组织管理工作的统一性和明确性,减少个人感情的影响和组织内部的冲突与矛盾。韦伯认为,组织中的规章和程序具有稳定性,可以保证组织运行的合理性、合法性和连续性。组织对每个员工的职权和协作范围都有明文规定,管理人员在行使其职权时受到严格而系统的纪律约束和控制,从而使每个员工能够正确行使职权,形成组织成员职能行为的规范化,排除个人感情的随意判断,保证了各项业务处理的一贯性和整体性。

8. 业务处理和传递以书面文件为准。在官僚制组织中,一切重要的决定和命令都要以正式文件的形式下达,即使可以用口头方式联系的业务活动,最终处理也要以指示、申请、通知和报告等规范的书面文件形式处理。韦伯认为,书面文件的下达都记录在案,具有稳定性,不会因为领导工作的变动和成员的来去不定而中断沟通,这有利于明确下级成员的任务和规范上级的权责,也能保证业务处理的准确性和规范性,防止个人的主观随意判断,便于加强控制,实现组织目标。

韦伯认为以上是理想的行政组织体制的主要特点,这种组织所体现出来的准确性、迅捷性、明确性、统一性、严密性、简单性和非人格化等都使组织最符合理性原则,这种体制能够获得最大程度的效率,能够保证对人实行最合理的控制,能够实现最优的稳定性、纪律性和可靠性。在韦伯看来,组织的管理形式是和社会的发展和变迁相联系的,官僚制具有很强的历史性,它适应了封建社会向现代工业社会转变的需要,是和资本主义社会化生产相适应的一种严密管理体制,不仅适用于经济领域,也适用于社会生活的各个领域。这种体制强调集权化、制度化，忽视人的积极性和非正式组织的作用。这种理想的行政组织结构分为三层，最高管理层、中间管理层、基层工作人员。这种金字塔式的三层制组织体系结构，直至今天仍然发挥着作用，韦伯对后世影响之深远可见一斑。

四、对官僚制的评析

韦伯生活在德国资本主义经济迅速发展的时期，19世纪末20世纪初，德国已经进入欧洲工业强国之列，但同时封建制的影响还广泛存在。韦伯提出的理想行政管理体制适应了社会化大生产和组织管理复杂化的需求，促进了德国资本主义的发展。同时官僚体制的理性原则和非人格化管理也否定了封建世袭制的管理模式，韦伯的理论事实上反映了当时德国从封建制向资本主义制度过渡的要求。官僚制是依照职能和职位对权威资源进行合理配置，以层级制为组织形式，以世俗化、专业化的职业官僚为管理主体，以理性设置的制度规范为运作规则的管理模式，更多的是体现的一种"理性精神"，正是这样一种非人格化的管理体制，适应了现代经济、技术和社会的发展，显示出了以往其他管理模式无法媲美的管理效率，以致纯粹从技术上看，可以说它是"实施统治最合理的形式"[①]。但与此同时，官僚制本身也存在困境，韦伯在书中对官僚制提出了批评：

第一，假设的有效性。官僚组织理论蕴含等级分明、权责明确的上下级关系，其中的一个假设就是当上下级之间出现矛盾时，上级所作出的判断必然优于下级的判断，显而易见，这个假设存在缺陷。

第二，过分强调组织原则和执行规章制度，这一点是官僚组织结构理论受到批评最多之处。过分强调恪守规章制度，抑制了人们的创造革新能力和工作积极性；种种繁文缛节束缚了人们的手脚，使整个组织变得僵化，失去了应有的活力和应变能力，还会形成不良的官僚主义和官僚作风，阻碍组织的健康发展。

第三，忽视了存在于正式组织之中的非正式组织。非正式组织是普遍、客观的存在着的，它的行为准则是以感情作为基础的，做什么和不做什么的标准都是满足非正式组织成员的感情需要。而官僚行政集权组织理论则忽视了正式组织中存在非正式组织这一客观现实。

以上是韦伯行政集权组织理论的主要内容，是韦伯对资本主义管理经验进行总结提出的一种制度化、法律化和程序化的组织理论。他认为这种正式的、非人格化的等级分明的理想的行政组织体系是人们进行强制控制的合理手段，是达到目标、提高效率的最合理和最有效的组织形式。官僚制强调专业化、知识化、正式化、制度化、等级化和权力的集中化，它在组织中消除了个人情感、社会关系、个性特点对组织活动产生的负面影响，因而可以使组织内的人们的活动和

---

① 〔德〕马克斯·韦伯：《经济与社会》上册（林荣远译），商务印书馆1997年版，第248页。

行为趋于理性,并且能够被预测。但官僚制提出后,在 20 世纪四五十年代以前,并没有得到欧美各国应有的重视,主要原因是当时的社会文化和历史条件还没有形成对行政组织理论的需求。但随着资本主义经济的进一步发展,以及企业和社会组织规模的不断扩大,社会组织日益复杂,人们越来越认识到管理的重要性,韦伯的行政组织理论展现出巨大的理论价值和应用价值,在管理理论中具有开创性和先进性。今天,官僚制已成为各类组织普遍运用的典型结构,广泛应用于国家机构、军队、政党、企业和各种社会团体之中以及所有的管理工作,在组织设计当中发挥着有效的指导作用,并且得到了西方管理学界的普遍认可,人们不断从他对管理的探索中得到启发。

第三节 古典管理理论的系统化

一、代表人物及其思想

科学的管理理论即古典管理理论几乎同时发生在美、法、德等国,这是资本主义发展要求改变落后管理方式的必然结果。美国的泰勒及其追随者提出了科学管理理论,法国的法约尔提出了一般管理理论,德国的韦伯提出了行政组织理论,虽然侧重点、关注的领域和层次各不相同,但却表达了同样的精神实质,即采用科学的手段和方法对管理的过程和职能进行探索,从而确定一些科学的管理理论、原则和方法,实现从经验管理到科学管理的转变。因此,古典管理理论的一些代表人物虽然处于不同的国家、处于不同的历史和文化背景,但他们的理论却表达了同样的要求,都在一定程度上反映了先进的生产力发展和管理的落后现状之间的矛盾,都以各种不同的形式提出了类似的科学管理方法。正是在这样的基础上,古利克和厄威克等人把古典管理理论加以全面地系统化,总结出了一些共同的管理原则和规律,并进行研究和传播,对管理实践起到了指导作用。

(一)林德尔·厄威克

林德尔·厄威克(Lyndall F. Urwick,1891—1983)是英国著名的管理学家和教育家,是公认的管理学权威。他曾在英国牛津大学专攻历史,一战和二战期间在英国皇家军队中服役,取得了优异成绩并获得了中校的军衔。1920—1928 年,他担任朗特里公司的组织秘书,1928—1933 年担任日内瓦国际管理协会的首任会长,从事大量的管理咨询和管理研究工作,直至退休。退休之后他定居在澳大利亚,继续从事管理方面的研究和探索。厄威克一生著述颇多,管理学方面的代表著作主要有:《动态管理:玛丽·派克·福莱特论文集》(1924,与梅特卡夫合编)、《作为几个技术问题的组织》(1933)、《管理的职能》(1934)、《行政科学论文集》(1937,与古利克合编)、《管理备要》(1956)等。

厄威克在管理学方面最主要的贡献是把古典管理理论系统化,他指出虽然管理学是一门仍不很精确的科学,但有关管理的知识在数量上是很多的,这足以使管理学的发展更为科学和统一。在此之前,古典管理理论的代表人物都曾提出过许多管理原则,但都没有从总体上掌握各个原则之间的有机联系,也无法确定管理实践中各原则的具体运用。为此,他对泰勒、法约尔等著名管理学家的思想和原则进行分析,找出其共同点,从总体上把管理知识相互联系起来,使古典管理理论系统化,形成了一个完美组织所需要的各种管理原则。厄威克指出,管理的过程由计划、组织和控制三种职能组成,这三个职能的指导原则分别是预测、协调和指挥,由这三个职能和三个原则派生和展开,形成了关于管理原则的一个基本结构。

厄威克还提出了普遍适用于一切组织的八原则原理:(1)目标原则,目标是组织存在的基础,所有组织都应当确定一个明确的目标。(2)相符原则,主要是指权力和责任必须相符,管理人员只有责任是不够的,还必须授予他们相应的权力,被授予权力的各级人员对下级的工作承担个人责任。(3)职责原则,上级管理人员对直属下级工作的职责是绝对的。(4)组织阶层原则,组织结构上下级关系明确,各阶层、各组织结构都配有合适的人员。(5)控制幅度原则,厄威克认为一个上级管理人员所管辖的直属下级人员最好不要超过五人,最多不能超过六人。(6)专业化原则,即职能的专业化,每个人的工作都限制为一种单一的职能。(7)协调原则,在统一领导的前提下,协调各阶层和各机构之间的关系。(8)明确性原则,组织的各个职责都应当有明晰的界限,各级成员对各自的职责明确了解,每一职位的责权利相互匹配。

厄威克还是组织设计论的重要代表人物。管理为经营服务,而组织为管理服务,组织设计是指为有效实现组织目标而对组织结构进行设计。厄威克指出了组织设计的两个课题:一是确定组织成员的职务;二是确定职务之间的关系,目的都在于解决经营的技术问题。

(二)卢瑟·古利克

卢瑟·古利克(Luther Gulick,1892—1993)是美国著名的管理学家,1892年出生于日本的大阪,青少年的大部分时间都生活在日本,1904年回到美国。20世纪20年代,他从哥伦比亚大学获得博士学位,继而被任命为市政研究局的局长,1931—1942年他一直担任哥伦比亚大学教授,1935—1937年曾担任罗斯福总统行政管理委员会的委员,二战爆发后他去了华盛顿担任了更多的职务。古利克一生研究成果丰硕,代表著作有《组织理论评论》、《科学、价值观和公共管理》,以及他和厄威克合编的《行政科学论文集》(1937)。

古利克的贡献在于他把管理职能的理论加以系统化,提出了具有代表性的POSDCORB"七环节"管理职能论。POSDCORB是分别取七种职能的英文单词

的首字母组成(协调的英文单词取了两个字母CO),这七种职能分别是:

1. 计划(Planning)。计划是指为实现组织目标而制订的执行纲略,计划具体包括目的、方针、程序、规划、方案、预算、重要战略和竞争战略等。

2. 组织(Organizing)。组织是指为实现企业规定的目标所建立的权力正式机构和组织体系,及各机构的职责关系和人员配备。

3. 人事(Staffing)。人事包括员工招募、训练、培训等职能。

4. 指挥(Directing)。指挥主要包括对下级成员的领导、监督和激励,统一指挥可以减少混乱、低效、扯皮等现象,明确责任,提高效率。

5. 协调(Coordinating)。协调是指各个部门之间的工作、各级人员的关系要协调一致,共同为达成组织目标而努力。协调职能可以通过两条途径实现,一是通过组织进行协调,即建立完善的组织系统,为组织机构配备合适人员,按照组织系统发布和接受命令进行协调;二是通过思想协调,即通过对组织成员进行思想教育,形成团体凝聚力,从而在意志和行动上协调起来。

6. 报告(Reporting)。报告包括下级对上级的报告,以及上级对下级的审查、调查和考核。

7. 预算(Budgeting)。预算主要包括财务计划、会计和控制,即通过经济性测定降低生产成本、控制预算、发展质量管理等。

此外,古利克还根据古典管理理论提出了10项管理原则:(1)劳动分工和专业化;(2)按照目标、程序、顾客或地区把工作加以部门化;(3)通过等级制度协作;(4)通过思想协作;(5)通过委员会协作;(6)合理授权;(7)统一指挥;(8)直线制和参谋制并存;(9)实行分权化和控股公司;(10)合理的控制幅度。

通过厄威克和古利克等人对古典管理理论的综合,得出了古典管理理论的基本原则:为组织机构配备合适人员、职能专业化、统一指挥、工作部门化、专业参谋和一般参谋并存、授权原则、责权相符、合适的控制幅度等,这些原则基本上代表了古典管理理论的要点。

二、对古典管理理论的评析

古典管理理论主要包括科学管理理论和古典组织理论,它第一次尝试了以科学、系统的方法来探讨管理的问题,使管理成为一门独立的学科,为管理学和现代管理理论的发展奠定了基础,在管理思想史的长河中占有重要的地位,也为管理实践的发展作出了不可磨灭的贡献:

首先,古典管理理论提出了管理的重要性和普遍性,也是现代管理理论的基础和理论来源。无论是古典管理理论还是现代管理理论,两者所要解决的问题其实是类似的,都是要研究如何才能提高效率的问题,古典管理理论所倡导的一些管理原则和管理职能对现代管理理论的研究和实践仍然具有巨大的指导和借鉴意义。

其次,古典管理理论对于提高劳动生产率和工作效率以及组织结构方面所作的贡献对今天的企业管理和公共管理仍然具有很强的指导作用,其管理方法、原则和理论一直沿用至今。例如泰勒的差别计件工资制、法约尔的14项管理原则、韦伯的官僚制等。

古典管理理论是管理学发展史上的不朽丰碑。但由于历史的局限性,古典管理理论也存在缺陷。

首先,古典管理理论对人性的研究只是停留在"经济人"这一层面上,泰勒认为人仅仅是一种"经济人",把人当作机器,当作生产中的一个环节,忽略了人的社会和精神需求。

其次,古典管理理论着重于组织的内部管理,即把研究重点放在生产部门的内部,把如何提高劳动效率作为管理的目标,没有研究而且也不可能研究到现代企业经营管理的两大问题:消费者和市场。内视性的管理理论是难以避免的时代"烙印"。

再次,古典管理理论几乎没有考虑企业发展所处的环境问题。事实上任何企业的生存和发展都离不开一定的环境,伴随环境的变化,环境中的企业就要随之改变以适应环境。

最后,尽管古典管理理论提出了一些规律性的管理原则,但没有把管理对象上升到系统层面上加以认识,仅仅把管理对象当成一个不具有抽象性的客观存在,这些缺陷都成为现代管理理论研究的重点。

* * *

思考题

1. 结合法约尔和泰勒的管理实践经历,分析二人管理思想的差异。
2. 评述法约尔的14项管理原则。
3. 简述马克斯·韦伯的管理理论。
4. 评述马克斯·韦伯在行政管理思想发展史上的地位和影响。
5. 林德尔·厄威克和卢瑟·古利克对管理学理论的贡献有哪些?

第四章 行为科学理论

第一节 行为科学产生的思想理论准备

一、行为科学的先驱

在人际关系学说和行为科学产生以前,科学管理盛行的同时,已有一些管理学家开始注重研究管理中人的问题,代表人物主要有美国的玛丽·福莱特、蒙斯特伯格、丹尼森和英国的谢尔登等。玛丽·福莱特也被认为是发展时期公共行政管理思想的代表人物,对福莱特的论述将放在本书第七章论述。

(一) 胡戈·蒙斯特伯格

胡戈·蒙斯特伯格(Hugo Munsterberg,1863—1916)原籍德国,是美国心理学家和工业心理学家,是工业心理学的创始人之一。他出生于德国的但泽市,1885年获莱比锡大学心理学博士学位,1887年获得海得堡大学医学博士学位,1892年任哈佛大学的心理学教授。从1910年开始他和他的学生开始研究把心理学运用到工业领域,1913年出版了《心理学和工业效率》这本开创性著作,书中他强烈要求加强管理的科学性,呼吁把心理学应用于工业效率上。蒙斯特伯格的呼吁不仅影响了德国和美国,在其他地方也引起了人们对工业心理学的巨大的兴趣。许多工业人士来到哈佛大学找他进行咨询,在一战期间几乎每一个交战国都应用他的心理学方法来挑选和训练军队,扩大了他的影响,也推进了心理学的大规模应用。除此之外,他的代表著作还有:《美国的问题——从一个心理学家的观点来看》(1910)、《心理学和经济生活》(1912)、《一般心理学和应用心理学》(1914)、《企业心理学》(1918)等。蒙斯特伯格对管理思想的贡献主要体现在以下几个方面:

1. 他首先对人的行为进行研究,指出心理学可以应用于工业领域,成为提高工作效率的一种管理方法。这种研究是必要的,也成为管理科学的一个新分支。蒙斯特伯格最早确定了工业心理学的范围和方法,使工业心理学成为人们都能接受和欢迎的观点。到1920年前后,工业心理学作为管理学重要组成部分的地位被牢固地确立起来,从此管理学开辟了一个新的发展方向。

2. 他认为科学管理中涵盖了工业心理学,并且它们是相辅相成的,否则就达不到提高效率的目的。蒙斯特伯格指出心理学在工业中的作用是:一是找出最适合某种工作的人;二是要确定在何种心理条件下,每一个人才能获得最大满意的产量;三是要研究对人施加什么样的思想影响,才能给企业带来最大利益。为了证实以上讨论,他进行了大量试验,从电车司机、电话接线员和高级船员身上收集材料,提出了以工业心理学为出发点提高效率的建议,这是采用科学方法在工业中进行职业指导的开始。通过心理适应和改善心理条件提高工业效率,将有利于全社会的利益。

3. 蒙斯特伯格研究工业心理学,主要研究的是如疲劳、职业指导、考核和工作安置等,通过工业心理学来了解人的因素,以克服企业中的各种劳资纠纷,提高效率。

(二) 亨利·丹尼森

亨利·丹尼森(Henry Dennison,1877—1952)是美国的企业家和管理学家,他出生于马萨诸塞州的鲁克斯伯利,1899年获哈佛大学文科学士学位,随即进入他家中的企业丹尼森制造公司工作,1906年担任经理,1917—1952年任该公司的总经理。此外,他还担任了许多社会职务,1917—1918年出任战时工业委员会主席顾问及中央计划和统计局的助理局长,1921年任哈定总统失业会议的成员,1934年任美国商务部工业咨询委员会主席,1935年—1943年任美国全国资源计划局顾问,1935—1939年任国际劳工局美国雇主首席代表等。他的主要著作是1931年写成的《组织工程学》一书,该书被称为"在美国文献中足以自豪的课题上作了最清楚和最基本表述的书之一"。丹尼森对管理科学的发展作出了重大贡献,主要是注重人的因素和推动了行为科学的发展。

1. 重视管理中的人的因素,通过提高职工的积极性以提高生产效率。丹尼森指出,激励组织成员的因素有四类:(1) 对他本人及其家属福利和地位的关心;(2) 组织成员对工作本身的爱好;(3) 对组织中一个或多个成员及其良好评价的关心,以及乐于同他们一起工作;(4) 对组织主要目标的尊重和关心。这四种因素共同发挥作用才能维护组织持久而稳定的发展。正是在这种思想的指导下,他在工厂中实行了一系列的管理措施,使他的公司成为当时美国最先进的公司之一。他认识到企业不能只为股东服务也应该为社会服务,要尽量满足工人在工作中的要求。工人之间存在着一种非正式组织,这种非正式组织对生产效率的提高有极其重要的影响,并提出把非经济因素同经济因素结合起来作为激励员工的手段,以调动职工的积极性,使得他们能忠于企业。

2. 主张自下而上的组织设计的方式。他认为组织要使得集体生活成功,并自下而上地把人们组织起来,使他们在能干的领导之下解决彼此之间的矛盾,并把他们的动机统一为一致的方向。他对组织结构的设计是先找出思想一致的人组成小组,然后再发展为整个组织结构。他还认为组织原则和组织结构不是僵化不变的,应该灵活运用。

3. 创办交换管理信息的组织。丹尼森于1924年创办了一个总部设在波士顿的制造业者研究协会,这个协会由一些非竞争性的公司组成,目的是交流各自先进的管理方法和管理经验。

4. 积极参加美国和国际的管理运动。丹尼森曾积极参加美国的泰罗协会和管理协会的工作,还积极参加了国际管理学会的工作,并为他的管理哲学进行了广泛的宣传活动,曾被认为是"对管理的科学和技巧的发展作出重大贡献的人之一"。

(三) 奥利弗·谢尔登

奥利弗·谢尔登(Oliver Sheldon,1894—1951)是英国的管理学家和企业家,他出生于英格兰柴郡的康格尔顿,先后就读于伯恩利中学、金氏学院和牛津大学。一战期间他曾在英国军队服役,1919 年开始,终生都在朗特里公司工作,1931 年提升为公司董事会董事。此外,他还积极参与约克市的公共工作。他的代表著作是 1923 年出版的《管理的哲学》。谢尔登对管理思想的贡献主要有以下两个方面:

1. 强调管理中人的因素。谢尔登认为,工业问题就是要在"生产的事物方面"和"生产的人的方面"做出恰当的平衡,企业是由从事生产活动的人组成的整体,因而,企业管理必须重视人的因素。管理的职能就在于使员工的共同活动都朝着一个共同的目标努力,通过共同目标来激发人们的积极性,既提高劳动生产率又使管理方式充满人情味,既满足工人的物质生活条件需求,也满足工人提高能力、发展自我的需求。

2. 企业的社会责任。企业的进步不仅要采用科学的方法,还要重视社会责任,企业的首要责任就是为社会服务。企业要发展必须满足社会的需要,如果没有社会公众的支持,企业就不可能获得持续的生存和发展。企业要以社会伦理标准作为企业管理的标准之一,以这个标准为原则,从整个社会的道德角度处理工资和盈利等问题。一个好的企业既要按照科学原则组织生产,也要考虑到社会环境因素,正确处理企业和社会的关系,把企业的社会责任置于首要地位。只有获得社会认可的企业才能在激烈的市场竞争中立于不败之地。

3. 管理的整体性。管理对工业的指导作用主要是一些科学原则和伦理原则,而这些原则在管理过程的具体运用中只起次要作用,管理并不是某一方面的具体措施,而是指导整个管理实践的各个方面的目的、发展路线和哲学原则。

4. 管理的职能划分。谢尔登指出,作为工业一部分的管理独立于资本和劳动力之外,管理者是一个特殊的阶层,他的职能可以分解为三部分:(1) 经营。经营职能主要是制定公司的政策,协调财务活动,组织生产、分配和销售,调整企业的发展方向,以及确定对经理人员的最终控制等。(2) 狭义的管理。它的职能是执行经营者所确定的方针、政策,运用组织实现企业的目标。(3) 组织。组织是管理实现目标过程中的器官,这个职能主要是把个人和集体的工作结合起来,以最积极、最系统和最有效并互相协调的方式完成任务。经营是决策,确定了组织的目标,管理是决策的执行,而组织是管理实现目标的手段,三者相互联系,相辅相成。

二、行为科学产生的历史背景

行为科学的产生并不是偶然的,而是历史发展的必然趋势,也是管理理论发展的必然结果。资本主义早期的经济学家和管理学家们,无论是亚当·斯密、大卫·李嘉图,还是泰勒、法约尔和韦伯,都以"经济人"为假设,认为每个人都追求经济利益的最大化,工人追求高工资,企业主追求高利润。工资和利润的分配矛盾使工人和企业主经常发生冲突,工人的"磨洋工"现象和企业主对工人的压制在所难免,劳资关系紧张;管理缺乏科学的方法,也影响了劳动效率的提高。面对这种情况,古典管理理论提出了科学的解决对策,泰勒通过试验得出了科学的操作方法和工具,法约尔从整个企业的角度提出了一套一般管理原则,韦伯也构建了一套严格的组织制度,他们以科学性、精密性和制度化提高了劳动生产率,在管理实践中产生了广泛的影响。但因为对人的因素考虑较少,人成了机器或制度的附属品,这激起了工人的反抗,劳资矛盾进一步恶化。科学管理理论无法彻底解决劳动生产率问题,它所倡导的在资本家和工人之间进行的"精神革命"并没有达到预期的目的,违背了科学管理理论设立的初衷,并且随着20世纪20年代经济危机的频繁爆发,劳资对立的局面反而更加尖锐。

1929—1933年,美国发生了历史上空前严重的经济危机并波及西方各国,资本主义经济长期陷入萧条状态。各企业主纷纷加强对工人的严格控制,将经济危机带来的损失转嫁到工人身上,劳动强度显著增大,但工资增长却很缓慢,工人阶级生活贫困;加上工人队伍的不断壮大和工会组织的发展,反抗资本家的斗争也越来越激烈。古典管理理论的建立为推动当时生产力的发展,解决组织面临的问题方面确实做出了卓越的贡献。但因自身存在的局限性,面对日益复杂的经济环境和规模不断扩大的组织,越来越多的管理问题不再是古典管理理论可以完全解决的,尤其是对人的研究方面,只把人当成生产的一个环节来看,忽视了人的主动性和创新精神。随着科技的进步和人们文化水平的提高,体力劳动逐渐让位于脑力劳动,金钱刺激和严格的控制失去了原有的作用。面对这样的问题,资本家不得不重新寻求答案。在经济方面,凯恩斯主义的兴起为资本主义经济的持续发展提供了一种新的视角;在管理方面,资本家开始重视企业管理中的人际关系问题,通过对工人的行为规律进行研究,发现工人并非是纯粹的"经济人",除了金钱之外还有精神需求,他们探索出一种新的管理方式,即重视工人的社会和精神需求,以诱导代替压制,以调动职工的积极性,调和劳资矛盾。这促使了新的管理理论的诞生,行为科学走上了管理的舞台。行为科学的产生既是管理实践的需要,也是社会大生产发展的需要,梅奥的霍桑实验及人际关系学说正是适应了这一客观需要。

第二节 行为科学的建立

一、梅奥与霍桑实验

乔治·埃尔顿·梅奥(George Elton Mayo,1880—1949),美国管理学家,原籍澳大利亚,在管理的社会因素和工业关系的领域中从事研究,是人际关系学说的创始人。1880年,他出生于澳大利亚的阿得雷德,曾先后在圣彼得学院和阿得雷德大学接受教育,并取得逻辑和哲学硕士学位;后又到苏格兰的爱丁堡学习医学,并同里弗斯一起进行精神病理学的研究;1911—1919年期间,在澳大利亚的昆士兰大学担任逻辑学、伦理学和哲学讲师;第一次世界大战期间,他利用业余时间用心理疗法治疗受伤士兵,成为澳大利亚采用此种疗法的先驱者;1919年,任昆士兰大学哲学教授;1922年,移居美国;1923年,他在费城附近一家纺织厂就车间工作条件对工人的流动率、生产率的影响进行实验研究;1926年,梅奥进入哈佛大学工商管理学院从事心理学和行为科学研究,任哈佛大学工商管理研究院工业研究室副教授;1927年冬,梅奥应邀参加了开始于1924年但中途遇到困难的霍桑实验;1929—1947年期间,他担任工业研究教授,并在退休时获得了"荣誉退休者"的称号;1949年在英国去世,终年69岁。代表著作有《工业文明中的人类问题》(1933)、《工业文明中的社会问题》(1945),梅奥是继泰勒和法约尔之后,对近代管理思想作出重大贡献的学者之一。

霍桑实验是美国国家研究委员会在芝加哥城郊外的西方电器公司的霍桑工厂中进行的,从1924年开始到1932年结束,历时八年之久。实验进行过两个回合,第一个回合从1924年开始到1927年,得到了美国国家科学委员会的赞助,但以失败而告终;第二个回合从1927年开始到1932年,在哈佛大学梅奥教授的主持下进行。该实验的目的是为了解释出现在西方电器公司管理实践中的一系列矛盾和问题,主要研究外界因素与工人劳动生产率之间的关系。霍桑工厂是一家生产电话交换机的工厂,有较完善的娱乐设施、医疗制度和养老金制度,但工人们的生产效率并不高,并且还有很强烈的不满情绪,是什么原因造成的呢?研究小组聘请了包括社会学、心理学、管理学等多方面的专家进驻霍桑工厂,开始进行大规模的实验。整个实验共分为四个阶段:车间照明实验、继电器装配室实验、大规模的访谈实验、电话线圈装配的群体实验。

1. 车间照明实验(1924—1927)。该实验是在国家研究委员会的协助下进行的,主要目的在于调查和研究工厂车间的照明度和工作效率之间的关系。实验专家选取了一个绕线圈小组,将它分成实验组和对照组,分别在两个工房内工作,控制组的照明条件不变,实验组的照明条件是不断变化的。结果发现最初改善照明条件时,两组工人的产量几乎同样地增加,但稍后的实验结果令人迷惑不解,照明度降低的情况下产量有时也会增加。这个结果说明照明度对工作效率的影响微乎其微,它们之间并没有直接的关系,生产效率应该与某些其他未知因素有关。

  2. 继电器装配室实验(1927—1932)。这个实验挑选了六名青年女工在实验室内进行电话继电器的组装工作,目的是想通过改变各种工作条件,如作业和休息时间的长短、工资水平的高低等,来考察福利措施的变化对工作效率的影响。实验小组以泰勒的科学管理思想为指导,他们认为工作条件变差的情况下,生产效率会降低,反之则会提高。他们改善了福利措施,缩短了工作日,增加了休息时间并在休息时间免费提供茶点,这些措施提高了生产量。研究人员不能确定哪种因素在发挥作用,便取消了一切特殊待遇,使工作条件恢复到原状,但实验结果却出乎意料,在各种工作条件变化的情况下,产量反而稳定增加。研究人员把影响生产率的可能性因素一一列出,包括材料供应情况、休息时间、奖金、监督和指导方式,通过一一验证,最后得出监督和指导方式能促使工人改变工作态度,提高生产量。

  通过实验梅奥等人发现,实验挑选的六名女工是由两名要好的女工选定的其他四名,他们自由组合成友好的小集体,无人监督,这形成了一种团体意识,可以使她们相互帮助,增加自主感和责任感。并且在实验过程中她们受到部长召见委以重任,个人价值得到认可,这也激发了她们的自豪感。这种意外的实验结果使梅奥认识到工人之间的社会关系以及与管理人员之间的合作态度,对劳动生产率具有重大影响。为了进一步扩大研究范围,他又在霍桑工厂进行了大规模的访谈计划。

  3. 大规模的访谈实验(1928—1930)。实验过程中,梅奥等人花费了三年的时间对西方电器公司的两万多名职工进行了个别访问调查,目的是了解工人内心的真正感受和工作态度,工人对工作和薪酬方面的意见,了解他们对公司的意见和监督人员的方式对工人的影响,进而帮助他们解决问题,提高工人的满意度和劳动的积极性。实验以自由交谈的方式进行,调查发现每个工人的需求因人而异,个人对工作也有不同的见解,这些都影响了职工的工作热情。作为管理者应当认真听取工人的意见和不满,发泄工人的怨气,消除他们与厂方的对立情绪,使工人感到企业对他们的关心,才能提高其生产积极性。

  4. 电话线圈装配的群体实验(1931—1932)。通过以上实验,梅奥等人已经发现了非正式组织的作用,为了进行深入观察,开始了第四阶段的实验。这是一项关于工人群体的实验,目的是为了证实非正式组织的存在和作用,系统地观察实验群体中工人之间的相互影响。实验在电话线圈装配室进行,梅奥挑选了14

名男工,其中 9 名接线工,3 名焊接工,2 名检验工,他们都在同一个工房内工作。这个班组实行特殊的工资和奖金制度,在这种制度下,规定一个适当的日生产额,多干活收入也就多。公司根据动作和时间研究本来确定的日工作定额是焊接 7 312 个接点,但工人实际只完成 6 000—6 600 个接点,每个人的产量基本都处于大致水平。这个标准是工人自己限定的,他们担心过度地努力工作会造成同伴的失业或公司制定更高的生产定额。因此,他们达成协议,每天只完成大家都认可的工作量,他们是为了保护班组的团体利益。从这项实验中得出的最重要的结论就是:工作小组中存在自然形成的非正式组织,自觉保护其成员的行为免受管理者的干预,这种非正式组织对工人的工作态度有极大的影响。

经过四个阶段的实验,梅奥及其研究小组终于从中发现了一些提高生产效率的规律,研究表明,工作条件的改变与工人产量的增加没有直接关系,即工作条件、休息时间、工资报酬等因素的改变不是影响生产率变化的第一位因素。企业管理层与员工之间,以及员工与员工之间的社会关系才是影响劳动效率最主要的因素。非正式组织的行为以及对劳动效率的影响,使企业认识到应当重视存在于正式组织之中的非正式组织,这为解决当时资本主义的劳资纠纷提供了一条新的思路。梅奥将实验的结果集结成书,书名是《工业文明中的人类问题》,1933 年正式发表。以后他又继续进行实验,直到 1936 年才结束,并于 1945 年发表了《工业文明中的社会问题》,进一步阐述了他的观点。

二、人际关系学说和行为科学的建立

霍桑实验用了 8 年时间,获得了大量的第一手资料,梅奥在实验结束后,最终提出了人际关系学说,体现在《工业文明中的人类问题》一书中。人际关系学说是行为科学的前身,主要内容有:

1. 人是"社会人"而不仅仅是"经济人"。

古典管理理论仅仅把人看做自私利己的"经济人",这种"经济人"的所有活动只是为了追求个人利益的最大化,所以金钱才是刺激人的积极性的唯一动力。这种"经济人"的观点来自英国经济学家大卫·李嘉图的"群氓假设",从这种假设出发,得出的结论必然是:对待这些"群氓"只能用绝对的、集中的权力来统治控制和管理。而梅奥等人认为职工是"社会人",提出了"社会人"假设,他指出人是独特的社会结构,是作为某一社会集团的成员出现的,只有使自己完全地投入到集体中去,才能实现彻底的自由,正如工厂中的工人,他们不是单纯地追求金钱收入,影响人们生产积极性的因素,除了物质方面之外,更重要的是心理和社会方面的需求得到满足,即追求人与人之间的友情、忠诚、关心、理解、爱护、安全感、归宿感、渴望受人尊敬等。在生产效率的决定中,逻辑的、经济的因素远不如感情的、非逻辑的态度所起的作用大。这就要求管理者不能把职工单纯地当成"经济人"来看,工人更大意义上是"社会人",应从社会系统的角度来对待。为调动员工的积极性,梅奥提出了13条具体的原则:对员工进行精神及物质奖励、让员工感到自己重要、要乐于捍卫部属的利益、企业高层管理者必须真心实意地关心员工的福利、鼓励一定要真诚、关心别人、关心员工的成长、同员工交朋友、不当不受欢迎的老板、激发员工的积极性、协调与下属的关系、了解下属之间的矛盾、让部下尽心供职等。

2. 企业中存在着非正式组织。

非正式组织是与正式组织相对产生的。正式组织是企业为了实现其目标所规定的成员之间职责范围的一种组织结构,主要体现在组织结构、职权划分、规章制度等方面。梅奥认为,人具有社会性,在企业的共同工作当中人们相互联系,由于共同的感情和爱好、地理位置关系、亲戚朋友关系、工作关系等,会自然形成一种非正式组织,这种源自于人的社会性的非正式组织的存在某种程度上支配着其成员的行为方式。正式组织以效率逻辑为其行动标准,即为了提高效率,企业各成员之间保持着形式上的协作。非正式组织指一些惯例、价值观、准则、信念、非官方的规则,以感情逻辑为其行动标准,即出于某种感情和爱好而采取一致行动的群体。非正式组织可以保护工人减少因内部成员的疏忽和非正式组织以外管理人员的干涉所造成的损失。

梅奥等人认为,任何一个机构中,在正式的法定关系的掩盖下都存在着大量的非正式组织。各种各样的非正式组织贯穿于正式组织中,两者相互依存,非正式组织不受正式组织中层次和部门的影响和限制。非正式组织对组织而言有利有弊,其缺点是可能集体抵制上级的政策或目标,优点是使个人有表达思想的机会,可以提高士气,促进人员的稳定,有利于信息沟通,有利于提高工人们的自信心,并减少工作中的紧张感,能扩大协作程度。作为管理者的一方,要充分认识到非正式组织的作用,并进行适当的引导,注意正式组织的效率逻辑与非正式组织的感情逻辑之间的平衡,利用非正式组织为正式组织的目标服务。

3. 新的领导能力在于提高职工的满足程度。

科学管理认为生产效率主要取决于作业方法、工作条件和工资制度。而梅奥等人在霍桑实验的基础上,依据"社会人"和"非正式组织"的观点,认为生产效率的高低主要取决于工人的士气和工作态度,而工人的士气和工作态度又取决于人际关系,取决于他们感受到的各种需要的满足程度。金钱和物质的刺激对促进工人生产效率的提高起着重要作用,起更重要作用的是职工的满足度,即职工在安全方面、归属感方面、友谊方面的需求得到充分的满足,并且要因人而异。满足度越高,其士气就越高,生产效率也就越高。因此,企业管理人员新的领导能力要同时具有技术—经济的技能和人际关系的技能。新的领导能力就在于区分事实与感情,懂得取舍,善于协调各种人际关系,能够在效率和感情之间取得平衡。这样才能适时、充分地激励员工，达到提高劳动生产率的目的。

人际关系学说同以前的管理理论的着眼点不同，它抛弃了以物质为中心的管理思想，而以人为中心进行研究，弥补了古典管理理论忽视人的因素的缺陷，并在实践上取得了重大成就。但人际关系学说和古典管理理论的直接目的都是为了追求更高的生产率，只是两者的手段不同而已。泰勒是通过工作研究、科学的计划、严格的组织和控制来改善管理，从而实现资本家和工人之间的协作；梅奥则是通过改善企业内部的人际关系，消除工人的不满情绪来协调资本家和工人之间的合作，他们所追求的目的都是一致的。梅奥的管理思想强调对管理者和监督者的教育和训练，要求管理者改变对工人的态度和监督方式；倡导下级参与企业的决策，允许职工对作业目标、作业标准和作业方法提出意见；强调意见沟通，改善人际关系，对企业中的非正式组织提出自己独特的看法。梅奥指出，协调好社会中的人际关系是文明世界的一个重大问题。人际关系学说使西方管理思想进入到行为科学理论阶段，是管理思想的飞跃，对企业管理的研究和发展也产生了重要影响，它被广泛应用到20世纪三四十年代的管理实践当中，提高了当时的企业管理水平，具有深远的指导意义。

随着时间的推移，霍桑实验的影响逐步扩大，人际关系学说也进入了企业。许多管理学家和心理学家认识到人是管理永恒的主题，人的行为会随着时间、空间、环境因素、心理因素的变化而变化，他们开始从人的行为和心理的角度展开研究，形成了一系列的理论，使行为科学理论由人际关系学说逐步发展起来，成为西方管理理论的一个重要流派，为管理学和管理实践的发展开辟了一个崭新的领域。

行为科学产生于20世纪30年代，但"行为科学"这一名称的正式确立，是1949年于美国芝加哥召开的一次讨论人类行为的理论会议上提出的。所谓行为科学是研究组织管理中人与人之间的关系和组织中人的行为的理论，是利用心理学、社会学等多门学科知识，从人的需要、欲望、情绪和动机等心理因素的角度研究人的行为的产生、发展和变化规律，以预测、控制和引导人的行为，实现管理的目的。它涉及个人与个人之间、个人与群体之间以及群体与群体之间的关系，包括领导者的行为、不同层次管理者的行为和基层组织成员的行为，以及人类行为产生的原因与动机等。行为科学是一个内涵和研究内容非常丰富和宽泛复杂的概念和理论，不同管理学家对不同层次的组织成员进行不同角度的研究，形成了若干行为科学理论学派，出现了行为科学的"理论丛林"现象。以第二次世界大战作为分界线，行为科学理论可以划分为前期行为科学理论和后期行为科学理论。前期行为科学理论是指在梅奥的霍桑实验基础上形成的人际关系学说，它的形成标志着行为科学学派的正式建立；后期行为科学学派是在前期人际关系学说的基础上对行为科学理论的发展和创新。

第三节 行为科学理论的发展

西方对于人的行为的研究侧重点不同形成了丰富多彩的观点和流派,其研究内容归纳起来基本可分为三个层次,个体行为研究、群体行为研究和组织行为研究,每个层次又有很多不同的视角,以下将分别介绍其主要理论学说及其观点。

一、关于需要、动机和激励的理论

需要理论是在人性假设的基础上对人的需要和行为动机进行研究的总结和结果。需要理论的研究始于20世纪30年代,首先把人的需要作为研究对象的是亨利·默里(Henry Murray),1938年默里出版了《人的探索》一书,列出了人的20种需要,即贬抑需要、成就需要、交往需要、攻击需要、自主需要、对抗需要、防御需要、恭敬需要、支配需要、表现需要、躲避伤害需要、躲避羞辱需要、培育需要、秩序需要、游戏需要、抵斥需要、感觉需要、性需要、求援需要、认知需要等。人的行为由动机决定,而动机的产生又依赖于需要,因此,行为的过程就是需要得到满足的过程,企业管理中,可以根据人的需要和动机加以激励,使职工更好地完成工作。以后的行为科学家从不同的视角对人的行为进行了研究,有的从激励内容或激励过程,有的则是从激励强化视角,对组织中人的需要和行为动机进行全面的研究和深刻的总结,形成了不同风格和类型的需要理论。比较有代表性和影响力的主要有马斯洛的需求层次理论、赫茨伯格的双因素理论、麦克利兰的成就动机理论、奥尔德弗的 ERG 理论、弗鲁姆的期望理论、斯金纳的强化理论、亚当斯的公平理论、波特和劳勒的综合激励理论、凯利和韦纳的归因理论等。

(一)马斯洛的需求层次理论

亚伯拉罕·马斯洛(Abraham H. Maslow,1908—1970)是美国社会心理学家和行为科学家,1908年出生于纽约的布鲁克林区,1926年进入康奈尔大学,三年后转至美国威斯康星大学攻读心理学,1930年获威斯康星大学学士学位,1931年获硕士学位,1934年获该校心理学博士学位,并在该校任教五年;随后他迁往纽约,在哥伦比亚大学和布鲁克林学院任教,1951—1961年任布兰代斯大学心理学教授;离任后成为加利福尼亚劳格林慈善基金会第一任常驻评议员,并曾任美国人格与社会心理学会主席,1946—1960年任美国心理学会理事,1962—1963年任新英格兰心理学协会主席,1967年当选为美国心理学会主席。马斯洛一生著作颇丰,最具有影响力的代表作有《人类动机理论》(1943)和《动机与人格》(1954),除此之外还有《反常心理学原理》(1941)、《心理安全——不安全的动力学》(1942)、《冲突、挫折和威胁理论》(1943)。马斯洛的需要层次理论就是在《人类动机理论》一书中提出的,他将默里提出的人的 20 种需要经过五年的研究和分类,具体归纳为五种,即生理的需要、安全的需要、社交的需要、尊重的需要和自我实现的需要,并在此基础上对五种需要的性质层级和彼此之间的关系作了具体论述,如图 4-1 所示:

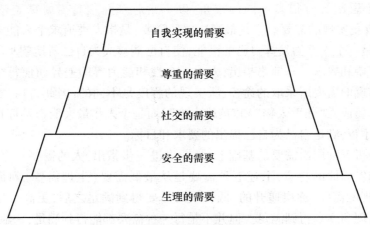

图 4-1　需求层次理论

1. 生理的需要。它是维持人类自身生存和生活最基本的需要,包括衣、食、住、行、性以及其他身体需要。如果这些基本需要都得不到满足,那人类的生命就存在危险,因此,生理需要是推动人类行动的最基本也是最强大的动力。马斯洛指出,人的这些基本需要得到满足后,就不再成为激励因素,而是转向更高层级的需要,并转化为新的激励因素。

2. 安全的需要。它是关于人类寻求保障自身生命、财产安全以及健康发展的需要,包括生命安全与健康、财产安全与可靠、职业安全与稳定、生活有保障等内容。安全需要是人的第二层次的需要,是在满足人的生理需要的同时必须满足的一种基本需要。马斯洛认为,人作为一个有机体,本身就是一个追求安全的灵活机制,人的感受器官、效应器官以及智能等都是人类寻求安全的工具和手段。同样,当这一需要得到相对满足之后,它也不再成为对人的一种激励因素了。

3. 社交的需要。它是在生理需要和安全需要得到满足后,人类主动寻求得到满足的一种更高一级的需要,主要包括爱的需要和归属的需要两大内容。爱的需要,人人都希望得到爱情、亲情和友情,希望在爱别人的同时能够得到别人的爱,希望能够保持伙伴之间、同事之间、邻居之间甚至是陌生人之间关系的融洽和和谐;归属的需要,是指人希望归属于某一群体或团体,成为其中的一员,这是为自身寻找归宿的一种感情和需要。

4. 尊重的需要。它是指人希望在生活和工作中能够得到尊重的一种需要，是比社交需要更高层次的自尊、自信、自重以及受别人尊重的需要，主要包括内部尊重和外部尊重。内部尊重是指一个人在不同情境下完成工作或任务时，在自身内心所具有的自信、自尊、自重和自主等；外部尊重是指一个人希望在不同情境下能够有地位、有威信，能够得到别人的信赖、尊重和高度赞赏，如地位、关注和威信等。

5. 自我实现的需要。它是最高层次的需要，是指人类追求个人能力极限的内驱力，是一个人努力发挥自己的潜能，使自己能够成为自己所期望和所向往的人物的愿望和要求。马斯洛指出，人由于个性和能力等的差异而使每个人为满足自我实现的需要所采取的途径、所实现的程度是不同的，因此，自我实现并不是人人都要成为"伟大人物"和"英雄人物"，而是个人尽最大能力发挥自己的潜力、聪明才智，满足自己为自己提出的要求和目标。

在分析五种层次需要的基础上，马斯洛进一步指出，人的需要具有层次性、动态性和发展性的特点，上述五种需要是从最低需要（生理需要）到最高需要（自我实现的需要）逐层递升的，低一级的需要得到满足之后，更高一层次的需要才会出现和逐渐得到满足。但并不是每一种需要都能得到满足，一般来讲，低层次的需要容易满足，越高层次的需要的满足率越小。生理需要的满足率是85%，安全需要的满足率为70%，社交需要的满足率是50%，尊重的需要只能满足40%，而自我实现的需要仅仅能满足10%左右。人在某一时期可能存在多种需要，在不同的社会生活条件下和年龄阶段，必有一种需要占主导地位，其他需要处于从属地位。马斯洛还指出，人不同层次的需要对人的行为具有不同的激励作用，只有那些尚未得到满足的需要才具有激励作用，一旦尚未满足的需要得到了满足，这种需要就不再具有激发动力的作用了。

马斯洛的需要层次理论把人类形形色色、千差万别的需要归纳为五大类，这在需要理论发展史中具有非常重大的意义，为管理学家对人类的行为动机结构进行科学的研究，为企业家调动员工的积极性和创造性提供了可能和便利。因此，该理论在20世纪40年代一经提出便引起了管理学界的高度重视，为以后的行为科学家进一步研究人类行为提供了基础和科学依据。随着马斯洛的需要层次理论的普遍应用，一些行为科学家也发现并指出了它的不足和弊端。如马斯洛认为，人只有在满足了较低层次的需要后才会产生较高层次的需要，经过管理学家在实践中的考证，这种说法是站不住脚的。马斯洛指出，当任何一个层次的需要相对满足后，人将追求更高层次的需要，个体需要是顺着需要层次的阶梯而前进的，经过心理学家的不断试验证明这一理论太过绝对化。尽管马斯洛的需要层次理论存在种种不足，但西方管理学界普遍认为，缺陷掩盖不住这一理论的光彩，它对当时乃至今天的企业管理者如何有效地调动员工的工作积极性和创新性提供了有益的借鉴和启发。

（二）赫茨伯格的双因素理论

弗雷德里克·赫茨伯格（Fredrick Herzberg,1923—2000）是美国犹他大学著名的心理学家和组织行为学家，他接受过心理学教育，然后研究工业化世界中的心理健康，同时担任公司职务，后又获得匹兹堡大学管理学博士学位，曾先后担任过美国凯斯大学心理系主任、美国犹他大学管理学教授等职务，在美国和其他30多个国家多次被聘为高级咨询人员和管理教育专家。赫茨伯格曾在多种学术刊物上发表关于如何激励员工的学术文章400多篇，其主要的代表著作有：《工作的推动力》（1959,与莫纳斯和斯奈德曼合著）、《工作与人性》（1966）、《再论如何激励职工》（1968）。在《工作的推动力》一书中，赫茨伯格和莫纳斯、斯奈德曼共同提出了著名的"激励—保健"双因素理论。

20世纪50年代，赫茨伯格领导匹兹堡心理研究小组，对各行各业的200多名工程师和会计师进行了关于对工作看法的调查研究，他邀请被试者回答"什么时候对工作感到满意"、"什么时候对工作不满意"、"产生满意或不满意的条件是什么"等问题。根据研究结果的进一步分析总结，赫茨伯格提出了双因素理论，他认为影响人的行为的因素可以分为两大类：

激励因素。它是指与工作本身的性质、内容、成就等有关的因素，如成就感、挑战性、赞赏、提升、责任心、上进心等。这类满足人类高层次需要的因素能够使员工感到满意，改善这些因素能够激励员工的工作热情，从而提高生产率；如果处理不好，也会引起职工的不满，但影响不大。即"满意"的对立面不是"不满意"，而是"没有满意"，赫茨伯格把这类因素称为"激励因素"。

保健因素。它是指工作的环境因素，如企业的方针政策、工资水平、监督方式、工作环境、工作条件和人际关系等。这些满足人类低层次需要的因素通常会造成职工的不满意，因此必须维持在一个可接受的水平上，但这些因素得到改善后，只能消除职工的不满和对抗，并不能使职工变得非常满意，不会对员工的行为产生激励作用，对提高企业的生产率也没有很大的促进作用。即"不满意"的对立面不是"满意"，而是"没有不满意"。这类因素对组织就像人体一样只能防止疾病，治疗创伤，但并不能提高体质，因此被称为"保健因素"。

双因素理论阐述了四种状态——满意、没有满意、不满意、没有不满意,两种因素——保健因素和激励因素。在这两种因素中，保健因素是基础，如果基础不牢固，工资过低，工作环境恶劣，监督苛刻，就会引起职工的不满，导致生产率的下降。保证了基础因素，激励因素才能作用，这两个因素都不可忽视，管理中必须把它们结合起来，发挥各自的作用，才能把职工的积极性和创造性激励起来。赫茨伯格的双因素理论，对当时的"高工资足以使员工接受恶劣的工作条件和激励他们努力工作"的流行观点是一大冲击，他为当时的管理思想和实践提供了一个全新的思路和视角。

赫茨伯格的双因素理论和马斯洛的需求层次理论是紧密联系的。从双因素理论中,我们可以看出,保健因素相当于马斯洛提出的生理需要、安全需要等较低级的需要;激励因素相当于尊重需要和自我实现需要等较高级的需要,但两者都没有把个人需要和组织目标结合起来。

(三) 麦克利兰的成就动机理论

戴维·麦克利兰(David C. McClelland,1917—1998)是美国著名的研究行为动机的权威心理学家,1917年5月生于美国纽约,1938年获得韦斯利昂大学心理学学士学位,1939年获密苏里大学心理学硕士学位,1941年获耶鲁大学心理学博士学位。1956年开始在哈佛任心理学教授前,曾先后在康涅狄格女子大学、韦斯利昂大学、布林莫尔学院执教。曾在美国和其他一些国家任政府机构顾问。他的代表作有《成就动机》(1953)、《有成就的社会》(1961)、《促使取得成就的事物》(1966)和《权利:内心体验》(1975),麦克利兰提出的著名的成就动机理论出自他在1966年完成的《促使取得成就的事物》一书中。麦克利兰在书中指出,人在工作情境中有三种重要的动机或需要:成就需要、权力需要、亲和需要,进一步对成就需要与工作绩效的关系作了大胆而有说服力的研究和推断。

1. 成就需要。它是指人类追求卓越、争取成功、希望做到最好的一种心态和需要。麦克利兰指出,具有强烈的成就需要的人具有很强的事业心和进取心,喜欢并乐于接受有适度挑战性的工作和任务,敢冒风险,勇于为自己的工作承担责任;总是千方百计地寻求与创造能够独立处理问题的能力与工作环境,在争取成功的过程中敢于独自面对问题,积极克服困难,努力拼搏奋斗,渴望将任务完成得更圆满、更成功;任务完成后,追求的是成功之后内心自有的成就感,而不看重成功所带来的物质奖励。

2. 权力需要。它是指人影响、威慑和控制他人能力的需要。麦克利兰指出,不同的人对权力的渴望程度也有所不同,具有较高权力需要和欲望的人对影响、威慑和控制他人表现出极大的兴趣。麦克利兰将个体追求的权力划分为两类:一类是个人权力,即围绕个人需要而行使的权力,它是权力的消极面;另一类是职位权力,即管理者围绕组织的长远发展而行使的约束性和规范性权力,它是权力的积极面。

3. 亲和需要。它是指人建立友好和亲密的人际关系和社交的需要。麦克利兰的亲和需要与马斯洛的社交需要是基本相同的。具有较高亲和需要的人渴望友谊,倾向于与他人进行交往,希望彼此之间能多些沟通和理解,喜欢合作而不是竞争的工作氛围。亲和需要是保持社会交往和人际关系和谐的重要条件,但过分注重亲和需要也会因过多讲究交情和义气而忽视甚至是违背组织管理工作的原则和规范,从而导致组织效率和绩效的下降。

在分析管理者三种需要的基础上,麦克利兰进一步考察了成就需要与工作绩效的关系,指出具有高成就需要的管理者更容易取得成功,提升得更快。同时,麦克利兰发现,高成就需要者往往过分注重自身工作绩效的提高,而忽视如何影响他人或下属做好工作,因而不一定是最优秀的管理者。经过研究发现,最优秀的管理者是那些权力需要很强而亲和需要很低的人,因为他们喜欢影响和控制他人,懂得如何去影响他人更好地完成工作和任务。当然,如果一个企业的领导者能够将权力需要和亲和需要有机地结合起来,那他将是一个成功的管理者。麦克利兰认为,人的不同需要不是先天就有的,而是来自于后天的环境、经历和培养教育,也就是说,动机是可以培养和训练的,企业和组织可以通过提高员工的成就动机,以提高生产率,提高管理者的权力需要和亲和需要以提高管理的效果。

麦克利兰的成就需要理论在企业管理和组织管理中具有重大的应用价值,不同的需要对应不同的激励方式,管理者可以通过了解员工的不同需要而有的放矢地建立合理科学的激励机制,同时还可以根据工作和任务的需要,培养和训练不同层次员工的需要和动机,以调动他们的工作积极性和主动性。麦克利兰的成就需要理论大放异彩的同时也留下了些许缺憾:在不同国家的不同文化背景下,成就需要的表现形式和特征不尽相同,但麦克利兰对此没有做必要的分析。

(四)奥尔德弗的 ERG 理论

经过长时间的调查研究,克莱顿·奥尔德弗(Clayton P. Alderfer)于1973年在马斯洛的需求层次理论的基础上提出了一种新的三层次需求理论,他认为人们有三种核心需要,即生存(Existence)、关系(Relatedness)和发展(Growth),因而这一理论被称为 ERG 理论,该理论体现在《生存、关系以及发展:人在组织环境中的需要》(1972)和《关于组织中需要满足的三项研究》(1973)等著作中。

生存需要,是人类最基本的需要,包括马斯洛需要层次理论中的生理需要和安全需要。

关系需要,与马斯洛的社交需要和麦克利兰的亲和需要基本相同,指与他人建立和谐而融洽的人际关系的愿望。

发展需要,是人类最高层次的需要,它表示个人谋求发展的内在愿望,包括马斯洛需求层次理论中的尊重需要和自我实现需要。

奥尔德弗指出,这三种需要并不都是先天就存在的,如关系需要和发展需要是通过后天的学习获得并不断变化的。此外,奥尔德弗认为,人的需要并不像马斯洛所说的那样,只有低层次的需要得到满足后,更高层次的需要才会出现,而是可以同时出现或者越级产生的,而且当人的更高一级的需要不能得到满足时,他会灵活地退回到低一级的需要来寻求满足,这是一种"受挫—回归"思想,也是对马斯洛需要层次理论的直接修正。根据 ERG 理论的启示,作为领导者,要对下属进行有效的激励,必须首先了解他们各个层次的需要,以及哪个层次在起作用,所起作用的大小如何等,然后再有针对性地给予满足,防止"受挫—回归"现象的发生。

(五) 弗鲁姆的期望理论

维克多·弗鲁姆(Victor H. Vroom,1919—?)是美国著名的心理学家和行为科学家,1919年出生于加拿大,早年就读于加拿大的麦吉尔大学,并先后获得该校的学士及硕士学位,后在美国密执安大学获博士学位。他曾在宾州大学、卡内基—梅隆大学执教,并长期担任耶鲁大学"约翰·塞尔"讲座的管理科学教授兼心理学教授,并在一些大公司担任顾问。他的主要代表作有:《工作与激励》(1964)、《领导与决策》(1973)。

1964年弗鲁姆在《工作与激励》一书中提出了期望理论,立即受到管理专家和实际管理工作者的重视。弗鲁姆认为人的行为受一种预期心理的支配,人们之所以能够从事某项工作并达成目标,是因为这些工作和组织目标能满足他们的需要,帮助他们达成自己的目标,受需要的驱使,自然会在心中产生一种想要行动的动机,而这一动机的强弱程度和对工作的努力程度取决于目标效价和期望值的乘积,用公式表示为:

$$M = V \times E$$

在公式中,M代表激励力量(Motivation),即产生行为动机的强弱程度或对目标实现的努力程度;V代表目标效价(Valence),指工作目标达成后满足个人需要的程度,也就是工作目标对于个人的效用性;E代表期望值(Expectancy),指根据自己的主观判断,对自己完成工作目标的概率的估计。

此外,弗鲁姆的期望理论还辩证地分析了对员工进行激励时应当处理好的三对关系,也是调动人们工作积极性的三个条件:(1)努力与目标的关系,人们总是希望通过一定的努力达到预期的目标,如果个人主观认为达到目标的可能性很高,就会有信心,并激发出很强的工作热情,工作的干劲就大。反之,如果他认为制定的目标太高,通过努力也不会取得好绩效时,就失去了内在的动力,导致工作热情减退,工作态度消极。(2)人总是希望取得成绩后能够得到奖励,当然这个奖励也是综合的,既包括物质上的,也包括精神上的。如果他认为取得绩效后能得到合理的奖励,就可能产生工作热情,否则就可能没有积极性。(3)满足个人需要与奖励的关系,人总是希望自己所获得的奖励能满足自己某方面的需要,然而由于人们在年龄、性别、资历、社会地位和经济条件等方面都存在着差异,他们对各种需要要求得到满足的程度就不同。因此,对于不同的人,采用同一种奖励办法能满足的需要程度不同,能激发出的工作动力也就不同。

期望理论的理论意义主要表现在激励方面,他指出管理者不能泛泛地采用一般的激励措施,而应当采用多数组织成员认为效价最大的激励措施,而且在设置某一激励目标时应尽可能加大其效价的综合值,并适当地加大不同人实际所得效价的差值,加大组织期望行为与非期望行为之间的效价差值。在激励过程中,要适当控制期望概率和实际概率,加强期望心理的疏导。期望概率过大,容易产生挫折感,期望概率过小,又会减少激励力量;而实际概率应使大多数人受益,最好实际概率大于平均的个人期望概率,并与效价相适应。

弗鲁姆的期望理论完整地描述了员工动机的详细过程,人之所以能够从事某项工作并达成组织目标,是因为这些工作和组织目标会帮助他们达成自己的目标,满足自己某方面的需要,因而被应用于企业管理。首先,企业的管理者必须弄清员工最偏爱的诱因,并以此确立报酬结构。其次,管理者应努力开发员工的才能,并采用正确的领导方式来提高其绩效水平。最后,管理者应公正无私,让那些贡献大的员工得到相应的回报。期望理论为企业的管理者建立适合不同员工的激励机制提供了科学依据和基础,对当今的企业管理和组织管理有重大的借鉴意义和实践意义。

(六) 斯金纳的强化理论

伯尔赫斯·弗雷德里克·斯金纳(Burrhus Frederic Skinner,1904—1990)是美国著名的心理学家和新行为主义学派的主要代表人物,20世纪50年代提出了强化理论。1904年他生于美国宾夕法尼亚州,曾在哈佛大学专修心理学,1930年和1931年分别获该校心理学硕士学位和哲学博士学位,此后5年时间留任哈佛大学作研究员,1936—1944任明尼苏达大学的讲师和副教授,1945年出任印第安纳大学心理学系主任,1948年重返哈佛大学担任心理学终身教授,1968年获美国总统颁发的美国最高科学奖——国家科学奖。斯金纳的主要著作有《有机体的行为》(1938)、《科学和人类行为》(1953)、《言语行为》(1957)、《强化程序》(1957)、《教学技术》(1968)、《超越自由和尊严》(1971)、《关于行为主义》(1974)。

受实证主义哲学的影响,斯金纳主张心理学应描述环境和有机体行为之间的关系,而不仅仅是研究意识现象,于是他致力于行为的实验分析,在巴甫洛夫经典的条件反射理论的基础上,创立了操作条件反射并提出条件反射的强化理论。根据实验结果他将人的行为分为三类:第一类是本能行为,是人与生俱来的,比如婴儿吃奶;第二类是反应性行为,即环境作用于人而产生的反应;第三类是操作性行为,是人为了一定的目的而作用于环境的行为。他认为当人或动物为了达到某种目的,会采取一定的行为作用于环境,当行为后果对他有利时,行为就会重复出现;对自己不利时这种行为就减弱或消失。人们可以通过强化的办法来影响行为的后果,从而修正其行为,这就是强化理论,这是一种以学习的强化原则为基础来理解和修正人的行为的一种学说,因此也被称为"行为修正理论"。

"强化"是指通过肯定(奖赏)或否定(惩罚)的实施来修正和规范人的行为。根据强化的性质可以将强化分为正强化和负强化,正强化是指对某一行为采取一种肯定和支持的态度,以鼓励这一行为在今后的工作中重复发生;负强化即指对某一行为采取一种否定和反对的态度,以杜绝这一行为在今后的工作中再度发生。将这一心理学的研究成果运用到组织管理中,就是通过奖金、表扬、升职、安排其担任挑战性工作等正强化的方法来鼓励组织所需要的思想和行为,通过批评、惩罚、处分、降职等负强化的方法来杜绝组织所不需要或对组织发展不利的行为,以提高员工的工作效率,提升组织的效益和竞争力。

斯金纳的强化理论对于企业和组织的管理行为提供了一种简单、易于操作的依据和手段,使他在管理学界声名大振。但他只讨论了外部环境因素对行为的影响作用,忽视了人的内部因素对行为的反作用,具有机械论的色彩。

(七) 亚当斯的公平理论

亚当斯(J. S. Adams)是美国的行为科学家,他在《工人关于工资不公平的内心冲突同其生产率的关系》(1962,与罗森鲍姆合著)、《工资不公平对工作质量的影响》(1964,与雅各布森合著)、《社会交换中的不公平》(1965)等著作中提出了一种激励理论,即公平理论,侧重研究工资报酬分配的合理性与公平性以及对工人积极性的影响。

公平理论的基本观点是,职工的工作积极性不仅取决于个人所得报酬的绝对数量,而且还受到报酬相对数量的影响。因此,每个人都会自觉不自觉地把自己所获报酬和所付投入的比率,与他人在这方面的比率和自己过去在这方面的比率相比较,通过这种横向比较和纵向比较来确定自己所获报酬是否合理,比较的结果将直接影响今后工作的积极性。

横向比较就是将自己获得的报酬(包括金钱、福利、工作安排、获得的赏识与受人尊敬等)与自己的投入(包括教育程度、所作努力、用于工作的时间、精力和其他无形损耗等)的比值与其他人进行社会比较,只有结果相等时,他才认为自己的所得是公平的,用公式表示如下:

$$Op/Ip = Oc/Ic$$

其中:Op 表示自己对所获报酬的感觉;

Oc 表示自己对他人所获报酬的感觉;

Ip 表示自己对个人所作投入的感觉;

Ic 表示自己对他人所作投入的感觉。

以上等式会出现两种不相等的情况:

(1) $Op/Ip < Oc/Ic$;在这种情况下,在这种情况下,个人可能要求增加自己的收入或减小自己的努力程度,使不等式左方增大;或者他可能要求组织减少比较对象的收入或者让其今后增大努力程度,以便不等式右方减小,使不等式趋于相等。

（2）Op/Ip＞Oc/Ic；在这种情况下，个人可能要求减少自己的报酬或主动多做些工作，但时间一长他又会重新考虑自己的工作情况，最后觉得他确实应当得到那么高的待遇。

纵向比较，就是把自己目前所获得的报酬与投入的努力的比值，同自己过去所获报酬和投入努力的比值进行比较，只有相等时他才会感到自己受到了公平的待遇，用公式表示如下：

$$Op/Ip = Oh/Ih$$

其中：Op 表示自己对现在所获报酬的感觉；

Oh 表示自己对过去所获报酬的感觉；

Ip 表示自己对个人现在投入的感觉；

Ih 表示自己对个人过去投入的感觉。

以上等式也会出现两种不相等的情况：

（1）Op/Ip＜Oh/Ih；此时个人会有不公平的感觉，无法从工作中获得成就感，可能会导致工作积极性下降。

（2）Op/Ip＞Oh/Ih；当这种情况出现时，个人不会产生不公平的感觉，也不会觉得自己多拿了报偿而主动多做工作。

经调查和实验的结果表明，绝大多数的不公平感是因为通过双向比较得出自己目前的报酬过低而产生的。西方国家的许多企业根据公平理论的启示，往往采取多种手段，在企业中营造公平合理的氛围，使职工产生主观上的公平感；或者对职工进行心理疏导，引导其建立正确的公平观，杜绝盲目攀比现象，减少组织内部的矛盾和冲突。

（八）波特和劳勒的综合激励理论

莱曼·波特（Lyman W. Porter）是美国的行为科学家，获耶鲁大学博士学位，曾在加利福尼亚大学伯克利分校任教十一年，后来在加利福尼亚大学管理研究院任院长和心理学教授。爱德华·劳勒（Edward E. Lawler）在美国布朗大学获得学士学位，在加利福尼亚大学伯克利分校获博士学位，曾任教于耶鲁大学，后来在密执安大学任心理学教授。波特和劳勒的代表著作是 1968 年出版的《管理态度和绩效》，综合激励理论就是在这本书里提出来的，在 20 世纪 60—70 年代的管理实践中产生了重大影响。综合激励模式如图 4-2 所示：

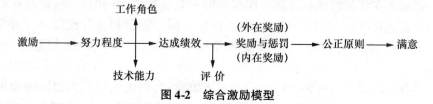

图 4-2　综合激励模型

从综合激励模型中我们可以看出：

1. 激励因素影响着个人是否努力和努力程度。

2. 工作角色是指个人对自己在组织中所从事的工作是否思想明确，即对自己工作的主要职责的理解程度。

3. 工作的实际绩效取决于能力的大小、努力程度以及对所需完成任务的理解度。

4. 经过组织评价后，职工得到了相应的奖励或惩罚，奖励要以绩效为前提，先完成组织任务才能获得外在奖励（工资、地位、提升、安全感等）或内在奖励（因个人工作绩效良好而给予自己的奖励，是对个人能力的肯定）；当职工看到他们的奖励与成绩关联性很差时，奖励将不能成为提高绩效的刺激物。

5. 他会用自己的公平标准衡量自己得到的奖励和惩罚是否合理，奖惩措施能否产生满意，还取决于被激励者自己认为获得的报偿是否公正。

6. 经过自己的评价，如果结果符合个人的公平原则，他就会感到满意，否则就会感到不满意。这个结果又会直接影响到以后的努力程度。

在综合激励模型中，激励不是简单的因果关系，人们的工作积极性不止受一个因素的影响，而是多种因素综合作用的结果，包括奖励内容、奖惩制度、组织分工、管理水平、考核的公正性以及个人的心理期望等。因此，在管理实践中要形成激励—努力—绩效—奖励—满意，以及从满意再反馈到努力的良性循环。

（九）韦纳的归因理论

归因理论是由美国的行为科学家凯利（H. H. Kelley）和韦纳（B. Weiner）等人提出来的，是指为了预测和评价人们的行为并对环境和行为加以控制，而根据人们的外部行为特征和表现对他的内心状态进行的因果解释和推论。

1967年，美国社会心理学家凯利发表《社会心理学的归因理论》一文，提出了三维归因理论。人们行为的产生包括内部原因和外部原因，内部原因是指个体自身所具有的特征，包括人格、情绪、心境、动机、欲求、能力、努力等；外部原因是指个体自身以外的条件和影响，包括环境条件、情境特征、他人的影响等。行为产生归根结底归因于内部因素还是外部因素，取决于下列三种行为信息：（1）特异性，指行动者是否对同类其他刺激做出相同的反应，他是在众多场合下都表现出这种行为还是仅在某一特定情境下表现这一行为。（2）一贯性，指行动者是否在任何情境和任何时候都对同一刺激物做相同的反应，即行动者的行为是否稳定持久。（3）一致性，指其他人对同一刺激物是否也做出与行为者相同的方式，如果不同的人面对相似的情境都有相同的反应，该行为就表现出一致性。

凯利的归因理论分析了归因的严密逻辑过程，对人们的行为归因过程做了比较细致、合理的分析和解释。将归因理论应用到管理实践中，管理者要认识到员工的行为是根据他们对事物的主观知觉和客观现实做出的综合反应。员工对薪酬、工作满意度、职能作用等方面的知觉与归因正确与否,对其潜力的发挥具有重要影响。但是,他的理论过分强调归因的逻辑性,使之成为一个理想化模式,缺少模式所要求的各种信息,脱离了人们普遍归因的活动实际。

20世纪70年代,韦纳提出了成败归因理论,他认为个人行为获得成功或遭到失败的原因归于以下四种因素:能力、努力、任务难度和机遇。这四个因素可以划分为三个方面:(1)内因或外因,能力和努力是描述个人特征的内因,任务难度和机遇是表示环境因素的外因。(2)稳定性,能力和任务难度属于稳定性因素,努力程度和机遇则是不稳定因素。(3)可控制性,能力和努力是个人可以控制的,任务难度和机遇是个人较难控制的。不同的归因倾向会使人对成功和失败产生不同的情感反应,并由此影响个体对未来结果的预期和努力。

根据韦纳的归因理论,个人将成功归因于能力和努力等内因时,就会产生满意感,信心十足;而将成功归因于任务难度低和机遇好等外因时,产生的满意感则较少。如果个人将失败归因于缺乏能力或努力,则会产生内疚感;而将失败归因于任务太难或机遇不好时,产生的羞愧感较少。在管理实践中,管理者面对付出同样努力的不同职工时,能力低的应得到更多的奖励,能力低而努力的人应受到最高评价,能力高而不努力的人应受到最低评价。

二、关于人性的理论

(一)麦格雷戈的"X理论—Y理论"

道格拉斯·麦格雷戈(Douglas M. McGregor,1906—1964)是美国著名的行为学家和管理教育家,"X理论—Y理论"的创立者。他1906年出生于美国底特律,1932年获美国韦恩大学文学学士学位,1933年获哈佛大学文学硕士学位,1935年获哈佛大学哲学博士学位。1935—1937年在哈佛大学讲授社会心理学,1937—1964年在麻省理工学院任教,1948—1954年在安第奥克学院任院长,1949年获得韦恩大学法学博士学位,1957年在美国《管理评论》杂志上发表了《企业的人性方面》一文并提出了著名的"X理论—Y理论"。麦格雷戈除在大学任职外,还曾在杜威化学公司和贝尔电话公司等多家公司担任公共关系部门的负责人和顾问。他的代表著作有《企业的人性方面》(1960年以书的形式出版)、《领导和激励——道格拉斯·麦格雷戈论文集》(1966)、《职业的经理》(1966)。

麦格雷戈指出,管理的根本问题在于管理者对人性的认识,它是一切管理策略和方法赖以建立的基础,对人类的行为规律有重大影响。不同的人性假设决定了不同的管理策略和方式,进而又影响到对职工的激励方式,导致不同的职工行为和管理效果。基于这种思想,他提出了"X理论—Y理论"。

X 理论,即传统管理中建立在亚当·斯密"经济人"假设基础之上的管理理论。X 理论从"人性本恶"的假设前提出发,认为人天生好逸恶劳,千方百计地逃避工作和劳动;以自我为中心,漠视他人和组织的要求;缺乏理性,易受外界的干扰;缺乏进取心,安于现状,没有创造性等。基于人的这种本性,X 理论主张管理者应采用"胡萝卜加大棒"的方式,以"胡萝卜"为诱饵,以"大棒"为威慑,通过强制、处罚、解雇等手段来迫使他们工作,以金钱报酬换取职工的服从,实行高度控制的集权和独裁管理。

Y 理论,随着科学技术的发展,人们的低层次需要已得到相当程度的满足,X 理论倡导的强制性管理方式已经发挥不了相应的作用,麦格雷戈提出了 Y 理论。该理论从"人性本善"的假设前提出发,认为人大都是勤劳的,能够主动承担责任;如果管理得当,人在追求个人需要和目标时,会考虑他人和组织的要求;一般人都具有理性,能实行自我指挥与自我控制;激励适当,大多数人在解决组织困难时,能发挥出高度的主动性和创造性;外力的刺激不是推动人们努力工作的唯一方式等。基于此种人性假设,Y 理论建议修正传统的管理方式,认为管理者不再是高高在上的"家长"和"指挥者",而是员工工作的辅助者,应为员工提供能够发挥最大才能和潜力的工作环境,给予员工充分的信任、自主权和参与决策的权力,实行员工自我管理、自我发挥、自我控制、自我负责的管理方式。

Y 理论主张个人目标与组织目标的有机统一,主张充分尊重个人的人性化管理,这一直是企业管理和组织管理所追求和倡导的指导思想,但我们也应该看到,麦格雷戈所主张的这种人性化管理并没有在企业管理和组织管理中彻底实现,这也是我们今天的企业和组织管理者所追求的目标之一。

(二) 阿吉利斯的"不成熟—成熟"理论

克利斯·阿吉利斯(Chris Argyris)是美国著名的研究组织个人行为的心理学家和行为科学家,曾先后在美国的克拉克大学、堪萨斯大学和科内尔大学获得学位,并在耶鲁大学和哈佛大学获得名誉博士学位。1971 年他被聘为哈佛大学教育学和组织行为学詹姆斯·科南特客座教授,后来在哈佛大学工商学院讲授工商管理,除此之外还担任美国杜邦公司、新泽西标准石油公司等大公司的顾问。他的代表著作是《个性和组织:系统与个人之间的冲突》(1957)、《个人和组织:相互调节的若干问题》(1957)、《理解组织行为》(1960)、《把个人同组织结合起来》(1964)。阿吉利斯对人性研究的最大贡献是提出了"不成熟—成熟"理论,认为人的个性发展是一个从不成熟到成熟的连续发展过程,如同婴儿成长为成人一样,最后发展成为一个健康的个性。在发展的过程中,会存在个人自我实现与组织整体设计的矛盾,要通过改善组织结构、加强个人的全面发展来达到两者的有机协调。

1. 个性成长过程。从不成熟到成熟的发展过程,是人的个性的成长过程,

也是自我实现的过程,它体现了个人在发展中所处的位置。这个过程通过以下七个方面表现出来:

(1) 从婴儿的被动状态发展到成人的主动状态;

(2) 从婴儿依赖别人的状态发展到成人独立的状态;

(3) 从婴儿以少数方式行事的状态发展到成人以多种不同方式行事;

(4) 从婴儿偶然、肤浅的兴趣发展到成人拥有专注的兴趣;

(5) 从婴儿时期只估计当前发展为成人行为的长期展望;

(6) 从婴儿时期在家庭和社会中的从属地位,发展为成年人与周围人处于平等或更高的地位;

(7) 从婴儿时期缺乏自觉发展到成人的自我意识和自我控制。

2. 传统组织与个性发展的冲突。传统组织的基本性质使人保持在"不成熟"的阶段,妨碍了个人的自我实现,使个性发展与组织要求发生冲突,表现在以下四个方面:

(1) 劳动分工。专业化分工使人的能力只专注于一个小的领域,这限制了个人的主动性和自我表现,阻止了个人的自我实现,使潜在的能力得不到充分的发挥。

(2) 权力等级制度。传统的正式组织为了把相互分工的各个部分联系起来,设立了若干层次和机构,形成了层级化组织,通过明确的等级权力对员工进行层层控制,使个人处于服从、被动的状态,这必然妨碍了他们自主需要的满足。

(3) 统一指挥原则。传统的正式组织把最高权力集中于某个人或某个组织,使整个组织都处于一个领导的统一指挥之下。这意味着成员个人难以按照自己的实际需要设置目标及其实现途径,而必须由领导全权决定。这容易造成个人心理上的失败,甚至产生对组织的不满情绪,造成组织与个人的冲突。

(4) 管理幅度。传统正式组织为提高管理效率,限制了管理幅度,管理者直接领导的下属成员不能超过5或6人。这种管理幅度原则使得最基层的个人的控制范围极其狭小,影响了他们个性的成长。

3. 个性与组织的协调。阿吉利斯认为,消除组织与个人之间的冲突并使之协调起来的办法是:

(1) 扩大成员个人的工作范围,增加他们的工作样数,以使个人有更多的机会来充分发挥自己的潜能。

(2) 实行参与式的管理方式,领导要改变高高在上的态度,以职工为中心,这样既可以减少职工的依附和顺从感,也可以在更大程度上满足他们对自我实现的需要。

(3) 丰富职工从事多种工作的经验,扩展其知识和技术领域。

(4) 增加职工个人的责任,以激发其创造性。

(5) 更多地依靠职工个人的自我指挥和自我控制。

总之，要通过各种可能的方法来改善组织设计，实现组织与个人的统一，既满足个人需要，又实现组织的目标。除进行组织设计之外，阿吉利斯还指出必须改变个人的条件，使成员个人全面发展自己，制定具有挑战性的工作目标，不断完善个人能力。

(三) 沙因的"复杂人"假设

埃德加·沙因(Edgar H. Schein)是美国的心理学家和行为科学家，1947年毕业于芝加哥大学教育系，1949年在斯坦福大学获得社会心理学硕士学位，1952年在哈佛大学获博士学位，此后一直在美国麻省理工学院斯隆管理学院任教，教授组织心理学和管理学。他的代表作是1965年的《组织心理学》，在书中他把前人的人性假设研究作了归纳，包括"经济人"假设、"社会人"假设和"自我实现人"假设，同时他也提出了自己的第四种人性假设——"复杂人"假设。

1. "经济人"假设。这是古典经济学家和古典管理学家所主张的人性假设，相当于麦格雷戈所说的X理论：(1) 人是由经济诱因引发工作动机的，以获得最大的经济利益为目的。(2) 经济诱因由组织控制。(3) 人们都是以一种合乎理性、精打细算的方式行事。(4) 人们的情感是非理性的，会干预人对经济利益的合理追求。

2. "社会人"假设。这是梅奥和其他行为科学家所倡导的观点，沙因把社会人的特点归纳为：(1) 人的工作动机是社会需要，与同事合作获得认同感。(2) 工业革命时代和工作的合理化，使工作单调而无意义，人们必须从工作的社会关系中寻求工作意义。(3) 非正式组织对个人的社会影响远比正式组织的经济诱因对人的影响大。(4) 人们最期望的是得到领导的认同并满足他们的需要，因此领导者要善于沟通，倾听员工的意见。

3. "自我实现人"假设。这是根据马斯洛需求层次理论中的自我实现需要提出的一种人性假设，主要有以下特点：(1) 人有低级和高级的需要，目的都是为了达到自我实现的需要。(2) 人们力求在工作上有所成就，实现自治和独立，发展自己的能力与技术。(3) 人们能够自我激励和自我控制，而外来的激励和控制会对人产生一种威胁，造成不良后果。(4) 个人的自我实现与组织目标并不冲突，而是一致的，在适当条件下，个人应配合组织目标调整自己的目标。

4. "复杂人"假设。人有着复杂的动机，将人性简单地划一并不适合管理的实际需要，于是沙因提出了复杂人假设：(1) 不同的人有不同的需要和能力，同一个人在不同的时间和地点需要也不一样，工作动机是很复杂的。(2) 个人在组织中可以学到新的需求和动机，因此个人在组织中的动机模式是他原有的动机模式与组织经验相互作用的结果。(3) 人在不同的组织和部门中可能有不同的动机模式，正式组织和非正式组织能满足人们不同的需要。(4) 个人对工作是否满意,是否肯为组织尽力工作,决定于他本身的动机构造和他同组织之间的相互关系以及与同事间相处的状况。(5)人们可以根据自己的动机、能力及工作性质对不同的管理方式作出不同的回应。管理实践中没有哪一种方式适合于任何时代和任何组织,复杂人假设成为权变管理的基础。

（四）莫尔斯和洛尔施的"超Y"理论

约翰·莫尔斯(John Morse)和杰伊·洛尔施(Jay W. Lorsch)是美国的心理学家,他们把麦格雷戈提出的X理论和Y理论分别应用于两个不同的工厂和研究所,其中一个工厂和研究所用X理论进行管理,另一个工厂和研究所用Y理论管理,结果发现用X理论进行管理的工厂效率高,而研究所效率低;用Y理论进行管理的工厂的效率低,而研究所的效率高,因此,并不是在任何情况下Y理论都优于X理论的,实验结果如表4-1所示:

表4-1 关于超Y理论的实验结果

领导方式\实验对象	工厂	研究所
X理论	亚克龙工厂(效率高)	卡美研究所(效率低)
Y理论	哈福特工厂(效率低)	史托克顿研究所(效率高)

通过实验表明工厂和研究所的组织结构、领导方式和工作性质等各有不同,应分别采用不同的管理思想,即工厂适合采用X理论,而研究所适合采用Y理论。据此,莫尔斯和洛尔施在1970年5—6月号的《哈佛商业评论》杂志上发表的《超Y理论》一文和1974年出版的《组织及其成员:权变法》一书中对上述实验结果进行了比较分析,提出了"超Y"理论。该理论认为不同的人都是怀着不同的需要加入组织的,而最主要的需要是实现胜任感,为此有的人需要正规化的组织结构,有的人就需要更多的自主空间和决策参与权,因此不同的人也就需要不同的管理方式。基于这种理论,管理人员应针对每个人不同的具体要求灵活采取相应的管理方式,才有可能实现职工的胜任感,激励职工为实现更高的目标而努力。

三、关于群体行为和领导行为的理论

（一）卢因的群体动力论

库尔特·卢因(Kurt Lewin,1890—1947),是德裔美国心理学家和行为科学家,被人称为当代实验社会心理学之父。他1890年生于普鲁士,后就读于弗莱堡、慕尼黑和柏林大学,1914年获柏林大学哲学博士学位,1922—1931年在柏林大学教授哲学和心理学,自从1932年对斯坦福大学的一次交流访问后,就一直

留在美国。30年代他执教于康奈尔大学、艾奥瓦州立大学、加利福尼亚大学及哈佛大学。40年代他是麻省理工学院动力小组研究中心教授与多个政府部门的顾问。卢因的代表著作有:《个性的动态理论》(1935)、《实验性社会环境中的激进行为模型》(1939)、《解决社会冲突》(1948)、《社会科学中的场论》等。

通过对社会心理的研究,卢因在1938年提出个人的行为是其自身特点和所处环境的函数,即行为 = f(个性,环境)。1944年,卢因用"群体动力论"这个概念表示群体中人与人之间相互影响所形成的社会秩序。群体动力论的基本要求如下:

1. 群体动力论所要研究的群体是指非正式组织。这个群体同正式组织一样有三个要素:(1) 活动,指人们在工作和日常生活中的所有行为;(2) 相互影响,指个人在组织中相互发生作用的行为;(3) 情绪,是指人们内在的心理活动,情感、态度、意见、信念等,通过活动和相互影响表现出来。群体中各个成员的活动、相互影响和情绪的综合构成了群体行为。

2. 群体是处于均衡状态的各种力的"力场",被称为"生活场所"或"自由运动场所"。这些力包括群体活动的环境、群体成员的个性和感情等。所谓均衡是相对的,事实上群体是永远不会处于固定的均衡状态,而是处于不断相互适应的过程,群体行为就是各种相互作用的力的一种错综复杂的结合,这些力不仅影响群体结构,也修正个人行为。

3. 群体的目标。除了正式组织所赋予的目标之外,群体还必须有自己的目标以维持群体的存在和发挥作用。研究表明群体成员之间适当的交谈和休息可以减少组织内部的对立情绪,有利于正式组织工作目标的实现。

4. 群体的结构。群体结构中包含正常成员、非正常成员、领导成员和孤立者。正常成员接受并遵守群体绝大多数规范;非正常成员接受其中的一部分规范而拒绝其中的一项或几项规范;孤立者是那些不属于基本群体的人,他们通常向往参与其他群体;领导成员在维持群体成员的团结方面有着重要作用,他们帮助较弱的成员,消除群体内部紧张气氛,向正式组织提出要求。

5. 群体的领导方式。卢因认为群体有三种不同的领导方式:(1) 专制型领导方式,决策权集中于领导者个人,群体成员则处于无权参与决策的从属地位,依附于领导者。这种群体的工作只能取得中等效率。(2) 民主型领导方式,决策权力定位于群体成员,领导者个人的一项重要职责就是在群体决策过程中及时提供各种可供选择的方案,以促进决策、解决分歧。(3) 自由放任型领导方式,权力定位于每一个成员,领导者置身于群体工作之外,对团体成员的具体执行情况既不主动协助,也不进行主动的监督和控制,只起被动服务的作用。这三种领导方式中,以民主型的领导方式为最佳,其次是专制型,最差是放任型领导方式。

领导者不可能自己去实现群体目标,而是创造条件使参与者为实现目标作出贡献,而民主型的领导方式提倡权力平等,比其他领导方式更能吸引成员的参与,有利于群体目标的实现。

6. 群体的规模。非正式组织的实质在于人与人之间的相互关系和相互作用,基本群体以规模小为好,一般来说小规模的群体的效率比较高,通常同整体的目标一致。

7. 群体的凝聚力和士气。群体凝聚力是指群体对成员的吸引程度,既包括群体对每个成员的吸引程度,也包括群体成员之间相互的对群体吸引程度。影响凝聚力的因素有领导方式、群体规模、奖酬体制、成员素质等。凝聚力强的群体一般表现为成员对群体的忠诚,成员对群体富有责任感和自豪感,群体成员之间融洽的友谊关系等。这可以形成群体内部的良好人际关系,协助正式组织,提高劳动生产率。

心理学家史密斯(G. R. Smith)和韦斯顿(R. J. Western)认为,士气是指人们对群体感到满足并愿意成为其中的一员,协助实现群体目标的态度。影响士气的因素有对群体目标的认同、对工作的满足感、成员之间的关系、领导和管理方式等,一般说来,凝集力强的群体,士气也就越高。

(二) 布莱克和莫顿的管理方格理论

对领导行为的研究最初(20世纪初—40年代)着眼于领导者的个人品质和素质,日本的有效领导观要求一个领导者应具有使命感、责任感等10项品德和思维能力和决策能力等10项能力;美国的行为科学家亨利在1949年提出了领导者要获得成功,应具备12项品质,即强烈的追求成功、具有足够的精力和动力、尊重上级、组织能力强、决策能力强、自信心强、进取心强、尽忠职守、独立于父母、关心员工、敢于面对失败并承担责任、注重现实等。但后来的管理实践表明,良好的领导者素质并不一定能确保良好的领导效果,于是一些心理学家开始研究不同领导风格(领导者行为)对被领导者的作用,以便找到改善领导效果的新途径。

罗伯特·布莱克(Robert R. Blake)是美国的行为科学家,1918年出生于美国的马萨诸塞州,1940年获贝利学院学士学位,1941年获弗吉尼亚大学硕士学位,1947年获得克萨斯大学博士学位。1947—1964年在得克萨斯大学担任心理学教授。他对管理理论最重要的贡献是和简·莫顿(Jane S. Mouton)在1964年出版的《管理方格》一书中提出了著名的管理方格理论,这是一种研究企业领导方式及其有效性的一种理论。该书出版后长期畅销,对西方管理界有重大影响,1978年再版时改名为《新方格理论》。

管理方格理论认为,在企业领导工作中往往出现一些极端的方式,或者以生产为中心,或者以人为中心,或者以X理论为依据,或者以Y理论为依据,这些非此即彼的绝对化观点往往不能达到高效率。管理方格理论是用不同的方格表示不同的领导方式，主要是为了避免在企业管理的领导工作中趋于极端的方式，并设计出最有效的领导方式。在《管理方格》中，布莱克和莫顿共同设计了一幅将纵轴和横轴各9等份以及不同比例相结合而形成的方格图。在方格图中，纵轴表示企业领导者"对人的关心"，横轴表示"对生产的关心"，这样纵轴和横轴各9等份在坐标轴上的相交共形成81个方格，每个方格代表一种不同的管理方式，如图4-3所示。布莱克和莫顿着重对其中典型的五种领导方式，即(1,1)型、(9,1)型、(1,9)型、(9,9)型和(5,5)型进行了详细分析。

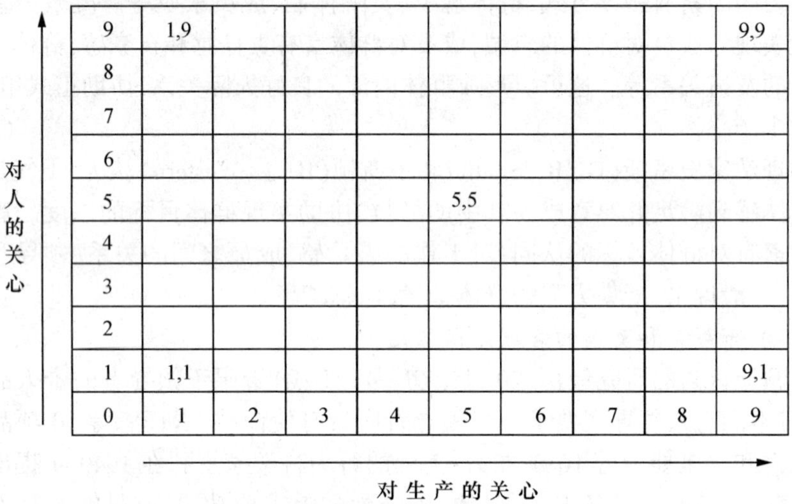

图4-3 管理方格图

(1,1)型。采用这种管理方式的领导者既不关心生产，也不关心人，最终必然导致管理的失败，因此是一种极端而不可取的管理方式。在现实的管理实践中，这种管理方式很少出现，被称之为"贫乏型管理方式"。

(9,1)型。领导者在管理中非常关心生产，对人则漠不关心，使被管理者的行动一切服从于产量与效益的提高，被称之为"任务型管理方式"。

(1,9)型。领导者对人非常关心但对生产却不闻不问，他们的工作重点是与员工建立良好的上下级关系，以取得他们的认可和支持，却很少考虑如何组织员工协同工作，取得良好的工作绩效，被称之为"俱乐部型管理方式"。

(9,9)型。领导者对人和对生产的关心都达到了极端，把满足员工的需要同组织目标的实现放在了同等的非常重要的位置。这种管理方式既实现了上下级之间信任而和谐的关系，又实现了组织发展的长远目标，被称之为"完美型管理方式"。

(5,5)型。领导者对人和生产的关心都达到了"中庸"的程度，试图通过沟通和协调的方式实现组织的目标,缺乏首创精神。这种管理方式既不太过偏重人的因素,也不太过偏重生产的因素,因此被称之为"中庸型管理方式"。

在比较这五种管理方式的过程中,布莱克和莫顿发现,(9,9)型管理方式是最有效的,以下依次是(9,1)型、(5,5)型、(1,9)型,最后是(1,1)型。在具体的管理实践中,管理者要努力向(9,9)型管理方式转变,达到组织管理的最优化效果。

(三) 利克特的支持关系理论

伦西斯·利克特(Rensis Likert)是美国著名的心理学家和现代行为科学家,1903年出生于美国的怀俄明州,1926年获密执安大学硕士学位,1932年获哥伦比亚大学博士学位,之后留校任教。利科特着重于行为科学的研究,尤其是人事方面的研究,二战后他的研究小组长期进行有关企业领导模式的密执安研究,1961年和1967年,通过总结研究成果,分别出版了《管理的新模式》和《人群组织:管理和价值》等著作,提出了著名的支持关系理论。即领导者要充分考虑下属职工的处境和需要,支持职工实现其目标从而实现自己的价值;由于领导者支持职工,就能激发职工对领导者的信任与合作,支持领导者,形成领导与职工之间的相互支持关系。

利克特指出对人的领导是管理中的中心工作,其他工作都取决于它。通过研究总结,他提出了四类基本的领导体制:

1. 剥削式的集权领导,权力集中于管理最高层,下属没有发言权。管理层对下属毫不信任,决策由管理上层作出,然后以命令的方式下达强制下属执行。这种领导体制下,容易形成与正式组织目标相对立的非正式组织。

2. 仁慈式的集权领导,管理层对下属有一种从属关系的信任,决策权仍然掌握在管理上层,但也授予中下层一定的权力,以根据总决策作出具体决策。这种体制通常也会形成非正式组织,但不一定都与正式组织的目标对立。

3. 协商式的民主领导,管理层对下属有相当程度的信任,管理上层制定组织发展的总方针政策,下属可以对较低层次的问题作出决定。这种领导体制下的非正式组织,有时会支持正式组织的目标,有时也会表现出轻微的对抗。

4. 参与式的民主管理,管理层对下属有充分的信任,决策权不再集中于最上层,而是散布于整个组织的各个层次,让职工参与决策和管理。上下级之间和同事之间有充分的信息沟通,工作在友好的气氛中进行。

利科特认为,上述四种领导体制中,第一种体制是传统的领导方式,第二和第三种体制虽有不同程度的差别,但都属于命令式的领导方式,前三种都可以称为权力主义的管理方式,只有第四种体制——参与式的民主管理才是效率最高的管理方式。

(四) 斯托格蒂和沙特尔的双因素模式

1945年,美国俄亥俄州立大学的工商企业研究所在拉尔夫·M.斯托格蒂尔(Ralph M. Stoqdill)和卡罗尔·沙特尔(Carroll L. Shartle)的核心领导下,对领导行为进行研究,并提出了双因素模式。通过调查和研究,他们把领导的内容归纳为两个因素:对工作的关心和对人际关系的注重,并根据领导者对这两大因素关注程度的不同,将领导方式分为四种类型,如图4-4所示:

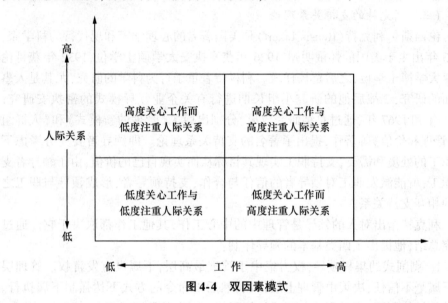

图4-4 双因素模式

这两种因素并不是相互排斥的,可以互相调和,只有其中一种因素而忽视了另一种都不能视为高效率的领导方式。一个成功的领导者应该对组织目标的要求、职工的个人需要、对工作的关心、对人际关系的注重等多种因素进行有效调节,力求找到最佳的领导方式。

(五) 坦南鲍姆和施密特的连续统一体理论

1958年,罗伯特·坦南鲍姆(Robert Tannenbaum)和沃伦·施密特(Warren H. Schmidt)在《哈佛商业评论》杂志上发表了《怎样选择一种领导模式》一文,提出了领导方式的连续统一体理论。即在以专制型领导方式为一个极端和以民主型领导方式为另一个极端之间,领导方式的民主、专制程度不断变化——民主连续统一的理论。在高度专制和高度民主的领导风格之间,坦南鲍姆和施密特划分出7种主要的领导方式:

1. 领导作出决策并宣布执行。
2. 领导者说服下属执行决策。
3. 领导者提出计划并征求下属的意见。
4. 领导者提出可修改的计划。

5. 领导者提出问题并征求意见作决策。
6. 领导者界定问题范围,下属团队作出决策。
7. 领导者允许下属在规定的范围内发挥作用。

在上述各种领导方式中,不能抽象地确定哪一种方式最好。组织领导方式的选择应根据不同组织所处的环境、所承担的任务、目标性质的不同、领导者的素质和条件等因素,在民主和专制之间而不断变化,因而带有权变管理的色彩,属于权变领导理论的雏形。

四、对行为科学理论的评价

行为科学在 20 世纪 30 年代产生,在 50 年代继续发展和盛行不是偶然的,而是生产力发展到一定阶段的必然产物,也是对科学管理在管理实践中所出现的问题和弊端的反思和修正。行为科学作为对古典管理理论的进一步修正和发展,是从人道主义的立场和人性化管理的角度出发来研究管理问题、设立管理方式的。它不再仅仅局限于"经济人"的理论假设,而是将人作为"社会人"、"自我实现的人"和"复杂人"等假设基础上,主张人是管理中的核心因素,既是管理的主体,又是管理的客体,应该通过各种方式注重和满足人多方面的需求和愿望,培养他们在管理中所应具备的各种素质,采取"人性化"和"民主化"的管理方式,激励他们在管理中发挥积极性、主动性和创造性,同时注意发挥组织中非正式组织在管理中的积极作用,从而达到管理的最优化效果。行为科学的兴起,引起了管理重点、管理方式和管理研究方法的转变,使管理理论的发展进入了一个崭新阶段,是西方管理思想的重大转折。

行为科学理论也存在着一定的局限性,首先是过于强调人的作用,往往忽视了经济技术,尤其是环境和条件的巨大影响。和古典管理理论一样,缺少对企业发展环境的思考。其次,行为科学理论将人类行为的复杂原因分析得过于简单化,在探究复杂人类行为的特定层面时无法提供普遍性的法则,这也为管理学的继续发展和完善留下了空间。

但是这些缺点不能掩盖行为科学理论对当时的社会、经济、管理方面所作的重大贡献,推动了管理科学的发展。它的出现缓和了当时日益紧张的劳资关系,关于人性的研究对今天的企业管理尤其是人力资源管理仍具有重大的现实指导意义。总之,行为科学理论的观点对管理理论和管理思想以及管理实践都产生了深远的影响,而且它仍然处在不断研究发展之中。行为科学是整个管理学的一个重要组成部分,它对人性的探索和对人的行为的研究永远是必要的,也是没有穷尽的,这将是管理学的一个永恒话题。

* * *

思考题

1. 简述行为科学产生的理论准备。
2. 梅奥的理论贡献有哪些?
3. 霍桑实验的管理学意义是什么?
4. 分析赫茨伯格的双因素理论的实践意义。
5. 评析麦格雷戈的 X 理论—Y 理论。
6. 简述行为科学理论的基本内容和主要代表。

第五章 现代管理理论丛林

西方管理思想的发展是和社会生产力的发展紧密相关的。二战后，人类社会发生了巨大变化，如战后各国经济复苏和繁荣，生产方式发生重大转变，原子能和计算机等科技飞速发展，企业规模不断扩大，跨国公司不断涌现，人们的需求也呈现出多样化趋势等。这些变化促使了管理思想和管理方法的创新与发展，许多新的管理理论和管理学派逐渐形成。这些理论和学派在历史渊源、理论内容和研究方法上相互影响、相互借鉴，形成了盘根错节、百家争鸣、百花齐放的局面，被称为"管理理论的丛林"阶段。美国管理学家哈罗德·孔茨1961年12月在美国《管理学杂志》上发表了《管理理论的丛林》一文，对这种现象进行了分析。孔茨指出，在西方，20世纪40年代才对管理进行系统的研究，最早的管理学著作都是由一些富有管理经验的人员写出来的，如泰勒、法约尔等。但是到60年代，管理著作和论文如雨后春笋般兴起，带来了管理学界众说纷纭、莫衷一是的混乱局面。孔茨对各种学派进行了分类，说明了各种学派的基本观点和分歧所在，划分出六个主要的学派：管理过程学派、经验学派、人类行为学派、社会系统学派、决策理论学派和数学学派。

各个学派思想交错，各有利弊，孔茨在1961年的文章中指出，各个学派的分歧主要集中在以下几点：(1) 语义混乱，许多管理学家对"管理"、"组织"、"领导"、"人际关系"等词语各有解释，没有形成统一的定论。(2) 对管理、管理学的含义和范围无法取得一致意见。(3) 曲解或抛弃前人提出的管理经验和管理原则。泰勒、法约尔、古利克等人概括出许多有见解的管理经验，却被认为是"万能论者"的先验假设，他们的一些管理原则也被认为是老生常谈，被所谓的"新"原则所代替。(4) 各个管理学家不愿相互了解，隔阂和矛盾不断产生，他们对其他理论相互抨击，造成了理论学界的混乱状况。

后来，孔茨又于1980年在美国《管理学会评论》上发表了《再论管理理论的丛林》一文，指出管理学派已经由原先的6个发展为11个，主要的学派有：管理过程学派、社会系统学派、决策理论学派、系统管理学派、权变理论学派、经验主义学派、经历角色学派、管理科学学派、行为科学学派等。从20世纪60年代到80年代初西方管理思想发展到理论丛林阶段，以下将分别介绍各个理论学派的观点。

第一节　管理过程学派

管理过程学派,又称管理程序学派或管理职能学派,它是在法约尔的一般管理思想的基础上发展和兴盛起来的,管理过程理论的理论渊源和基础一般被认为来源于法约尔的一般管理理论,法约尔也因此被尊奉为管理过程学派的开山鼻祖。法约尔提出的计划、组织、指挥、协调、控制管理五要素,就是管理的五职能,这些职能构成了一个完整的管理过程。除法约尔外,古利克也被认为是管理过程学派的重要代表人物之一。管理过程学派将管理看做一个动态的过程,注重管理过程和管理职能的研究。这个理论在西方是继古典管理理论和行为科学理论之后影响最大、历史最悠久的一个理论,目前在现代管理理论中占有相当重要的地位。①

一、詹姆斯·穆尼和阿兰·赖利

詹姆斯·穆尼(James D. Mooney,1884—1957)是美国富有经验的高级管理人员和管理学家,管理过程学派的集大成者。他出生于俄亥俄州的克利夫兰,1908年毕业于凯斯学院获采矿工程博士学位;1920年进入通用汽车出口公司,后来任总经理;1942年离开通用公司,担任美国海军航空局局长;二战后他成为威利斯陆上汽车公司的董事长兼总经理。阿兰·赖利(Alan C. Riley,1869—1947)原本是一位历史学家,后来成为一名高级经理人员。穆尼和赖利的代表作是1931年合著的《迈向工业》,1939年经修订改名为《组织原理》,1947和1954年又经穆尼作了再次修改,对管理过程理论作了重要的补充。尽管该书集中了赖利的绝大部分研究,但人们认为这本书中所提出的观点主要还是穆尼的。② 他们的主要观点有:

1. 组织的意义。穆尼和赖利研究与写作的最主要的目的之一就是确定一些适合于任何组织的普遍性原理,为此,他们首先指出了组织的真实含义,即组织就是人们为了达到某种共同目标的联合形式。他们在《组织原理》一书中进一步指出,组织是完成某种事情的过程,是一种"纯粹的过程",也是管理的机构和手段,而管理是激励、指挥和控制组织的计划和程序的活力。组织与管理是肉体和精神的关系,组织既从属于管理,也是管理的前提和基础。

2. 组织的效率原则。穆尼和赖利对组织目标给予了极大的关注和深刻的探讨,指出了组织获得高效率的四项基本原则:协调、等级、功能和"功能主义的

---

① 郭咸纲:《西方管理学说史》,中国经济出版社2003年版,第278页。
② W.J.邓肯:《伟大的管理思想》(赵亚麟等译),贵州人民出版社1999年版,第127页。

参谋制"。①

（1）协调。协调是指组织中所有的人为了共同的目标结合在一起采取协作一致的行动，协调是组织的首要原则，是一切其他原则的基础，它决定了组织的必要性，是进行组织的原因。协调最初开始于上层，这就需要一定的权威，由权威而支撑的协调从上层延伸至下层，从而产生了不同的等级。

（2）等级。在组织中，等级的高低来源于权威的大小和责任的高低，权威大而责任高从而等级高，权威小而责任小从而等级低，等级的划分与工作任务无关。等级是组织纵向划分的结果，而组织横向分工产生的便是功能。

（3）功能。组织的横向分工指的是工作和任务在不同部门和不同人员之间的分工。功能原则是等级原则的结果，也是区分等级系列中各种职责，实行专业化的原则。功能大体分为三部分：决策功能、执行功能和反馈功能。

（4）"功能主义的参谋制"。参谋的职能是向决策阶层提供客观实用的素材和科学有效的管理思想方法，他们只有提供"建议"的权力，而没有直接行使决策和指挥的权力。"功能主义的参谋制"是组织设计和组织管理过程中一个重要的不可忽视的原则。

二、哈罗德·孔茨和西里尔·奥唐奈

哈罗德·孔茨（Harold Hoontz，1908—1984）是美国著名的管理学家和管理过程理论的主要代表人物。他出生于美国俄亥俄州的芬雷，1935年获耶鲁大学博士学位，1962年担任加利福尼亚大学洛杉矶分校管理学院管理学教授，1963年起担任美国管理科学院院长，1965年担任行政管理研究所所长，并于1965—1971年兼任行政管理研究公司总裁，1957—1972年还兼任捷尼斯科公司董事会主席，除此他在美国、荷兰和日本等国的大公司中担任咨询工作。孔茨一生著作颇丰，最具有代表性的著作有：《管理学原理》（1955）、《管理理论的丛林》（1961）、《走向统一的管理学》（1964）、《再论管理理论的丛林》（1980）等。哈罗德·孔茨和西里尔·奥唐奈（Cyril O'Donnell）合著的《管理学》（1955年初版时名为《管理学原理》，1980年第7版易名为《管理学》）奠定了他们在管理过程理论中的学术地位，使他们成为管理过程学派的主要代表人物之一，从而在西方的管理学界具有很大的影响。

在《管理学》中，孔茨和奥唐奈认为管理是一门艺术，非常强调管理的概念、原理和方法，他们将管理定义为"设计一种良好的环境，使人在群体里高效率地完成既定目标"，将管理的职能分为计划、组织、人事、指挥和控制五大类，管理就是通过别人做成事情的各项职能。《管理学》正是按照这五个职能分别进行

---

① W. J. 邓肯：《伟大的管理思想》（赵亚麟等译），第238页。

叙述的。

1. 计划。计划是五种管理职能中最首要和最基本的职能，是指从各个抉择方案中选取未来最适宜的行动方针。计划工作包括选择企业的目标以及决定实现这些目标的方法和手段。计划工作的具体步骤如下：

(1) 在实际的计划工作开始之前先估量机会；

(2) 确立计划工作的目标；

(3) 确定关键性计划的前提，并使有关人员同意和进行宣传；

(4) 探索和考察可供选择的行动方案；

(5) 评价可供选择的方案；

(6) 选定行动方案；

(7) 拟订派生计划以扶持基本计划；

(8) 通过预算使计划数字化。

2. 组织。组织作为管理的一个基本职能，就是要为实现组织各组成部分的目标而建立一个合适的职务机构。一个有效组织必须具备以下三个特点：一是目标明确且具操作性；二是主要的职责和业务活动清晰；三是职权范围明确，使工作人员知道自己在执行任务中应当做什么。组织是动态的，应当与其所处的环境相适应。

3. 人事(人员配备)。人员配备就是对组织机构中所规定的职务配备人员，并保持这项工作的经常化和规范化。这里孔茨所说的人员配备主要是指主管人员的配备。但他接着指出并不能因此而忽视非管理人员负责的基层监管人的配备问题。人员配备主要包括主管人员的选拔、考核和培训等。

4. 领导。领导工作涉及主管人员和非主管人员之间的关系，即使其他管理职能如计划职能、组织工作等都很有效，但还必须辅以对下属的指导、良好的信息沟通和卓越的领导。领导就是要影响别人，使之心甘情愿地为实现群体目标而努力的艺术或过程。领导的本质就是被追随。领导工作的基础就是要将对职工有诱导作用的因素灌输到各个职务工作和人际关系中去，使职工为实现组织的目标作出贡献，同时也满足个人的需求。领导工作的手段主要是激励和沟通。

5. 控制。控制就是衡量和纠正下属人员所进行的各项业务活动，以保证实际的进程与计划相一致。孔茨和奥唐奈指出，基本的控制过程都包括以下三个步骤：(1) 拟定标准；(2) 根据标准评定工作成绩；(3) 纠正执行过程中偏离标准和目标的情况。

孔茨和奥唐奈虽然没有将协调作为管理的一项基本职能加以阐述，但他们指出，协调是管理的本质，每一项管理职能都在行使协调工作，协调贯穿于管理的每一个环节当中，是五种职能有效应用的结果。

三、威廉·纽曼

威廉·纽曼(William H. Newman)是哥伦比亚大学的管理学教授,美国管理过程学派的代表人物之一,著有《经营管理的原则》(1950)、《管理过程:思想、行为和实务》(1961)等著作。

纽曼认为经营管理就是对由个人组成的群体朝着共同的目标努力而进行指引、领导和控制,他将这个经营管理过程的职能划分为计划、组织、调节资源、指挥和控制。计划就是提前决定做某事,计划是组织、调集资源和控制的基础。纽曼对管理职能的划分虽然和法约尔的划分方法大体相似,但也有自己的特点:(1)纽曼对计划职能的描述比较深入,进一步将计划职能划分为三种:组织目标、专门计划、长期计划。(2)同时,纽曼第一次提出了"调节资源"的职能。(3)他没有将协调作为一项独立的职能,而是将其归入指挥职能中。

四、拉尔夫·戴维斯

拉尔夫·戴维斯(Ralpah C. Davis)是美国著名的管理学家,他出生于1894年,1916年获科内尔大学机械工程学位,他曾担任过美国管理学院院长,还在一些大公司中担任管理咨询工作。他曾写过多部著作,如《高层管理的基本原理》(1951)、《工业组织和管理》(1957)、《管理哲学》(1957)等。

戴维斯在1935年的《企业组织和作业原理》一书中提出了"有机职能说",所谓"有机职能"是指为了维持组织的生存与发展而生产和分配满足经济需要的各项职能。有机职能共有三种:(1)计划,为解决一项组织问题对所需各项因素的详细说明;(2)组织,包含为有效实现组织目标所需要做的一切;(3)控制,是对实现目标的各项活动的监督和调节。戴维斯把控制职能进一步分解为两类:第一类是作业开始前的预备性控制,即事前控制,包括例行计划、日程安排、准备和调度四项内容;第二类是作业进行中的控制,即事中控制,包括指挥、监督、比较和改正,其目的在于保证正确地执行计划和调整偏差。戴维斯并没有把协调列为一项单独的职能,而是将其贯穿在三项"有机职能"之中发挥作用。

五、小埃弗里特·亚当和罗纳德·埃伯特

小埃弗里特·亚当(1934—)和罗纳德·埃伯特(1930—)两人都是美国著名的经济学家和管理学家,先后执教于美国密执安大学。他们在合著的《生产与经营管理》(1978)一书中对管理过程的各个环节都进行了详细的研究,认为这样会有助于对管理科学的真正掌握和运用。亚当和埃伯特指出,计划、组

织和控制是管理的核心内容,在生产中分别发挥着重要作用。同时,计划、组织和控制又相互影响、相互渗透,是不能割裂开来的。他们二人的最大创新之处在于将管理学研究的范围拓展到医院、图书馆等服务业领域,从而用"经营管理"代替了"生产管理"。

除了以上列出的各位代表人物之外,还有很多管理学者对管理过程和职能的研究作出了重要贡献,如阿尔文·布朗、亚历山大·丘奇等,不再一一详述。综上所述,管理过程学派的不同代表者提出了不同的代表观点,但作为一个在西方管理理论中非常有影响力和实践指导意义的独立理论和派别,他们有许多共同的观点和理念:

1. 将管理作为一个动态的过程,管理就是组织成员结合起来协调完成工作或任务的过程。

2. 管理职能是追踪管理过程的一条主线,是研究管理过程的主要部分和内容。虽然不同的学者对管理的职能作了内容不同的分类,但基本认同计划、组织、指挥、协调(孔茨虽然没有将协调作为独立的管理职能加以论述,但却认为协调是贯穿于他所划分的五种职能始终的,是五种职能有效应用的结果)和控制是管理活动本身不可缺少的重要职能和必备手段。

3. 各个企业和组织的内部条件和外部环境是不同的,但管理过程的本质和管理职能的内容是相同的。将组织管理的过程和职能作为研究的切入点和重点,对企业和组织的经营和管理经验加以理性地总结,形成共同性和规律性的管理理论,指导并改进管理实践,这是管理过程理论的基本的思维逻辑和研究方法。

4. 认为没有必要将社会学、生物学、物理学和心理学等学科的内容包括到管理理论中,尽管管理人员的职能和任务会受到文化、物理和生物等方面的影响。原因并不是这些学科对管理没有影响,而是因为如果不把知识区分成不同的部分,就不能取得科学的真正进步。

管理过程学派,注重管理过程和管理职能的研究,抓住了管理的主要内容,并对每项管理职能进行了细致的分析和论述,为管理过程中的不同实践提供了详细而清晰的指导和经验,在管理思想史上产生了重要而深远的影响。

第二节 社会系统学派

社会系统学派是当代西方出现得比较早的一个管理理论,它是从社会学的视角对企业组织的管理进行研究的一种理论成果,认为社会各级组织都是一个协作的系统,组织成员之间的相互关系、相互影响构成了组织的这个协作系统,进而指出组织这个协作系统是可以通过有意识的行为和活动来加以影响和协调的。社会系统理论的创始人和集大成者是美国的高级管理人员和管理学家——切斯特·巴纳德。

切斯特·巴纳德(Chester I. Barnard,1886—1961)是美国的高级管理人员,最早使用"系统"观念研究组织的管理学家,因此也成为西方现代管理理论中社会系统学派的创始人。他出生于美国马萨诸塞州马尔登地区的一个贫苦家庭,早年就读于蒙特赫蒙学院,1906—1909年在哈佛大学攻读经济学,但因缺少一项实验学科的学分未拿到学位;但后来由于在组织理论方面作出了杰出贡献,因而拿到七个名誉博士学位。1909年他离开哈佛大学进入美国电话电报公司工作,1926年任该公司总经理,1927—1948年担任新泽西贝尔电话公司总裁直到退休。他还从事过许多社会性工作,在各个不同的时期担任过美军海军服务协会会长、洛克菲德基金会董事长、美国国家科学基金会会长、美国财政部长助理、联合国原子能委员会的美国代表顾问等职务。巴纳德一生著作很多,其中最具代表性的有:《经理人员的职能》(1938)、《组织与管理》(1948)。巴纳德对管理学方面的主要贡献是,他从社会系统的角度来研究组织问题,把组织看成是人与人之间协作的系统。他在组织管理方面的开创性研究,提出了许多与传统组织理论不同的观点,奠定了现代组织理论的基础。巴纳德组织理论的主要观点如下:

一、作为协作系统的组织

巴纳德独创性地提出了组织的概念,并将组织分为正式组织和非正式组织。正式组织(以下所称组织均指正式组织)是指两个或两个以上的人有意识地协调活动或效力的协作系统。这个定义包含以下概念:

(1) 组织是由人的行为构成的系统。传统的组织理论都是从组织出发,来研究组织的结构和职能;而巴纳德除去了组织的物质形态和形式部分,说明了组织的本质即人的行为,人是组织中的重要因素。

(2) 组织是一个系统。组织中人的行为经过协调,形成了一定的相互关系,并围绕组织的共同目标进行协作活动,从而构成一个合乎目的的行为系统。

(3) 组织是协作系统的一部分。协作系统相当于具体的企业,包括四部分:物质子系统、人员子系统、社会子系统和组织。物质子系统,指机械设备、材料等物质手段,相当于生产系统;人员子系统,指各级管理者和工人组成的人的集团,相当于人事系统;社会子系统,指同其他协作系统用于交换的系统,相当于市场系统;组织,是一个子系统,是整个协作系统的组成部分之一,但起着核心作用,它把其他三个系统连接成为一个统一的整体。协作系统不仅适合于企业,也适合于军事、宗教、学术、商业等各种类型的组织。协作系统如图5-1所示。

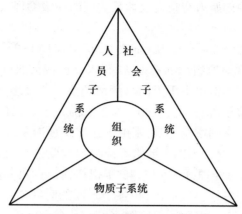

图 5-1　协作系统(如企业等)

（4）组织是动态和发展的。组织不是权力构成的静态系统,而是动态和发展的。当协作系统中的一部分发生变化,与其他部分之间的相互作用也将发生变化,作为整个协作系统也将随之而变。

组织要想存在下去,必须使人的行为围绕着组织发展的共同目标协调一致,形成一个成员的相互关系和行为协调、合乎组织目标的协作系统。组织作为一个协作系统,必须具备以下三个要素:

1. 组织的共同目标。目标是一个组织生存发展的前提,没有目标组织也就不会存在。组织的共同目标是组织存在和发展的灵魂,也是组织奋斗的方向。组织首先必须要有让其存在和发展下去的共同目标。其次,组织的共同目标不是一成不变的,而是随着组织的发展和环境的变化而不断调整和改变的。再次,组织的共同目标应具有总体性、前瞻性、综合性和清晰性等特点,这就要求在制定组织目标时坚持一致性和灵活性相结合、关键性与全面性相结合、挑战性和可行性相结合的原则和方法。最后,组织的共同目标必须得到组织成员的理解、认可和接受,组织目标只有得到成员的认可并转化为行动才能将组织目标真正变为现实。而组织目标能否被组织成员理解接受,关键看组织成员是否具有协作意愿。

2. 协作意愿。协作意愿是指组织成员对组织目标作出贡献的意愿。[1] 协作意愿是组织不可缺少的重要因素,组织成员没有协作意愿,组织目标的实现就会成为一句空话。而协作意愿不是自发产生的,而是决定于组织成员在完成组织目标过程中,其个人目标的实现程度,即组织成员协作意愿的产生来自于个人从组织中所得(诱因)和为组织作出的贡献的比较当中,当诱因大于等于贡献时,

---

[1] 桑玉成主编:《管理思想史》,上海教育出版社 2002 年版,第 222 页。

组织成员的协作意愿才会产生,否则,协作意愿就会很勉强甚至根本不会产生。这也就是巴纳德提出的著名关系式:诱因≥贡献。所谓诱因,是指组织成员在达成组织目标后从组织中获得的报酬;所谓贡献,是指组织成员为实现组织目标所作出的牺牲。作为组织,应该在条件允许的情况下,加大对组织成员的诱因,以最大限度地满足他们的需求和愿望,从而激发他们对组织目标的协作意愿,促进组织共同目标的实现。

3. 信息沟通。信息沟通是巴纳德提出的组织生存和发展的第三个基本因素,组织成员的协作意愿和组织的共同目标只有通过信息沟通才能联系起来,形成一个动态的循环过程。缺乏信息沟通,组织的共同目标和成员的协作意愿的存在和发挥将毫无意义。信息沟通有正式和非正式两种途径,书面和口头两种方式。信息沟通一般要通过若干个环节才能到达信息最终接收者那里,在此过程中可能会产生信息的失真或者误导,这是不可避免的,但却是可以减少的。管理者应该采取各种手段来纠正信息失真,最常见的手段如采用先进的信息传递技术、缩短信息传递的路径和增强信息传递的权威性等。

二、经理人员的职能

巴纳德关于经理人员的职能的论述是他关于正式组织及其要素分析的必然发展,他认为经理人员的作用是信息联系系统的中心,他们协调组织成员的活动,维持组织的正常运转,实现组织的共同目标。巴纳德在《经理人员的职能》一书的第四部分,提出了经理人员的三项职能:

1. 建立和维持一个信息联系的系统。组织的各个要素要连接为一个整体,使组织成员接受组织的共同目标,就有必要建立一个正式的信息联系系统,即经理人员组织。经理人员组织的建立包括确定和说明经理人员的职务,以及甄选出合适的人来担任这些职务。经理人员应在确定组织目标的基础上,通过信息联络的正式手段和非正式手段来保证组织的有效运转。

2. 促使组织成员为组织作出必要的努力。通过提高组织成员的士气、增加诱因、加强教育训练以及监督等方式,诱导人们与组织建立协作关系,为实现组织目标作出贡献。

3. 提出与制定组织的共同目标。这项职能主要是指组织较上层的决策职能,这项职能并不是由一个经理人员单独完成的,而是组织中所有人员的共同行动。组织的目标只有被组织成员接受,并在各个部门之间相互协调才能成为组织的共同目标,才能使目标具有有效性。

在1948年出版的《组织与管理》一书中,巴纳德再次强调了经理人员在管理中的重要作用,并进一步指出领导者的行为内容:

制定组织行动目标,依据组织的宗旨和任务制定自己的行动目标。

发挥组织领导能力，对于领导者来说，发挥组织领导能力和人际公关方面的能力，比专业技术方面的能力更为重要。

善于应用组织机构，领导者应善于应用组织机构协调各个部门和各个方面的工作。

充分发挥组织成员的积极性。领导者应努力采取各种方法和手段将组织成员的积极性充分调动起来。

此外，巴纳德还指出了领导者应该具备的五项基本品质：体力、决断力、处理人际关系的能力、高度的责任心和良好的智力。

三、组织的权威理论

巴纳德指出，经理人员作为企业组织的领导核心，必须具有权威。传统理论认为，权威是指管理阶层对被管理者发布命令的权力，这种权威来自管理阶层本身固有的权力。巴纳德提出了与传统理论意见不同的观点，他认为权威是指正式组织的管理阶层发布命令的性质，即管理阶层的权威不是来自于管理者阶层本身，而是来自于被管理者对命令的接受和服从程度。按照巴纳德的界定，权威取决于命令是否被下属接受：被下属接受，管理阶层和组织就具有权威；不被下属接受，管理阶层和组织就没有权威。权威存在于组织之中，是存在于组织内部的一种"秩序"。这一观点是对传统的权威理论的一大挑战，创造性地将下属的态度和服从意愿放在了管理问题的首位，突出了下属在管理问题中的重要性。

巴纳德按照命令被接受的难易程度将命令分为三类：一是绝对不能接受的命令；二是可以接受也可以不接受的命令；三是绝对可以接受的。巴纳德对第三种命令用"不关心区"这个概念加以解释，意指凡是属于这个"区"内地命令都可以接受，至于是什么命令，成员并不关心。而"不关心区"范围的大小，取决于组织给予个人的诱因超过其为组织所作贡献的大小。诱因超过贡献越多，"不关心区"的范围越大，组织的有效性就越高。因此，领导者应该通过增大诱因、说服教育和完善客观组织条件等手段来扩大绝对可以接受的命令的范围和数量，从而提高组织效率和竞争力。

四、组织的决策理论

巴纳德指出，组织理论研究的重点不是组织作业的科学化与合理化，而是组织的决策活动，组织的存在和持续发展很大程度上取决于管理的决策水平。在组织决策活动中，他对决策的主体、起因、和要素等环节的分析，提出了许多独到的观点，为西蒙决策理论的形成提供了理论基础和思想素材。

1. 决策的主体。巴纳德认为，组织中的决策有个人决策和组织决策两种。个人决策是指为实现个人目标进行的决策，它是组织成员具有协作意愿的基础。

组织决策是指为组织目的进行的决策,这种决策通常由许多人共同进行,在决策的执行过程中,还需要各级管理人员做出相应的具体决策。

2. 决策的起因。巴纳德指出,组织决策来源一般有三:上级的指示、下属的要求以及管理阶层的创新。上级指示是决策产生的主要来源,一般组织的决策都是根据上级的要求或指示来进行的;下属的要求是组织决策产生的一个反面因素,一般是领导由无能或命令不清晰造成的结果;管理阶层的创新是组织决策产生的一个经济因素,是指管理人员根据自身能力和环境的变化做出的决策,它体现了管理者的开创性和前瞻性。

3. 决策的要素。巴纳德指出,决策的制定同时受到客观因素和战略因素的制约。客观因素包括目标和环境两个方面,决策的机能就是协调这两个要素的相互关系。战略因素是基于环境的不稳定性而提出的,它是指实现组织目标所必需的而在实施决策过程中阶段性不存在的因素。如为运送货物而到某一地点,中途下起了大雨,而又没有带为货物遮雨的帆布。在这种情况下,帆布成了决策的战略因素,成为制约目标达成的因素。战略因素不是一成不变的,而是随着环境的改变而不断变化的。

五、组织的平衡理论

巴纳德认为,管理的艺术就在于维持组织的平衡,维持诱因与贡献的平衡,从而维持组织成员之间的继续协作。组织是一个开放的系统,组织中的所有成员都寻求取得平衡的系统,调整各种内外部力量维持组织的动态平衡。组织平衡理论实质上就是研究组织如何保持存在和继续发展的理论,组织平衡包括组织的内部平衡和外部平衡。

组织的内部平衡,是指通过保持对组织成员的诱因和贡献的平衡,来确保组织成员积极地达成组织目标的过程。这个过程也就是组织对其成员进行激励的过程,是组织目标和个人目标的平衡过程。要实现对内平衡,决定性因素是组织必须拥有足够多的诱因。诱因包括经济和非经济的两种,经济诱因是指组织对其成员提供的货币、物品等物质性报酬;非经济性诱因是指晋升、荣誉、权势、理想魅力等非物质因素。

组织的外部平衡,是指组织与外部环境的平衡,这包括两方面的平衡:一是组织分系统与其他子系统之间的平衡,也就是组织系统与生产系统、人事系统和市场系统进行合理协调的过程,从而使以组织为中心的协作系统内部的各个分系统构成一个统一的整体。二是协作系统与外部环境之间的平衡,即系统要根据外部的经济、技术、社会等条件的变化,不断调整和更新自己的目标,保持二者之间的平衡。

社会系统理论是西方管理史上产生较早的一个理论学派,巴纳德开创性地从社会学的视角运用系统分析的方法，围绕着"组织协作"、"经理的职能"、"组织决策"、"组织权威"和"组织平衡"等问题进行了研究和归纳，形成和建立了孔茨所称的社会系统理论。社会系统理论在具体分析和建立的过程中，主要贯穿了如下几个特点：

（1）巴纳德运用社会心理学方法，在将人假设为具有自由意志和选择权利的"自由人"的基础上，指出组织的权威来自于下属的自愿服从，下属服从，权威存在，下属不服从，权威不存在；同时指出，管理者应为组织成员提供足够的诱因来激发组织成员达成组织目标的协作意愿，维持组织的平衡和发展。

（2）运用系统理论的知识，将企业和组织看做是一个相互关系的协作系统，而且不仅注重组织内部的协作，还注重组织对外的平衡，将企业组织完全放在社会这个大环境中去考察，为以后系统管理理论的产生提供了理论基础。

同时，巴纳德的社会系统理论在前人的基础上实现了一系列的理论创新，如在吸取古典组织理论精华的基础上，提出组织是一个动态的协作系统，进而提出了组织构成的三要素。在研究实体组织的基础上，又将研究的重点放在了组织管理的实质内容——"决策"上，并对组织决策中的战略制约因素给予了详细的分析，对决策理论的形成和发展具有重要影响。

第三节 决策理论学派

决策理论认为管理的本质就是决策，它是在吸收行为科学理论、社会系统理论的观点基础上建立起来的，主要是运用现代数学、运筹学和计算机技术等科学方法对管理实践进行科学的定量与定性分析，在西方管理理论界具有很大影响。决策理论的主要代表人物是赫伯特·西蒙和詹姆斯·马奇。

赫伯特·西蒙（Herbert A. Simon, 1916—2001）是美国著名管理学家和社会科学家，在管理学、经济学、组织行为学、心理学、政治学、社会学、计算机科学等方面都有较深厚的造诣。他出生于美国威斯康星州的密尔沃基，1936年获得芝加哥大学文学学士学位，1943年获得芝加哥大学哲学博士学位。1949年以前他先后任教于芝加哥大学、伯克利大学和伊利诺伊理工学院，1949年以后一直任教于梅隆大学，1978年因在《管理行为》一书中对组织决策程序的开创性研究而获得诺贝尔经济学奖。西蒙还曾是社会科学研究委员会理事会的主席、美国总统科学顾问委员会的成员、全国科学院空气质量管理委员会的主席和众多的欧洲专业协会的成员。他的代表著作有：《管理行为》（1945）、《公共管理》（1950，与史密斯伯格·汤普森等合著）、《人的模型》（1957）、《组织》（1958，与马奇合著）、《经济学与行为科学中的决策理论》（1959）、《管理决策新科学》（1960）、《思维的模型》（1979）等。

詹姆斯·马奇(James G. March,1916—)是决策理论学派的主要代表人物之一。他1953年获美国耶鲁大学博士学位,以后在卡内基工艺学院任教,1964年成为美国加利福尼亚大学社会科学学院的首任院长,1970年开始担任斯坦福大学的管理学教授。马奇一生在管理学、社会学、政治学、教育学和诗歌等方面都很有造诣,而最成功的还是组织理论方面的研究。马奇主要的代表作有:《组织》(1958,与西蒙合著)、《公司行为的一种理论》(1963,与赛尔特合著)等。

西蒙和马奇认为,组织就是作为决策者的个人所组成的系统,决策贯穿于管理的全过程,管理就是决策。从企业目标的制定、组织结构的设计、人员的聘任与任免到企业控制系统的建立等都离不开决策。他们的研究重点在于追求决策的合理性,把决策看成是管理过程中最关键、最重要、最核心的环节和程序。他们所建立起来的决策理论的主要观点如下:

一、决策的过程

西蒙等人认为,决策行为不只限于从几个备选方案中选择一个,也不是一个瞬间可以完成的动作,而是要经过一系列复杂决策程序的过程。他们将决策主要分为四个阶段,各个阶段相互交错,共同构成了决策的复杂过程。

1. 收集情报阶段。搜集组织内部和外部有关决策需要的一切有关经济、政治、文化和社会等各方面的信息,并对信息进行"去伪存真、去粗取精"的加工和分析,为制定方案提供依据。

2. 制定行动方案阶段。围绕组织目标,根据所收集的信息,制定出各种情况的可备选方案。

3. 选定方案阶段。从备选方案中选定一个与组织所处实际条件相符合和与组织发展目标相一致的"可行性方案"。

4. 方案的审查与评价,对选定的方案进行全方位的"审查"和评价。

在决策过程中,西蒙和马奇非常注重信息联系在决策过程中的重要作用。他们把信息联系定义为"决策前提赖以从一个组织成员传递给另一个组织成员的任何过程"[1]。信息联系是一个双向的过程,在组织的决策中心和组织的各个部分之间相互传递,也在各个横向组织结构之间相互传递。与巴纳德注重信息沟通的正式途径不同,他们更注重非正式途径在信息沟通中的作用,而相应地将正式途径放在了相对次要的位置。

西蒙和马奇将信息沟通和联系分为三个阶段:发出信息、传输信息和接收信息。在这三个阶段中,均有可能发生信息的失真或阻塞,从而造成决策的失误。造成信息失真或阻塞的原因是多种多样的,造成信息失真或阻塞的表现形式也

---

[1] 孙耀君:《西方管理思想史》,山西人民出版社1987年版,第512页。

是多种多样的,鉴于信息沟通的复杂性和不稳定性,每个组织都应该借助于电子计算机技术,建立一个"信息联系服务中心系统"和良好的信息系统。此外,他们还指出在"信息爆炸"的年代,重要的不是获取信息,而是对信息进行"去伪存真、去粗取精"的加工和分析,为决策者提供有意义的信息,使之对决策真正起到作用。

二、决策的满意原则与合理模式

关于决策的标准和原则,西蒙和马奇做了不同于前人的分析和论述,他们并不主张前人的"绝对理性"即"最优化准则",而是约束理性,满足于"令人满意原则"。这是因为:首先,人不是"完全理性"人,而是"有限理性"人;其次,人不可能具备制定"最优化"决策的所有知识、能力和素质等,不可能收集到制定"最优化"决策所需要的所有信息和情报。因此,决策者应该转变思想,从以前那种无休止地苦苦追求"最优化"(永远都不能实现的)的深渊和思维中走出来,转向追求"令人满意"的方案新思维。在具体的实践中,表现为制定一套令人满意的标准,只要达到或超出了这个标准就可以了,不要追求最优化的决策方案,而是追求满意的决策方案。当组织的决策涉及多种因素,面临多个部门时,满意原则就成为决策的共同标准。西蒙指出,无论是组织决策还是个人决策,都只探索和选择满意方案,只有在例外的情况下,才追求最优方案。由此可见,"满意"原则才是现实的、合理的、切实可行的。

基于满意原则,西蒙认为要制定科学、合理和实用的决策,不仅要使用正确而科学的决策技术,还应该选择合理的决策模式。西蒙和马奇在《组织》一书中按照人性假设模式对管理理论做了如下分类:

(1)"经济人"模式。这种模式把职工看成是生产作业的工具,只能被动地接受命令,对问题的解决没有任何作用。与之相适应的是古典管理理论。

(2)"动机人"模式。这种模式把职工看成是人而不是机器,他们为了满足个人需要而进行工作,与此模式相适应的是行为科学管理理论。

(3)"决策人"模式,又被称为"管理人"模式。这种模式认为职工都是为实现一定目的而合理选择手段的决策者,巴纳德的社会系统理论和西蒙等人的决策理论就是属于这种模式。

西蒙和马奇认为合理的决策模式是"管理人"决策模式,而不是"经济人"决策模式。"经济人"决策模式假定,企业的行为就是企业家的行为,企业家遵循的是利润最大化原则。在追求组织利润最大化的理念下,决策制定也追求目标的"最优化"方案,要求决策者全知全能,这是不现实的,也是不合理的。"管理人"决策模式,之所以成为合理的决策模式主要基于以下三个方面的原因:首先,"管理人"决策模式主张追求决策的"令人满意",而不是"最优化",因而既现实,又合理;其次,"管理人"决策模式主张通过组织集体而不是个人单独制定决策,与"经济人"那种企业家的孤立决策相比,它可以克服知识和信息的不足,也可以克服集体行为的不稳定性,为决策的科学化、合理化和民主化提供了可能;再次,"管理人"决策方式要求以学习、记忆和习惯等来谋求决策的程序化和科学化。决策者通过"学习"知识、经验和理论为合理决策提供基础,再借助于"记忆"功能将各种决策信息储存起来,当再次面对同样的情况时,就会毫不犹豫地凭借"习惯"作出反应。

三、决策的分类与决策技术

1. 程序化决策和非程序化决策

根据组织活动可以分为例行活动和非例行活动,组织决策也相应地分为程序化决策和非程序化决策。所谓程序化决策,是指那些带有常规性、例行性和反复性的决策,也就是相对于组织中的例行活动而进行的决策。如公司日常的购买原材料、办公室日常办公用品的购买和谈判等。所谓非程序化决策,是指那些组织管理过程中不重复出现,或者其确切的性质和组织结构还不很清楚或很复杂,或者其作用非常重要而需要用"现裁现做"的方式进行处理的决策。比如公司新产品的研制与开发、海外新市场的开拓与占领和新厂房的扩建等。程序化决策和非程序化决策之间的界限划分是很模糊的,随着环境的变化和技术的不断改进以及人们认识的深化,非程序化决策也逐渐地转变成了程序化决策。

不同类型的决策的制定需要不同的决策技术和手段。决策技术分为传统技术和现代技术。传统技术是指从古到今一直被组织决策者使用的方法和技术,如习惯、经验、判断、理性思考、操作规程等;现代技术是指二战后随着现代数学、运筹学和计算机技术的迅猛发展而得到广泛应用的一种技术,如数理分析、电子数据处理、自动办公系统(AOS)、知识管理系统(KWS)、管理信息系统(MIS)和决策支持系统(DSS)等。传统技术和现代技术与程序化决策技术和非程序化决策技术之间不是一一对应的关系,而是相互交错的关系,即程序化决策技术中有传统技术,也有现代技术,非程序化决策技术中有现代技术,也有传统技术,同时西蒙非常重视计算机技术和人工智能在决策中的应用作用。通过对人的思维过程进行研究,西蒙提供了一种新的决策方法,即"目标—手段分析法"。这种方法首先为实现总目标找到一些具体手段和措施,然后把这些手段和措施看成新的目标,再寻找更具体的手段,这样将总目标层层分解,直到解决为止。这个过程就是把非程序决策简化为一系列的程序决策,最后完成非程序化决策的过程。这种方法可以和计算机技术相结合,利用"目标—手段分析法"对计算机进行编码,设计一种应用程序,从而把问题改造成一般形式,对其推导和求解以最后解决问题,把许多非程序化决策逐步纳入程序化决策的范畴。

2. 确定型决策、风险型决策和非确定型决策

决策根据性质不同又可以分为确定型决策、风险型决策和非确定型决策。确定型决策是指条件确定、技术方法简单、通过比较容易作出判断和结论的决策;风险型决策又称随机型决策,这种决策条件不确定,存在着不以人的意志为转移的两种以上的客观状态,对目标的达成有影响的不确定因素,决策者不能轻易作出判断;非确定型决策是指那些条件非常不确定,决策者很难或根本无法作出判断的决策。

四、决策的集权与分权

决策制定过程的集权与分权,是组织设计的主要问题之一,也是决策制定过程中的难点。纯粹的集权和分权无法确定是好是坏,组织的集权与分权不能脱离决策过程而独立存在。一般来说,属于经营目标和发展方向等涉及整个组织全局的决策必须集权,决策权力应集中于上层管理人员;同时,由于决策过程本身的复杂性,分权也是必要的,属于为实现组织经营目标和贯彻经营方针而选择手段的管理问题应分散到中下层管理人员。计算机信息系统介入决策过程后,不会引起组织决策的集权化或分权化,组织的等级结构依然是主要结构,更多的决策信息将贯穿于等级结构的界限。

在组织设计时,西蒙和马奇将组织分为三个不同的层次结构,并对不同层次组织的成员进行了不同分工。最上层结构,从事非程序化决策的制定,即对整个组织进行总体的设计和展望,制定组织发展的长远目标和战略,确定组织目标并监督其实施;中层结构,主要从事程序化决策的制定,即根据最上层制定的发展战略制定组织日程的生产操作和分配决策等日常事务;最下层结构,从事基本工作过程,也就是决策的具体执行过程,指原材料的取得,产品的生产、运输、储存和销售等。

西蒙和马奇的决策理论是在巴纳德的组织理论基础上发展起来的,在巴纳德的组织决策理论的基础上,西蒙和马奇提出了"管理就是决策"的思想,不仅为企业决策活动提供了理论武器,也为各种组织的决策过程提供了科学的指导。针对"经济人"和"完全理性"的人性假设的缺陷,西蒙和马奇提出了"管理人"和"有限理性"的假设和理念,并在此基础上,提出决策追求的"满意"准则和标准,对传统的"理性决策"提出了挑战,这是西蒙和马奇为实践中的管理决策提供的较为实用和可行的指导理念和思想。总之,二战后由西蒙和马奇建立的决策理论是西方现代管理理论中影响较大的一个学派。

决策理论在为管理理论作出贡献的同时,也存在自身的局限性。如将管理

狭隘地定位为"决策",忽略了管理过程中其他丰富而重要的程序和内容等。这为以后的学者继续探讨提供了广泛的空间。后来,查尔斯·林德布洛姆和 J. B. 奎因分别提出了渐进决策模型和凑合应付法等非理性决策模式,为决策理论的发展开辟了新的领域。

第四节 系统管理学派

二战结束以后,资本主义生产集中化的趋势越来越明显,企业规模不断扩大,企业的内部组织结构也日益复杂;随着企业经营范围的扩大和国家对经济干预方式的转变,企业所面临的外部环境也复杂多变。企业内外部环境的变化对企业管理提出了新的挑战,对内要从企业的整体出发,协调好组织内部各个部门之间的相互关系,保证组织整体目标的有效实现;同时也要保持与外界环境的联系,随着社会、经济、技术、政策等环境的变化而变化。然而,无论是古典管理理论,还是现代管理理论,大都过分注重管理的某一方面或某一环节,或是注重生产技术,或是侧重人际关系,或是注重管理的职能,却很少涉及企业的外部因素,无法适应资本主义经济发展的新要求。在这种背景下,系统管理学派应运而生,是对传统管理理论的一种反思和综合。

系统管理理论盛行于 20 世纪 60 年代,是在一般系统理论的基础上发展起来的。把系统观点用于管理实践并非是系统管理理论的首创,早在 1938 年巴纳德在《经理人员的职能》一书中就指出企业是多种要素的"协作系统",但他的研究重点在企业内部的协调与平衡,而不是企业与外部环境的关系;决策理论学派也把企业看成是一个开放的系统,与外部环境之间相互作用、相互制约,但他们偏重于企业的决策行为。到 20 世纪 60 年代系统理论伴随着一般系统理论、控制论、信息论等老三论的建立与发展而真正成熟,系统理论与管理科学相结合便产生了系统管理理论。系统管理理论是用系统科学的观点和方法来分析组织问题和管理活动,突破了片面性思维,从组织的整个全局来考察管理问题。它把组织视为一个开放的系统,既注重组织内部的协调,也注重组织外部的联系,并将企业内外作为一个相互联系的动态过程和有机整体;既关注组织结构,也关注管理过程,既关注目标,又关注人的因素等,这一思维的突破在现代管理思想史上具有革命性的意义。

作为一种理论,系统管理理论无疑是全面的、完美的,极大地拓展了管理人员的思想和视野,提高了管理人员对管理所涉及的各种相关因素的把握和分析能力。但作为一种运用于研究和管理实践的理论,系统管理则显示出了它的弊端:太过抽象、分析因素过多、过于复杂等,无论是在研究还是在管理实践中,系统管理理论是不容易驾驭和把握的,由于在可操作性方面的局限性,60 年代以后便逐渐衰落。

一、一般系统理论

系统管理理论是在一般系统理论的基础上建立起来的。一般系统理论是研究各门学科的一般方法论,它的主要代表人物有:一般系统理论的创始人路德维希·冯·贝塔朗菲,以及对贝塔朗菲的系统理论有所继承和发展的诺伯特·威纳、信息论的创始人申农(C. E. Shannon)和将控制论与信息论有机结合而建立系统理论的肯尼思·博尔丁等。

(一) 路德维希·冯·贝塔朗菲

路德维希·冯·贝塔朗菲(Ludwig von Bertallanffy)是奥地利籍的美国生物学家和哲学家,他被认为是现代系统理论的创始人。他在20世纪20年代末就提出了"有机体系统理论"的概念,后来又把这个术语改为"有组织的实体",以解释社会现象和工程设施等。1937年,他在芝加哥大学的一次讨论会上首次提出了"一般系统理论"的概念。1950年,他在《科学》杂志上发表了《物理学与生物学的开放系统理论》一文,论述了一般系统理论的主要观点。

1954年,美国成立了"一般系统学会",并出版了《一般系统年鉴》。1968年,贝塔朗菲在《一般系统理论的基础、发展和应用》一书中把"系统"作为研究对象,全面阐述了动态的开放系统理论,该书也被视为一般系统理论的经典著作。贝塔朗菲认为一切有机体都是一个整体,这个整体(系统)是由相互联系的各个部分按照等级层次组织起来的总体,系统具有开放性,既受环境的影响,又影响着环境。贝塔朗菲的系统观点不仅可以应用于生物学中,也可以应用于社会学、工程学等其他学科,成为各学科的一般研究方法。

(二) 诺伯特·威纳

诺伯特·威纳(Noeber Wiener,1894—1964)是美国麻省理工学院的数学家,他在贝塔朗菲系统理论的基础上,于1948年发表了《控制论:关于在动物和机器中控制和通讯的科学》一书,书中他首次提出了"控制论"的术语,以研究控制系统的一般规律。威纳指出,所有的系统都可以通过设计而由通信线路对自己进行控制,即通过通信线路把信息反馈给系统,使系统自动调节以适应环境的变化。威纳的系统理论开创对人—机相互影响的研究,具有广泛的社会意义。

(三) 肯尼思·博尔丁

肯尼思·博尔丁(Kenneth Boulding)也发展了贝塔朗菲早期的系统观点,并试图把控制论和信息论结合起来。他在1956年发表了《一般系统理论:一种科学的框架》一文,系统阐述了一般系统理论的主要概念。博尔丁通过对物理、生物和社会的复杂现象进行分析和分类,归纳出九个层次的系统:(1)静态系统;(2)简单动态系统;(3)自动控制系统;(4)开放的或自我维持系统;(5)植物系统;(6)动物系统;(7)人类系统;(8)社会组织系统;(9)超越系统。

（四）一般系统理论的基本观点

除了贝塔朗菲、威纳和博尔丁之外,还有其他人也对一般系统理论的发展作出了贡献,如运筹学家埃克曼(D. Eckman)、经济学家卡尔曼(R. Kalman)和比利时学者普利高津等。综合他们的论述,一般系统理论作为各学科的一种方法论逐步确立和发展起来。一般系统理论的基本观点可归纳如下：

1. 整体性。一般系统理论认为,一切有机体都可看做是一个系统,系统具有整体性,不是部分之和,而是一个由各个部分相互联系而形成的整体。

2. 开放性。系统具有开放性,能与系统外界的环境进行能量和信息等的交流,系统和环境相互渗透、相互影响。

3. "输入—转换—输出"模式。在整体性和开放性的基础上,系统能够形成一个与外界的"输入—转换—输出"的循环模式,这一模式可以看做是系统内部与系统外部相互联系、相互作用的一个全面描述。

4. 反馈。系统运行过程中,必须通过信息才能把"输入—转换—输出"模式的各环节联系起来,反馈功能将信息传达给系统,使系统检测系统运行是否偏离了预期的目标,以维持系统的动态平衡。

这个模式通过"反馈"这一行为而成为一个循环往复的过程。

5. 层级性。系统是由次一级的分系统构成,系统本身也是更广泛的大系统中的一部分。

6. 目标性。系统综合了各部分的分目标之后,形成了系统的整体目标,各个部分必须相互协调,为整体目标服务。

二、系统管理理论

将一般系统理论运用于工商企业管理便形成了系统管理理论。系统管理理论的主要代表人物有理查德·约翰逊(Richard A. Johnson)、弗里蒙特·卡斯特(Fremont E. Kast)、詹姆斯·罗森茨韦克(James E. Rosenzweig)。三人在1963年合著了《系统理论与管理》一书,书中较为全面地论述了系统管理的观点;1970年,弗里蒙特·卡斯特和詹姆斯·罗森茨韦克两人再度合作出版了《组织与管理——系统方法与权变方法》一书,进一步充实和扩展了原来的论断。他们三人阐述的观点构成了系统管理理论的基本观点,建立起了系统管理理论的基本框架,也奠定了他们在系统管理学派中的学术地位。

把系统管理理论运用于管理实践,就是要将系统观点、系统分析和系统管理三个基本思想贯彻到管理实践当中去。系统观点、系统分析和系统管理之间既相互联系,又相互区别,如图5-2所示：

	系统观点	系统分析	系统管理
观点	概念的	优化的	实践的
方法	思考	建立模型	综合
组织分系统	战略的	作业的	协调的
任务	把组织同环境结合起来	有效利用资源并实现目标	把组织内部各项活动结合起来

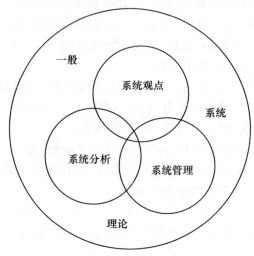

图 5-2　系统理论①

（一）系统观点

系统观点本质上是一种思想和理念，它是在一般系统理论的基础上形成的基本观点。一个工商企业或组织都是一个系统，所谓系统就是由两个或两个以上有机联系、相互作用的分系统所组成的具有特定机构和功能的整体。在系统这个整体中，各个分系统是相互联系、不可分割的。整个系统是主要的，各个分系统是次要的，分系统的职能是由它在整个系统中的地位和角色所决定的，各个分系统围绕着总系统的目标而发挥作用，而系统通过与环境之间的输入—转换—输出—反馈—再输入过程不断地进行自我更新。相对于组织内部分系统而言，组织的外部环境可以被称为超环境系统，与组织系统发生紧密的联系和能量与信息的交流，组织则是这个超系统的一个分系统。系统管理理论认为组织系统是由五个不同的分系统构成：

1. 目标与价值分系统，包括整个企业的战略目标、各部门的策略目标、个人目标以及文化和价值等；

---

① 郭咸纲：《西方管理学说史》，第 231 页。

2. 技术分系统,包括企业生产和管理过程中使用的工具、设备、程序、方法、经验、知识和技能等;

3. 社会心理分系统,包括企业组织成员的行为动机、思想、需求以及组织与个人之间的相互关系等;

4. 组织结构分系统,包括组织的职位设置、职位说明、组织规章以及各部门的工作协调等;

5. 管理分系统,是整个系统的核心,它把各个分系统联系起来,把组织同外部环境联系起来,进行计划、决策、组织和协调等职能活动。

其中,管理分系统在组织中起着核心与纽带的作用。传统的管理理论,不同的学派注重不同的分系统,如组织理论注重结构分系统和管理分系统,行为科学理论注重社会心理分系统,而管理科学理论则倾向技术分系统,对其他的分系统则予以忽视甚至是舍弃。而系统管理理论则将组织作为一个整体来进行研究,注重研究一切分系统及其相互关系,不至于因为专注于某一个特殊的分系统而顾此失彼,也不至于忽略组织整体在外部环境更大系统中的地位和作用,这有助于实现组织管理的整体优化。

（二）系统分析

系统分析本质上是一种思考方法和解决问题的分析过程。它是指从系统的整体利益出发,采用定量分析和定性分析相结合的手段、科学分析计算的方法和缜密的逻辑推理来解决系统内的基本问题,制定各种备选方案并加以分析比较,实现最优化方案的过程。系统分析一般采用建立模型的方式对系统内出现的问题进行解剖和分析,从而有利于更清晰地看清问题,解决问题。

系统分析的步骤一般分为以下几步:(1) 确定系统目标;(2) 收集情报,制定可供选择的方案;(3) 建立不同的分析模型对方案进行数量和质量指标的分析;(4) 综合分析,选定最优方案;(5) 实施最优方案及反馈信息。

（三）系统管理

系统管理实质上是一种实践,一个解决问题的实践过程。将组织或企业作为系统来管理与经营的过程,就是系统管理。系统管理理论认为,在进行系统管理时,必须坚持"四个中心":以整个系统为中心,在管理过程中应该以整个系统为基点,统筹兼顾、综合优化,而不是以分系统为基点,部分优化;以目标为中心,注重管理过程中的客观因素和客观结果;以责任为中心,管理人员承担多大的任务就相应地承担多大的责任,贯彻责任到具体人;以人为中心,实行人性化管理,给予每个人以充分的信任,并委以重任。

进行系统管理要经历以下四个相互联系的阶段:(1) 创建一个系统;(2) 进行系统设计,把各个部分按一定的结构组织起来;(3) 系统运行和控制;(4) 检查并评估系统运行的效果。这四个阶段都需要有信息、能源和材料的投入,也需要有计划和决策职能的执行。

三、系统动态学

系统动态学是系统管理的进一步发展,它利用数理模型和电子计算机技术对系统行为进行模拟和研究。系统动态学由工业动态学发展而来,最初由福里斯特建立。

(一)福里斯特

杰伊·福里斯特(Jay W. Forrester)是美国麻省理工学院的教授和电子计算机专家,他于1956年提出了有关工业动态学的学说,后来又在麻省理工学院成立了工业动态学的专门研究机构。1961年,福里斯特出版了《工业动态学》一书,系统地总结了这方面的研究成果,奠定了工业动态学的基础。

工业动态学是依据系统理论,辅以电子计算机等技术手段,利用模型来研究工业系统的行为,阐明工业企业的政策、决策、结构等因素之间的相互关系及其对企业成长和稳定的影响。工业动态学的建立需要四个方面的基础,包括信息反馈理论、决策过程研究、系统模型试验和电子计算机技术。福里斯特最初建立工业动态学的目的在于分析研究工业企业的行为,但以后又把这种方法扩大应用于分析研究社会各领域和经济系统的各种问题,于是发展成为系统动态学。

(二)罗伯茨

福里斯特的学生罗伯茨(Edward B. Robers)教授把工业动态学应用于研究和发展组织的工作中,并于1964年出版了《研究和发展的动态模型》一书。系统动态学认为所有的管理系统都具有一种决定系统行为特性的有规则和能够识别的结构,这种结构可以用一定的方法来探求和表示,可以通过计算把企业政策同系统的其他因素结合起来,构成实际模型,整个社会的系统动态模型有助于更好地理解和处理负载的社会经济体系中的问题。福里斯特和罗伯茨等人创立的系统动态学,是对系统理论的进一步发展和开拓,将系统管理的范围扩展到了整个社会乃至整个世界。

第五节 权变理论学派

权变理论是20世纪60年代末70年代初发展起来的一种管理理论。该理论认为,在组织管理中,没有一成不变的和普遍适应的管理理论和方法,组织管理"最好"的方法就是根据组织内外环境的变化,随机应变、因地制宜的管理方法。"没有最好的,只有适合的"是权变管理的核心思想和理念。权变理论是以系统管理理论为前提的,它以系统观点为基础来考察问题,试图通过分析组织内部的各个子系统之间，以及组织与外部环境之间的相互关系，以得出各种有关变量的特征和相互关系的变量模式和多种可变因素的结构，最终提出适合于具体情境的经营管理方式。权变理论与经验主义理论也有着密切的关系，两种理论都非常注重对管理经验的研究，但两者的研究侧重是有所区别的，经验主义学派侧重于单个企业和组织的管理问题的解决和管理经验的总结，而权变理论则是在研究大量管理案例的基础上，对管理案例进行分类，根据不同类型案例的特点找出解决问题的方法和经验，某种程度上，权变理论是在经验主义理论的基础上建立和发展起来的。

权变理论提出后，得到了管理学家的高度赞扬，认为权变理论是在企业和组织外部环境复杂多变情况下的一种最有效、最实用的方法和手段。权变理论作为在20世纪60年代末出现和形成的一个理论派别，的确给管理者提出了一种全新的解决管理问题的思路和方法，提出没有包治百病的"灵丹妙药"，主张用"变"的思维来面对管理，来处理问题，这为后来出现的战略管理提供了一种方法论支持和基础。权变理论在当时被希望成为结束现代管理理论丛林时代的"光明理论"，但由于它自身的局限性（如过分注重管理过程中的具体环节和条件，忽视普遍性和战略性等）而没有完成这一使命。

一、权变管理理论的基本思想

权变管理理论是在超Y理论的基础上建立和发展起来的。莫尔斯和洛尔施在《超Y理论》一书中指出，不同的人都是怀着不同的需要加入组织的，组织的设计和管理方式也应该根据组织目标、任务性质以及组织成员的不同能力和需要来确定。超Y理论在行为科学的基础上带有了权变管理的意味，因而成为权变理论的理论基础。

美国著名的管理学家弗雷德·卢桑斯（Fred Luthans）是权变管理理论的主要代表人物，也是对权变理论作出系统总结和高度评价的管理学家，他于1973年6月在《工商业界》杂志上发表了《权变管理理论：走出丛林的道路》一文，又于1976年出版了《管理导论：一种权变学说》一书，系统地介绍了权变管理理论，指出权变理论可以统一各种管理理论的观点，引导管理学走出丛林之路。

卢桑斯指出，权变理论主要是研究经营内外环境和企业管理之间关系的理论。他认为，以经营环境为自变量，以企业的经营管理为因变量，从而在环境和管理之间形成了一种函数关系，作为因变量的管理思想、管理方法和管理技术，根据环境自变量的变化而变化。这种函数关系可用"如果……就要"的关系来表达：如果出现某种环境，就要采取某种对目标的实现更有效的管理思想和管理技术，否则管理将陷入困境，目标也将难以实现。关于权变管理中的环境变数和管理变数，如表5-1所示：

表 5-1　环境变数与管理变数

环境变数			管理变数			
外部环境		内部环境(正式组织系统)	管理程序变数	计量变数	行为变数	系统变数
一般环境	特定环境					
社会 科学技术 经济 政治与法律	供应商 顾客 竞争者	组织结构 决策程序 联系与控制 科技状况	计划 组织 指挥 联系 控制	决策 经济批量 等候模式 模拟模式	学习 激励 团体力学 组织发展	一般系统理论 系统设计与分析 管理情报系统

资料来源：孙耀君：《西方管理思想史》，山西人民出版社 1987 年版，第 665 页。

从表 5-1 可看出，环境变数包括外部环境和内部环境。外部环境又有两种：一般外部环境的各个因素通常不会直接影响企业的正式组织系统，但会有间接的影响，并且这些因素之间也会产生相互影响；特定外部环境的因素直接影响企业的生产，相互之间也会产生影响。内部环境是指企业的正式组织系统，内部环境变数一般作为因变量，它们受到外部环境变数的直接影响。至于管理变数，全部都属于因变量，随环境变数的变化而变化。

权变理论的基本设想就是要在组织与环境之间，以及组织的各个子系统之间寻求一致性，根据环境的不同特点，采取灵活的组织结构设计和管理方式，以实现管理的任务。卢桑斯指出，由于环境变数和管理变数都是很复杂的，所以环境与管理之间的权变关系也是多维的和多变的。在具体的管理实践中，管理者应该根据具体的环境变化选择合适的管理理念、管理方法和管理技术，以最有利于组织目标的实现。

权变理论兴起之后，引起了不少管理学者的重视和研究，不同的学者开始从不同的角度对权变理论进行拓展，形成了形形色色的权变理论，如组织结构的权变理论、领导方式的权变理论等。

二、组织结构的权变理论

权变理论在研究组织结构时，把企业视为一个开放的系统，这个系统既受到外界环境的影响，又对环境施加影响。为了进一步研究的需要，权变学派把企业分成不同的结构模型，主要的分类方法有以下几个代表人物：

(一) 琼·伍德沃德

英国女管理学家琼·伍德沃德(Joan Woodward, 1916—1971)在 20 世纪 50 年代，对英国南伊赛克斯的 100 多家公司进行了广泛的调查和研究，在此基础上，于 1965 年出版了《工业组织：理论和实际》一书，提出了工艺技术对组织结构设计的权变论。伍德沃德根据工艺技术的复杂性将企业组织分为三种类型：

小批量生产的、大批量生产的和流水作业生产的三种企业，并考察了不同工艺技术程度的企业在管理层次、管理幅度、管理人员同其他人员的比例等方面的差别。如表5-2所示：

表5-2 三种企业的差别

	小批量生产的企业	大批量生产的企业	流水作业生产的企业
管理层次	3	4	6
管理幅度（第一线管理人员）	23	48	不定
管理人员同其他人员的比例	1:24 到 1:49	1:14 到 1:18	1:7 到 1:8
组织结构	职能式或直线式	直线—参谋	职能式或直线式

可见，不同工艺技术程度的企业有不同的组织模式和管理标准，组织的结构设计随着工艺技术程度的不同而应不断地改变。凡是成功的企业，都具有与其技术特点相适应的结构特点。

（二）保罗·劳伦斯和杰伊·洛尔施

美国的管理学家保罗·劳伦斯（Paul R. Lawrence）和杰伊·洛尔施（Jay W. Lorsch）在20世纪60年代对十家企业进行了研究，其中六家是在高度动态的环境中经营的企业，两家是在稳定环境中经营的企业，另外两家是在介于以上两种情况之间的环境中经营的企业。通过研究，他们在1967年发表了《组织和环境》、《复杂组织的分化和整体化》等文章，提出了外部环境对组织结构的权变论，即外部环境制约着企业的组织结构，因而面对不同的外部环境，应采取与之相适应的不同的组织结构。他们是在伯恩斯和斯托克（最早运用权变思想研究管理的人）的"机械—有机式"组织结构理论基础上形成的。

劳伦斯和洛尔施所称的外部环境主要指企业产品的市场情况，企业组织外部的经济、政治（政策环境等）、社会和技术条件等。外部环境的稳定程度由三个因素的变化程度所决定：外部条件的变化速度、企业组织获得信息的可靠程度和企业决策实施后反馈的时间间隔长短。外部条件的变化速度快、组织获取信息的可靠程度小和决策反馈时间间隔长，说明企业的外部环境是极其不稳定的；相反，企业的外部环境就是稳定的，在不稳定和稳定之间因三个因素变化程度的不同而存在稳定的无数可能情况。劳伦斯和洛尔施用分化和整体化来衡量组织结构的设计，分化即为适应外界环境变化而将组织系统划分为若干分系统以完成不同的任务；整体化指各个分系统在完成任务过程中的协作与统一。

根据劳伦斯和洛尔施的详细考察和潜心研究发现,外界环境越不稳定,企业的组织结构就越应该倾向于分化和灵活的设计;外部环境越稳定,企业的组织结构越倾向于整体化和稳定的设计。总之,没有一成不变的组织,也没有最好的组织结构设计,企业组织应该根据外部环境的变化,因时、因地而制宜,设计不同的组织结构,采用不同的领导方法和管理手段,以取得企业运营的成功。

（三）唐·赫里格尔和约翰·斯洛坎姆

美国管理学家唐·赫里格尔（Don Hellriegel）和约翰·斯洛坎姆（John W. Slocum）在1973年4月的《工商业界》杂志上联合发表了《组织设计:一种权变研究方法》一文,提出了技术、环境对组织结构的权变论。赫里格尔和斯洛坎姆将外部环境和工艺技术作为影响组织结构变化的变量,在对10个不同的企业做了深入调查的基础上,归纳出四种不同类型的模式,如表5-3所示：

表5-3 四种模式的企业

企业的组织模式	环境的变化程度（外部）	工艺技术的复杂程度（内部）	企业案例
事业部制	变化快	复杂程度高	美国通用企业公司
矩阵模式	变化较快	复杂程度较高	美国休斯飞机公司
直线职能制	较为稳定	较为简单	美国大陆包装品公司
集权模式	十分稳定	非常简单	美国麦当劳公司

赫里格尔和斯洛坎姆进一步指出,企业组织要随着外部环境的变化和内部工艺技术的复杂程度的变化不断地更新组织结构设计,用"变"的思想来统领整个管理实践过程。

三、领导方式的权变理论

权变理论学派认为,企业组织并不存在一种普遍适用的"最好"或"不好"的领导方式,一切企业都要根据企业的任务、成员的行为特点和领导者与员工的关系,确定一种合适的领导方式。领导方式权变理论的主要代表人物有：

（一）菲德勒的领导权变理论

弗雷德·E.菲德勒（Fred E. Fiedler,1912— ）是美国当代著名的心理学家和管理学家,早年就读于芝加哥大学并获得博士学位,毕业后留校任教。1951年担任伊利诺伊大学心理学教授和群体效能研究实验室主任,由管理心理学和实证环境分析两方面研究领导学,提出了"权变领导理论"。1969年前往华盛顿大学担任心理学和管理学教授,并同时兼任荷兰阿姆斯特丹大学和比利时卢万大学的客座教授。菲德勒一生理论成果丰富,其中最具有代表性的有:《让工作适应管理者》(1965)、《领导游戏:人与环境的匹配》、《一种有效的领导原理》(1967)、《领导方式训练和经验效果:对一种权变模型的说明》、《领导方式与有效的管理》(与马丁·切默斯合著)、《领导效能新论》和《权变模型——领导效用的新方向》(1974)等。有效领导的权变模式就是他在《一种有效的领导原理》一书中提出的。

菲德勒在他的著作中指出,没有什么固定的最好的领导方式,任何领导方式均可能有效,关键是要与领导情境相适应。菲德勒将影响领导效果好坏的"情境因素"归纳为以下三个:(1) 领导者与被领导者的关系,指被领导者对领导者的信任和领导者对被领导者的吸引力等。(2) 工作任务的结构,指不同组织成员担任工作任务的明确程度。(3) 领导人所处职位的固有权力,指领导职位所固有的正式职权以及从上级和组织各个方面所取得的支持效力。根据这三种因素的情况,领导者所处的环境从最有利到最不利共有八种类型,其中三个条件齐备是最有利的环境,三个条件都缺少是最不利的环境。他花费了很长时间对1200个团体进行了调查分析,并得出两个结论:

第一,在最有利和最不利两种环境条件下,采用"以任务为导向"的指令型领导方式效果较好,而对处于中间状态的环境,则采用"以人际关系为导向"的宽容型管理方式效果较好。领导者所采取的领导方式必须与环境类型相适应,才能获得有效的领导。

第二,至于如何提高领导效率,可以从决定领导效率高低的两方面入手,来寻求领导者领导方式与领导环境之间的匹配。

菲德勒开发了一种LPC量表(最难共事者问卷),用以测量领导者是任务取向型还是关系取向型。菲德勒认为,领导者的风格是基本稳定不变的,可以通过替换领导者以适应环境或者改变环境以适应领导者的方式来提高领导的有效性。菲德勒提出改变环境可以通过以下三种方法:改变领导者与下属的关系、改变工作任务结构和改变领导者的职位权力等,以改进和优化领导方式,提高领导的效果。

菲德勒的权变领导理论,远远超越了传统的选拔和培训领导人员的观念。它所强调的是,组织变革可能成为一种非常有用的工具,使得管理阶层的领导潜能得以更充分地利用和发挥。有的学者指出,菲德勒的这一权变领导模型不够全面,还需要增加一些"情境因素"的变量来加以补充和改进。

(二) 领导规范模型理论

维克多·弗鲁姆(Victor H. Vroom)和菲利普·叶顿(Phillip Yetton)在1973年发表的《领导与决策》一书中提出了领导规范模型理论,认为领导效率的高低取决于各种权变因素,领导行为应适应特定环境的需要随时变动。他们根据员工参与决策程度的不同,将领导的决策方式分为五种:(1) 由领导者根据现有资料,自己作出决策;(2) 由领导者向下属取得必要资料,然后自己作出决策;(3) 听取个别下属的意见和建议,然后由领导者作出决策;(4) 由下属集体提出意见和建议,随后领导者作出决策;(5) 让下属集体讨论,共同提出和选择方案,达成解决问题的一致意见。这五种领导方式又可进一步归纳为三类:独裁专制型(第一、二种)、协商型(第三、四种)、群体决策型(第五种)。其中最好的决策模式是因地制宜、适合不同情况的方式。

(三) 领导生命周期理论

领导生命周期理论是由美国管理学家卡曼(A. K. Karman)首次提出,由保尔·赫西和布兰查德给予补充的一种权变领导理论,它是在吸取斯托格蒂、沙特尔等人提出的双因素模式和阿吉利斯的"不成熟—成熟"理论的基础上形成的。卡曼指出,有效的领导方式不仅取决于工作行为和关系行为,也与下属的成熟度有关。在这里,"成熟度"是指下属对成就感的追求、负责任的能力与愿望以及个人的知识水平和工作经验等;"工作行为"是指领导对工作的重视程度;"关系行为"是指领导对人际关系的重视程度。领导方式由工作行为、关系行为、下属的成熟程度等因素来决定,随着下属成熟度由低到高的变化,领导方式形成了一个生命周期,即高工作、低关系—高工作、高关系—低工作、高关系—低工作、低关系,箭头所示的方向就是领导方式变化的过程。如图 5-3 所示:

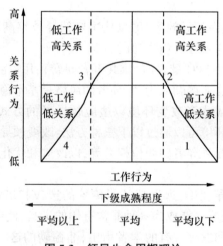

图 5-3　领导生命周期理论

根据上图看出,下级的成熟度是选择领导方式的重要依据。当下级成熟程度提高时,领导行为也需相应地变化,从以工作为主逐渐转变为以关系为主,最后需要重视其自主性。

当下级的成熟程度在平均以下时,有效的领导方式应是第 1 象限——高工作、低关系,即多强调工作行为,明确规定工作任务并加强指导,这个阶段可以总结为命令式领导方式。

当下级成熟度提高进入第2象限时,有效的领导方式是高工作、高关系,既注重工作任务的完成,也说服工人加强自我控制以完成工作任务。这个阶段可以归结为说服式领导方式。

当下级的成熟度进一步提高,说明其独立性、技能和工作责任心加强,可以适当降低工作行为,强化关系行为,采用低工作、高关系的领导方式,这个阶段的可以归结为参与型领导方式。

当下级的成熟度达到平均以上时,说明已具备相当的独立性和能力,有效的领导方式是第4象限的低工作、低关系的授权式领导方式。

领导生命周期理论形象地反映了领导工作行为和下级成熟程度之间的关系,对领导行为有一定指导作用,但并不绝对与理论完全吻合,在现实的领导过程中也不一定要求必须沿着这条曲线进行。

(四)"目标—途径"理论

"目标—途径"理论是由加拿大多伦多大学的管理学家罗伯特·豪斯(Rrobert J. House,1936)等人提出的。罗伯特·豪斯曾在美国底特律大学获理学学士学位和工商管理硕士学位,1960年获俄亥俄州大学的哲学博士学位。曾先后执教于伯纳德·巴鲁克学院、密执安大学和俄亥俄州立大学。1965—1968年曾在麦锡金管理研究基金会任执行主任。除此之外,他还参加过《管理科学院评论》、《组织行为学教学杂志》等杂志的编辑工作。主要著作有:《有关领导者效率的一种目标—途径理论》(1971)、《目标—途径领导理论》(1974,与特伦斯·米切尔合著)等。

这个模式最先由多伦多大学的教授伊文斯(M. G. Evans)于1968年提出,1971年豪斯在《有关领导者效率的一种目标—途径理论》一文中,引进了领导的权变因素,发展了这个模式。这种理论认为,领导者的有效性是通过激励下属达到目标,并在其工作中得到满足的能力来衡量的,关键在于领导者影响下属的行为和目标之间的"途径"的方法。该理论的内容宗旨就是领导者确定具有挑战性的目标,并努力帮助下属找到完成任务和目标的最佳途径,消除他们在实现目标过程中的障碍,建立明确的"目标—途径"关系,从而在完成组织目标的同时,也得到个人目标的满足和激励。

豪斯指出,领导方式没有固定不变的公式,应根据权变因素的不同来选择。影响领导有效性的权变因素有两类:一是下属成员的个性,包括教育程度、领悟能力、独立性、对工作的责任感等;二是环境因素,包括工作性质、权力结构等。根据以上两类权变因素,豪斯将领导方式分为四种类型:(1)指示式领导方式:由领导作出决策,下属成员不参与,由领导进行计划、组织、协调和控制。这种领导方式通常在任务结构不确定、工作目标不明确、下属人员能力差、独立性低的情况下比较实用。(2) 支持式领导方式：领导者与下属保持良好的人际关系，获得下属的支持。(3) 成就指向式领导方式：由领导者提出挑战性目标，并表示相信下属能完成这些目标。(4) 参与式领导方式：领导者与下属建立良好的沟通关系，允许下属人员参与决策和管理。

"目标—途径"理论虽然还不够完善，但它对领导方式的权变因素进行了研究，并指出了对职工进行激励的关键性，具有重要的意义。

权变管理理论主张管理者根据组织的具体条件和环境变化，采取相应的领导方式和组织结构，灵活处理各种管理业务，这使得管理者把经历转移到对现实情况的具体分析，从而使管理策略能对症下药，更加有效。但它缺乏理论分析，否定一般管理原则和理论，偏重于案例研究方法，试图为每一种具体情况确定一种理想的管理模式，但却始终未能形成统一的概念和标准，管理理论走出"丛林"的希望又一次落空。

第六节 经验主义学派

经验主义理论又称案例理论，它主要是通过对管理实践中的成功或失败的案例进行研究，总结和提炼出管理过程中带有规律性和共同性的结论和经验，为以后的管理实践提供借鉴的一种实用性理论。正如彼得·德鲁克(Peter F. Drucker)在《管理实践》中所指出的那样："归根到底，管理是一种实践，其本质不在于'知'而在于'行'；其验证不在于逻辑，而在于成果；其唯一权威就是成就。"因此，成功的管理不仅要靠科学，还要靠经验。该理论重点分析了组织中管理人员的成功经验，并将其加以提炼和概括，形成共性的、系统化的理论，从而为其他管理人员提供实际的借鉴和建议。

经验主义理论的集中要义在于：将管理看做一门实践性很强的学科，并对管理经验进行高度的总结和概括。该理论是二战后人们对管理的认识逐步深化的结果，从科学到实践，从理论到经验，经验主义理论为管理学者提供了一条研究管理实践的新途径，为管理人员提供了一套有用而现成的管理方法——经验。该理论一产生，就引起了许多管理学者和管理人员的重视和深入研究，其主要的代表人物有：彼得·德鲁克、欧内斯特·戴尔、艾尔弗雷德·斯隆等。

彼得·德鲁克(Peter F. Drucker,1909—2005)原籍奥地利，是美国当代著名的管理学大师和管理咨询人员，现代经验主义管理理论的创立者，在国际管理学界享有盛誉。他出生于维也纳，1929年成为英国伦敦一家国际性银行的报纸通讯员，1931年获法兰克福大学博士学位，1937年纳粹德国吞并奥地利后，德鲁克作为经济学家在美国定居。在美国,他一开始作为一个由若干家银行和保险公司组成的集团的经济学者,后来担任美国通用汽车公司、克莱斯勒汽车公司等大企业的顾问。1942—1949年他担任本宁顿学院的政治和哲学教授,1950—1972年期间任纽约大学工商管理学院的管理学教授,1972年以后成为纽约大学的高级教授。除此之外,德鲁克还是一位具有实干精神的实践家,1945年他创办了德鲁克管理咨询公司并任董事长。作为一名管理学者,他一生著作很多,其中最具有代表性的有:《公司的概念》(1945)、《管理实践》(1954)、《有效的管理者》(1967)、《管理——任务、责任、实践》(1974)等。在这些作品中,德鲁克阐述了经验主义理论的主要观点,奠定了他在经验主义理论学派乃至整个管理学界的学术地位。

欧内斯特·戴尔(Ernest Dale,1919—)是美国著名的管理学家,经验主义学派的重要代表人物之一,是欧内斯特·戴尔协会的主席。他曾担任美国和其他国家一些大公司的管理顾问,并在一些国际性公司中担任董事。主要代表作有:《伟大的组织者》(1960)、《企业管理:理论和实践》、《组织中的参谋工作》(1960)等。戴尔在《伟大的组织者》一书中指出,没有人能掌握企业管理的所有规则和规律,管理的真正知识在于一些大公司中的"伟大的组织者"的工作经验。他通过对美国四家大公司——杜邦公司邦、通用汽车公司、国民钢铁公司和威斯汀豪斯电气公司的组织者的管理经验进行研究,主张用比较的方法对大公司及其管理者的管理经验进行研究,从而发现不同组织结构和管理者的共同点,把这些共同点加以系统化和理论化,形成一般的管理理论,为其他相似或可借鉴的情况下的管理实践提供理论指导。戴尔通过分析一些伟大组织者的经验得出其中两项对实践有利之处:一是,他们的公司是由所有者管理的,至少在一定程度上是这样,这意味着它们同个人报酬是紧密联系在一起的,这有利于成果的取得;二是任务部分地分权化。

艾尔弗雷德·斯隆(Alfred P. Sloan,1875—1966)是美国的高级经理人员,美国通用汽车公司的总经理和董事长,事业部管理体制的首创人之一。斯隆是一位具有开拓精神的高级管理人才,他在1963年出版的《我在通用汽车的年代》一书中介绍了他的管理经验。斯隆管理经验中最闪亮的成就就是事业部管理体制的创立,该体制贯彻了"政策制定和管理职能相分离"的原则,从而实现了集权和分权的有效平衡。

事业部制又称"斯隆模型",它是相对较大型企业的一种分权式管理结构,特指以某类产品、地区或顾客(市场)群体为依据,将相关的研究、技术开发、采购、生产、销售等若干部门结合成一个相对独立单位的形式。它表现为在总公司领导下按产品、按地区、按顾客(市场)等来划分部门,设立多个事业部,各事业部有各自独立的产品或市场,事业部在企业总部的宏观领导下,拥有完全的经营自主权,实行独立经营、独立核算,对产品设计、生产制造及销售活动统一领导。

通用汽车公司在20世纪20年代初合并收购了许多中小公司,企业规模急剧扩大,产品种类和经营项目增多,而内部管理却很难理顺。当时担任通用汽车公司常务副总经理的斯隆,以事业部制的形式于1924年完成了对原有企业管理组织的改组,使通用汽车公司的组织改革获得了很大的成功,公司业绩增长显著,企业本身也成为实行事业部制的典型,斯隆也因此享誉企业界和管理学界。

亨利·福特(Henry Ford,1863—1947)是美国福特汽车公司的创始人和长期的领导者,他在管理实践中倡导了流水线大量生产管理技术。1909年,福特等人创建了福特汽车公司并自任总经理,1919年便发展成为美国第二大汽车公司。他在生产和管理上采用了现代化的大规模装配作业线,降低了生产成本,扩大了销售额。福特制是典型的资本主义大工业生产的组织形式,是传统机器大工业生产的时代典型。二战以前的工业化主题,就是提高效率,追求更多的产量,创造和占领更多更大的市场。如果说泰罗是那个时代理论上的代表,福特则在实践上以"福特制"无意中成为时代的化身。

亨利·福特曾梦想每一个自食其力的美国人都有一辆福特车。1913年,亨利·福特率先在企业创建了世界上第一条流水生产线。他设计建造出完善的装配线和统一精确的通用零部件,还创造出依靠非熟练工人在中心装配线上使用通用零件的大规模生产方式,实现了其只需按工序将工具和人排列起来,以便能够在尽量短的时间内完成零配件装配的装配线工作原理,大大降低了对工人手工技能的依赖,普通工人无须做更多的培训就可以完成生产线上简单的工作。流水生产线可以降低成本,提高效率,实现机械化的大批量生产。福特制极大地促进了生产工艺、生产过程和产品的标准化,标准化商品被大规模地制造出来。1908年,福特生产了6 000辆T型车,每辆售价850美元;到了1916年,他卖出6万辆,每辆售价为360美元;在T型车销售的最后一年中,第1 500万辆车走下生产线,售价仅为290美元。规模经济使劳动生产率大大提高,成本和产品价格降低,极大地扩张了商品的新消费群体,福特的梦想实现了。他本人也载入经济管理发展史册。

福特的著作有:《我的生活和工作》(1925)、《今天和明天》(1926)、《前进》(1931)等。

经验主义学派是一个观点庞杂的理论学派,可以划归该理论学派的人物较为复杂,但大都是具有管理经验的高级管理人才和管理顾问。他们直接来自于实践的管理理论和管理经验对管理实践的指导更具针对性和操作性。但在一个复杂而又瞬息万变的环境下,单靠对过去管理经验的总结和借鉴是远远不够的,正如孔茨在《再论管理理论的丛林》中所指出的:"谁也不否认研究管理经验或分析过去管理过程的重要意义。但是,管理学毕竟不是法律学,不能以案例为依据,而且未来情况同过去正好相似的现象是非常罕见的。过于依据未经提炼的过去的管理实践经验是很危险的。"所以,德鲁克在其晚期的著作中也指出,管理不仅要靠经验,还要注意创新。

一、管理的性质和任务

经验主义学派的代表人物都认为管理是对人进行管理的技巧,是一个特殊的独立活动领域。德鲁克认为管理是一门学科。指出:"管理是一门学科,这首先意味着,管理人员付诸实践的是管理学而不是经济学,不是计量方法,不是行为科学。无论经济学、计量方法还是行为科学都只是管理人员的工具。"纽曼也曾指出,管理就是将一个人群团体朝某个共同目标的引导和控制,一个优秀的管理者要能使团体以最少的资源和人力耗费达到组织的目的。

德鲁克还认为,管理不是纯理论性的科学,而是一门应用性很强的学科。"管理是一种实践,其本质不在于'知'而在于'行';其验证不在于逻辑,而在于成果;其唯一权威就是成就。"管理不单纯是普通的常识和知识,它的实践以知识和责任为基础,一个只知道管理技巧和手段但没有责任和成就感的人不是一个管理者,最多只能算是一个技术员。

管理不仅是一门学科,还是一门综合性的艺术。德鲁克在 1989 年的《新现实》中指出:"管理被人们称之为一门综合性艺术——'综合'是因为管理涉及基本原理、自我认知、智慧和领导力;'艺术'是因为管理是实践和应用。"

在德鲁克看来,企业存在于社会中,管理也并不是独立的,是服务于某种机构或完成某种任务的手段。德鲁克在 1954 年的《管理实践》中提出并具体论述了管理的三种基本任务:

(1)获得经济上的业绩。获得经济效益是企业的根本天职,也是检验企业成果的唯一有效的标准。企业的管理者在制定每一项决策时都必须将获得经济上的成就和业绩作为首先的目标和任务。但获得利润并不是企业的唯一目标,除了利润之外,还在于创造顾客。正是因为有了顾客,社会才把一些财富资源交付给企业使用。

(2)充分利用人力资源在获得经济效益中的作用。德鲁克认为在企业的三项基本资源——资本、时间和人当中,其中最主要的是"人"。人的劳动是创造经济利润的唯一因素,因此应该充分发挥人在工作中的积极性和主动性,使组织员工在工作中充分体会到工作的"成就感"。企业就是通过使人力资源更有生产性来执行工作,以通过更有生产性的工作来取得成绩。

（3）承担企业组织对社会应当承担的必要的责任。企业的优劣不能由企业本身来评定,而只能由社会来评定。企业作为社会的一个基本单位,必须承担起对社会的责任——为顾客提供优质的商品和服务,对社会产生积极的影响。

这三种任务是在同一时间和同一管理行为中执行的,都各有其重要性,而不能认为哪种任务更重要或需要更大的能力。

二、管理者的职责

德鲁克非常注重管理者在管理过程中的作用,他认为管理者是企业活力和控制的中心,是指引组织的远景规划和利用本组织的资源(组织员工也是一种资源)取得最大成果而作出最大努力的人。作为企业主要管理的经理有两项职责是别人无法代替的:第一是必须创造一个生产的统一体,这个统一体的生产力要比它的各个组成部分的生产力的总和更大。第二是经理人员在作出每一项决策、采取每一个行动时,都要把当前利益和长远利益结合起来。每个管理者在履行职能和实现目标的过程中,还承担着一些必须执行的共同职责,包括:

（1）设定工作目标。管理者在设定工作目标的同时,必须对目标的实现作出具体的规划。

（2）根据目标组织工作。将目标分解,并对组织、资源、人力和财务等作出恰当的安排。

（3）激励员工。管理者充分运用各种激励手段调动员工的积极性和主动性。

（4）衡量工作成果。对企业组织、管理者和员工的工作均作出衡量和评价。

（5）使员工和自己得到发展和成长。在管理过程中,注意组织员工和管理者自身的素质提升、技能提高等。

德鲁克在《有效的管理者》中进一步提出了如何成为一名有效的管理者的五项基本原则:

（1）清楚地知道他们的时间安排和花费重点;

（2）注重工作的结果而不是工作的过程;

（3）充分发挥自己的优势,避免弱点的暴露;

（4）将主要的精力放在能获得更大产出的方面;

（5）能作出有效的决策。

三、管理技能和目标管理

经验主义学派认为,管理是一项特殊的工作,需要具备一些特殊的技能,目标管理则是管理人员在工作中实行自我控制并达到工作目标的一种管理技能。为有效实现管理的基本任务,德鲁克为管理人员提供了以下四项管理技能:

(1) 制定有效的决策。制定有效的决策是管理者必须首要具备的核心技能。管理者在制定有效决策过程中必须遵循一定的步骤和原则。

(2) 有效地进行组织内部和外部的信息交流。信息交流既有内部交流,又有对外交流,既包括对下传达,又包括对上汇报。信息交流是信息时代管理者在管理过程中必须重视和掌握的技能。

(3) 恰当运用核查和控制。德鲁克指出,核查和控制是两个不同的概念,在管理中具有不同的作用。控制是相对于目标而对管理过程的一种矫正,而核查则是对管理过程的一种分析和检查。

(4) 正确运用管理科学这一分析工具。德鲁克认为,管理科学的产生为管理者提供了一种有效而简便的分析工具。

德鲁克将管理的重心放在了过程,而不是结果上,由此创造了著名的"目标管理"的概念,并对此作了详细的论述。德鲁克认为,古典管理学派偏重于以工作为中心,忽视了人的社会属性,行为科学则偏重于以人为中心,忽略了与工作的结合。目标管理则相信人的主动性和创造性,以 Y 理论的观点来看待组织成员,将以人为中心和以工作为中心的管理理论结合起来,使员工在工作之中发现工作的兴趣和价值,满足自我实现的需要。这样在实现个人目标的同时实现了企业的目标,将工作和个人的需要结合起来了,实现了两者的互动。

"目标管理是使管理人员和广大职工在工作中自我控制并达到工作目标的一种管理技能和管理制度。"[①]目标管理是以目标(制定目标—实现目标—目标实现结果的评价)为主线,以重视工作和人两大要素为基准,以目标的实现为目的的一种新的管理方式。目标管理中的"目标"根据其性质不同可以分为三个层次:战略目标、策略目标以及方案和任务,不同层次的目标分别由不同层次的管理人员制定。

目标管理在管理实践中的实施分为三个阶段,详细介绍见下面的目标管理的过程模式,如图 5-4 所示:

---

① 转引自郭咸纲:《西方管理学说史》,第 361 页。

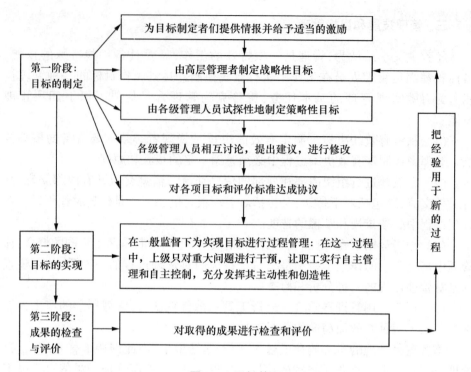

图 5-4 目标管理

资料来源:桑玉成主编:《管理思想史》,上海教育出版社 2002 年版,第 306 页。

第一阶段是目标的制定。(1)做好目标制定的准备工作,为目标制定者提供情报并给予适当的激励。(2)由企业高层指定战略性的目标。(3)由各级管理人员试探性地制定策略性目标。(4)各级管理人员提出各种意见,相互讨论,并做出修改。(5)对各级目标和评价标准达成协议。可以看出,在第一个阶段,目标的制定是由大到小的,并且在不断明确,不断细化,便于操作。

第二阶段是目标的实现。(6)在一般监督下为实现目标进行过程管理:与以往传统管理方法不同,这种过程管理主要由组织的一般成员进行自我管理和自我控制,上级只是根据例外原则对重大问题进行监督,通过各种途径激励组织成员充分发挥自身的主动性、积极性、创造性,以实现个人目标。由于组织成员的个人目标和各级管理人员的策略性目标是建立在组织战略性目标的基础之上的,所以,当个人目标策略性目标实现的时候,组织战略性目标自然而然也就实现了。

第三阶段是成果的检验和评价。(7)对目标实现的成果进行检验和评价。对于成绩,上级管理者要予以奖励,总结经验,继续进步;对于不足,要尽量使组织成员自我总结,上级仅仅给予指导和意见,避免再次出现。(8)把经验用于新的管理过程。目标管理是一个循环往复的过程,每次循环的经验都应当用于下次目标管理过程。

四、管理的组织结构

德鲁克对组织理论也作出了很大的贡献,在1945年的《公司的概念》中,首次提到"组织"的概念,奠定了组织学的基础。德鲁克指出理想的组织结构必须具备以下七个条件:

(1) 明确性。组织中的每个职能部门、每个组织成员都要清楚自己在组织中的位置和工作任务,与上级领导、下属成员和同级部门之间协调好工作关系。

(2) 经济性。这主要是指维持组织内部运转并使其取得成绩的最低力量投入。

(3) 远景方向。组织应该尽量使员工的意愿和努力面向企业的成果和未来的发展,组织检验员工的标准也应该是成果,而不是管理技能或专业能力。

(4) 决策。组织设计要有利于加强决策,由恰当的组织层次来作出决策,并使决策转化为工作和成就。

(5) 理解本身的任务和共同的任务。组织的每个部门和每个成员不仅要理解自身的任务,还必须了解组织的任务。

(6) 稳定性和适应性。组织只有具有稳定性才能维持工作的连续性,但同时也要具备适应性,不断适应新情况,解决新问题。

(7) 永存性和自我更新。组织既要维持长久的生命力,也要不断接受新思想,从事新事业。

以上七个条件适用于任何一种组织结构,但没有哪种结构能同时满足上述的所有条件,只能在最大程度上满足这些条件。

同时,德鲁克对组织结构的设计作了归纳,认为在管理实践中主要有职能制结构、矩阵结构、联邦分权制结构、模拟分权制结构和系统结构五种组织结构类型。其中,职能制和矩阵结构以工作和任务为中心,联邦分权制结构和模拟分权制结构以成果为中心,系统结构以关系为中心。

(1) 职能制结构。这种结构的最大特点就是具有明确性和稳定性,每个人都了解自己的位置和工作,但组织结构较为僵化,不能适应未来情况的变化。

(2) 矩阵制结构。这种组织结构加强了职能部门之间的合作与协调,能够把管理中的垂直联系和水平联系,以及集权和分权更好地结合起来。

(3) 联邦分权制结构。这种组织结构最初是杜邦公司改组时提出的,也叫事业部制,在分权的前提下,使总部和各个事业部都有真正的职权。联邦分权制具有高度的明确性、稳定性和适应性,应用范围也最广。

(4) 模拟分权制结构。这种组织结构并不是在企业中实行联邦分权制,而是模拟其独立经营、单独核算的性能,以达到改善经营管理的目的。

(5) 系统结构。系统结构实际上是矩阵结构的发展和扩大,它由许多独立的单位组成,为实现共同的目标,而从各单位抽调部分人力、物力组成一个复杂的系统。

第七节　经理角色学派

经理角色学派是在20世纪60年代末和70年代初出现和形成的管理理论学派,它主要是以分析经理所担任的角色为中心,对经理人员的职务和工作进行深入研究,从分析和研究中发现和寻找各种不同类型的经理,所提供的共同的能够提高管理效率的规律性的东西,以便为其他经理人员的工作提供经验借鉴。"经理"是指正式组织或组织单位的主要负责人,拥有正式的权力和职位。"角色"是指属于某个职责和地位的一套有条例的行为。

经理角色学派的主要代表人物是亨利·明茨伯格(Herry Mintzberg),他是加拿大著名的管理学家,角色理论学派的创始人。他于1939年出生于加拿大的蒙特利尔市,1961年获麦克吉尔大学学士学位,1962年获乔治·威廉爵士大学的硕士学位,1965年获麻省理工学院的管理硕士学位,1968年又获得麻省理工学院斯隆商学院的哲学博士学位,之后便任教于加拿大麦吉尔大学的管理学院。明茨伯格曾四次在哈佛商业评论上发表文章,其中两次获得麦肯锡奖。他的主要代表作是:《经理工作的性质》(1973)、《组织的结构——研究的综合》(1979)、《组织内外的权力》、《组织战略的形成》、《职业战略》(1987)、《战略过程》(1991)等,尤其是他在1973年出版的《经理工作的性质》一书奠定了他在经理角色理论中的学术地位和创始人角色。

这个学派的其他代表人物和代表作品还有:托马斯(E. J. Thomas)和比德尔(B. J. Biddle)在1966年合著的《角色理论:概念和研究》、萨尔宾(T. R. Sarbin)和艾伦(V. L. Allen)在1968年发表的论文《论角色理论》、乔兰(I. Choran)在1969年出版的《小公司的经理》、贝克斯(John Bex)在1971年发表的《对变动环境中的经理角色的某些观察》一文。经理角色学派对经理的实际活动观察和分析得到了众多管理学者的重视,也对经理的工作具有重要的借鉴意义。经理角色学派的主要观点有:

一、经理人员的角色理论

经理人员是管理工作的领导者和指导者,他们的工作具有工作量大、多样而琐碎、节奏快而紧张等特点。在分析这些特点的基础上,明茨伯格指出经理人员的工作在三个方面的10种角色,如图5-5所示:

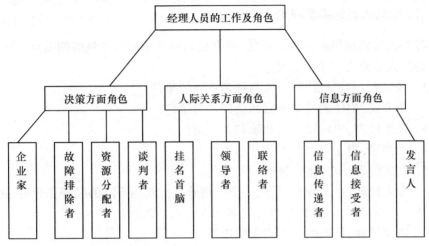

图 5-5　经理人员的工作及角色

在决策方面，经理作为企业家，必须对组织的战略决策系统负全部责任，通过这个系统作出重要的决策并使之相互联系，要善于抓住机遇，大胆创新，实现组织的合理变化。经理人员还要担当故障排除者的角色，要将组织活动过程中出现的问题和故障及时给予解决。经理担当资源分配者的角色，就是要对组织内的人、财、务等资源作适当安排。作为谈判者，经理要对外代表组织的形象，切实维护组织利益。

在人际关系方面，经理作为挂名首脑，只是组织对外的一种象征，必须担任许多社会的、法律的和礼仪方面的职务。作为领导者，必须指挥好下属员工的工作，协调好领导与员工以及员工之间的关系，处理好员工的个人利益和组织利益的关系，调动好员工的工作积极性。作为联络者，经理要做好组织内部与外部的交流和关系的协调。

在信息方面，经理作为信息接受者，要注意吸收和监听组织内部和外部环境的各种对组织发展有影响的信息，以便对工作环境做一个彻底的了解。作为传播者，经理要及时而准确地将各种信息反馈和传播给下属员工。作为发言人，经理要将信息对内对外作权威发布。

经理人员以上的三个方面的 10 种角色是一个有机联系、相互配合、缺一不可的整体。经理人员不仅担当决策方面的角色，还要担当人际关系方面和信息方面的角色，不仅是一个企业家，还必须是领导者和信息传递者等，但经理人员会在某一时期内主要突出或主要担当其中的某一或某几项角色。其次，经理人员所担当的角色会随着外界环境的变化、职位的变化以及时间的变化而不断变化，在不同的环境下、不同的职位或职责下、不同的工作风格和不同的办事速度下，经理人员所主要担当或突出的某一角色也会发生变化。

二、经理人员的类型理论

经理人员的角色是多种多样的,根据他们所主要担当角色的侧重点不同,可以将经理人员分为以下 8 种类型:

1. 联系人,主要担任联络者与挂名首脑的角色;
2. 企业家,担任的是企业家和谈判者的角色;
3. 政治经理,担任发言人和谈判者的角色;
4. 内当家,担任资源分配者的角色;
5. 实施经理,担当故障排除者的角色;
6. 专家经理,在某种情况下,一个经理除了担任他平时的经理角色外,还必须担任一个专家的角色,即信息接受者和发言人的角色;
7. 协调经理,担当的是协调者的角色;
8. 新经理,担当的是联络者和信息接受者的角色。

经理角色理论认为,经理人员要想提高经理的工作效率,必须从日常的琐碎而繁杂的工作中解脱出来,利用通观全局的知识和才能以及腾出的时间规划组织的长远规划,必要时可以组成两三个人的小组分担经理的工作和任务。

经理角色理论看到了经理在组织工作的重要作用,并对经理人员的角色、类型、工作目标以及工作性质等做了细致的分析,其理论成果对实际工作中的经理人员具有非常重大的指导意义。但经理角色理论只是注重了经理人员在组织管理中的作用,没有分析其他因素在管理中的重要作用,因而只能作为管理理论的一个补充内容,而不能成为指导管理实践的唯一理论或主导理论。

三、提高经理工作效率的管理方法

1. 与下属共享信息。经理人员不仅和外界有广泛的联系,在组织内部也处于最高地位,他掌握了大量的内外部信息,却很难传输给下属人员,影响了工作的有效开展。为获得足够信息进行决策和工作,经理人员要经常把自己的想法、外界环境的新情况传递给下属,加强信息的交流。

2. 自觉克服工作中的表面性。经理的工作繁多,有的事情事必躬亲,有的事情只需粗略地过问就可以了。经理的工作基本可以分成三类来处理:一般性的工作可以授权给下属人员去做;有的工作需要亲自过问,但无须花费太多的时间,可由下属拟订方案,自己保留最后的审批权;对那些重要的问题则必须亲自处理。

3. 在共享信息的基础上,由两三个人分担经理角色。由两三个人组成小组分担经理的角色,可以适当减轻经理的个人压力,使领导者专注于重要问题的解决。

4. 尽可能利用各种职务为组织目标服务。对经理人员而言,他的每项职责都是为组织目标服务的机会,尽可能地利用多种职责,和经理人员的成功有密切关系。

5. 摆脱非必要的工作,以留出时间规划未来。经理规划未来,要留出必要的空闲时间,取消一些非必需的工作。

6. 以适应当时具体情况的角色为重点。经理在不同的情况下面对的角色很多,为提高工作效率就要根据时事情况的变化,对某些角色给予特别重视。

7. 掌握具体细节,并具有全局观点。经理要做好工作,必须通过多渠道掌握各种具体细节,但同时又要放眼于全局,从组织的整体出发解决问题。

8. 充分认识到自己在组织中的影响。经理人员的言行对下属而言具有敏感性,经理要时刻注意自己的言行,谨慎从事。

9. 处理好各种对组织施加影响的力量的关系。任何组织的存在都不能缺少支持者,这些人都对组织有所影响。经理的主要任务就是,处理好各种对组织有影响的人的关系,把他们协调起来,以实现组织的共同目标。

10. 利用管理科学家的知识和才能。管理科学家的知识和才能,可以为经理处理复杂问题提供帮助,解决决策、战略等问题。

第八节　管理科学学派

一、管理科学学派的产生

管理科学理论又称数理理论或运筹学理论。这一理论是二战后在泰勒的科学管理理论的基础上,吸收了二战期间运用于军事领域的运筹学理论,以及二战后发展起来的系统管理理论的精华和思想而建立和发展起来的。该学派是新理论、新方法和科学管理理论相结合而形成的,主要的思想就是运用数学模型对管理问题进行定量分析,以达到管理的程序化和最优化。管理科学实际上是将科学的理论、方法和工具运用于管理实践,因此,它是泰勒科学管理理论的发展和完善。管理科学理论的主要代表人物和代表作品有:爱德华·鲍曼(Edward H. Bowman)和罗伯特·费特(Robert B. Fetter)两人合著的《生产管理分析》、韦斯特·丘奇曼(C. West Churchman)、拉塞尔·阿考夫(Russell L. Ackoff)和伦纳德·阿诺夫(Leonard E. Arnoff)三人合著的《运筹学导论》(1957)、美国的管理学家埃尔伍德·斯潘赛·伯法(E. S. Buffa)的《现代生产管理》(1975)等。

二、管理科学的主要理论观点

管理科学理论是将运筹学和现代科学技术运用于管理领域的结晶,它的产生为现代管理理论注入了新鲜血液,为现代管理实践提供了科学而有效的方法。它的主要的理论观点有:

1. 将组织成员假设为"经济人"和"理性人"。该理论认为，人是一个追求物质利益和经济利益的"理性人"，会因组织给予的经济方面和物质方面的刺激而努力工作，实现组织的目标。

2. 应用数理模型的定量分析来解决管理问题。管理过程中的计划、组织、控制、决策和反馈等运行职能都能通过数量化的模型表示出来进行合乎理性的计算和分析，这增加了分析的简捷性和客观性，减少了管理过程中个人的主观随意性和情绪，降低了经营管理实践中的不确定性，有利于组织目标的高效率实现。

3. 运用数理模型分析管理问题是一个程序化的过程，一般要经过以下几步：发现问题并解释问题→带着问题收集资料和数据→建立数理模型→分析模型并得出需要的结果→评价模型及其结果→实施模型结果。数理模型的建立和解析过程不是固定的，而是应该根据实际的管理问题的变化而不断改变和更新的。

在管理实践中应用的数理模型，种类繁多，方式多样。目前在管理过程中经常使用的模型主要有：线性规划模型、库存论模型、排队论模型、统筹法模型和决策树模型等等。不同的模型适合于不同性质和类型的管理问题，没有解决所有管理问题的模型。

4. 管理科学理论追求的终极目标是管理的最优化。对于企业组织来说，这个最优化的目标就是经济利益。在此，管理的最优化指的是整个组织系统的最优化，而不是组织局部分系统的最优化。可见，管理科学理论吸收了系统管理理论中的系统分析的观点和思想。

二战后，随着科学技术日新月异的发展，计算机技术得到了普遍的应用和发展，新的数学分析方法，如模拟法、统筹法、统计预算等得到了极大的发展，这些科技成果的发展为管理科学理论的建立准备了分析工具和科技背景。同时，泰勒的科学管理理论中的注重科学的方法、客观的分析和高效率工作的思想，系统管理理论中的组织系统理论，二战以前以及二战期间应用于国防和军事领域的运筹学的手段和方法，这些理论成果均为管理科学理论的产生和形成提供了直接的理论来源。总之，管理科学理论是在科学飞速发展的背景下，在吸收管理前辈们的学术成果的基础上将现代科学手段和计算方法运用于管理领域的结晶。

管理科学理论是时代发展的产物，它的产生为西方的管理实践提供了一种新的管理方法和手段，它注重定量分析和程序管理的思路，提高了组织管理的效率和最优化。但是随着企业组织规模的不断扩大和外部环境变化的错综复杂，这无疑增加了建立模型、分析模型、计算结果的难度。同时，管理科学理论主张将企业组织管理过程的所有因素都定量化，但事实上，管理过程中许多问题和因素是不能定量的，如管理者的心理素质、开拓精神和企业的组织文化等都是不能被精确量化的,而只能进行模糊的定性分析。在管理过程中将定量和定性分析相结合,才是最全面和有效的,这也是管理科学理论应该借鉴和吸收的。

现代管理丛林理论是一个派系繁多、观点多样和代表人物相互交错的理论系统,除了以上介绍的九种现代管理理论外(包括行为科学理论),在现代管理思想史中还有两种理论具有一定的影响力和应用性,即计算机管理理论和社会技术理论。这两种理论是随着科技的不断发展和计算机在管理领域的不断应用而发展起来的。计算机管理理论主张在企业管理中普遍引入计算机技术,从而为管理过程提供完整、客观而准确的信息和快速而简便的计算方法,为实现管理手段的科学化、管理方式的有效化和管理体制的合理化提供可能。社会技术理论主张将企业组织中的社会系统和技术系统有机结合起来,确保两个系统相互协调。

雷恩在《演变》中指出:"管理思想中的时代从来不会在某一年份截然地开始和结束。相反地,存在着旋律的重叠,各种主题在大调和小调的各种调式的变换中演奏出来。"这一论断形象地描绘出现代管理理论在管理思想舞台的产生事实和发展前景,它们不是在历史的某一时刻突然产生,而是经历了一个时代背景和理论基础的积蓄过程,同样,它们也不会在历史的某一时刻突然完全销声匿迹,而是夹杂在不同时期占主导地位的管理思想中间,既发展了自身的理论广度和深度,也起到了一个补充主导理论,推动主导理论继续前进的推动器的作用。在今天,我们仍然能够看到这些"丛林理论"活跃在管理思想的舞台,仿佛夜晚晴空的星星一般,围绕在月亮周围闪闪发光。

* * *

思考题

1. 现代管理理论丛林阶段对整个管理学体系发展的历史贡献有哪些?
2. 分别列出20世纪60年代西方管理理论各学派的理论特点、代表人物或代表著作。
3. 结合中国的管理实际,评述在这一时期你最赞同的管理理论。
4. 简述孔茨、巴纳德、西蒙的主要管理学理论贡献。

第六章 管理学理论的发展

第一节 战略管理理论

战略管理决定了一个组织长远的发展方向和竞争地位。正如乔尔·罗斯(Joel Ross)和迈克尔·卡米(Michael Kami)所说的,"没有战略的企业就像一艘没有舵的航船一样只会在原地转圈,它又像个流浪汉一样无家可归"。

一、战略管理理论的产生和发展历程

战略管理理论的产生是时代和社会经济发展的必然结果。20世纪60年代开始,企业组织的规模日益庞大、管理层次日益增多、管理幅度日益扩大,随着全球化浪潮的不断推进和计算机的普遍应用,企业所面临的外部环境日益复杂多变,企业发展已经从一业为主转向多元化经营,企业竞争从国内化、本土化转向国际化、全球化。面对这些变化,企业再也不能仅仅局限和满足于组织内部的改革和修整,而必须将关注焦点从内部转向外部,从局部转向全局,从微观转向宏观,从策略转向战略。就企业内部环境而言,也需要通过制定整体战略,协调各个部门之间的关系,保证企业总体目标的实现。从20世纪60年代开始,大的跨国企业开始将战略管理看成是企业管理的重心之一,从而战略管理逐渐登上了管理学的大讲台。

战略管理理论产生的起源最早可以追溯到伯克利加州大学的菲利普·塞兹尼克(Philip Selznick)教授在1957年出版的《经营中的领导》(Leadership in Administration)一书。在此书中,塞兹尼克提出了"特色竞争力"的概念,探讨了整合组织"内部状态"和"外部期望"的必要性,认为应该制定"深入组织结构的战略"。

战略管理理论产生以后,其发展经历了20世纪60年代、70年代、80年代和90年代以后等四个历史阶段。战略管理理论在不同的阶段呈现出不同的特点,有不同的研究侧重、不同的代表人物和代表观点。

第一阶段(20世纪60年代),战略研究侧重于战略规划的理论研究,主要奠基作品是美国著名的管理学家小阿尔弗雷德·D.钱德勒在1962年出版的《战略与结构》、伊格尔·安索夫在1965年出版的《公司战略》和肯尼思·安德鲁斯在1965年出版的《经营策略:原理和案例》(Business Policy: Text and Cases)等。战略规划的坚定信念是:一切变化都将在意料之中,一切行为都在

控制之内。整个世界似乎都是可以预测的,未来都可以被计划。20世纪60年代企业管理者工作的基本点就是根据计划设定目标,然后完成任务以实现企业目标。

进入20世纪70年代,1973年和1979年两次石油危机的爆发彻底打碎了战略规划的坚定信念,向企业家和管理学家们昭示出:环境是变化无常的,竞争是残酷激烈的,战略规划无法适应环境突变和竞争激烈这一现状和事实。混沌的现实也是无序的,根据战略创造井然有序的结构和组织也无从实现。在这一背景下,战略研究开始由战略规划转向战略管理,战略管理理论在20世纪70年代形成后发展得如火如荼,形成了战略管理理论的鼎盛时期。同时,这一时期战略管理理论的研究主要侧重于分析环境和市场的不稳定对企业战略和发展的影响,主张企业应该适时地适应环境变化。这一时期研究的特点是将理论和实践问题结合起来进行实证研究。主要的奠基作品有:伊格尔·安索夫在1979年出版的《战略管理》等。

进入80年代,经济全球化的进程不断推进,信息技术发展日新月异,企业要想在激烈的国际竞争中立足,必须在同行业中占据优势地位。这一时期战略管理理论的研究除了关注环境因素在战略管理中的作用外,还将产业结构理论引入了战略领域,注重企业行业优势和竞争优势。如迈克尔·波特在1980年的《竞争战略》、1985年的《竞争优势》和1990年的《国家竞争力》以及亨利·明茨伯格在1987年出版的《职业战略》等。

20世纪90年代以后,形势发生了全新的变化:经济全球化深入到世界的每一个角落,世界政治格局正由两极向一超多极化发展,全球不同文化不断激荡冲突,时代带领我们进入一个信息主导、资源紧缺、产业边界模糊的竞争激烈的多元化世界。在这一背景下,企业如何维持持久的竞争优势,许多战略管理学家做出了思考和研究。这一阶段,战略管理理论的研究,顺应环境的急剧变化,关心企业资源、知识信息和战略能力等因素,注重企业自身核心能力的培养,注重战略的创新性、机动性和弹性,如美国学者普拉哈拉德(Prahalad)和哈默尔(Hamel)于1990年《哈佛商业周刊》上发表的《企业核心能力》、《作为延伸杠杆的战略》(1993)和《竞争未来》(1994)以及蒂斯·皮萨诺和谢恩于1992年发表的《动态能力与战略管理》一文等。

二、主要代表人物及其主要观点

(一)小阿尔弗雷德·D.钱德勒

小阿尔弗雷德·D.钱德勒(Alfred D. Chandler,1918—2007),是美国著名的商业和经济史学研究专家。他出生于美国特拉华州的吉耶纳考特,1940年毕业于哈佛大学,1951年获北卡罗莱纳州大学硕士学位,随后又获得哈佛商学院博士学位。1950年他成为麻省理工学院的一名史学家,1963年开始担任霍普金斯大学的历史学教授。1971年开始,回到哈佛大学担任管理学史教授,曾获普利策管理史学奖。钱德勒堪称世界上最卓越的商业史学家,为现代公司的演变和发展作出了杰出贡献。他的代表性著作有:《战略与结构》(1962)、《看得见的手:美国商业经理革命》(1977)、《管理上的等级制度》(1980)、《规模和范围》(1990)和《管理学的历史与现状》(1996)等。钱德勒在战略管理方面的贡献主要体现在他于1962年出版的《战略与结构》一书中。

结构从属于战略

作为企业史学家,钱德勒指出战略的定义为"制定企业宗旨和长期目标,为实现目标选择行动方案,调配必要资源"①。即根据预测的需要来分配经营资源以达到组织目标的一种谋划。他认为战略先于结构形成。

钱德勒在《战略与结构》中集中研究和分析了美国大型企业组织如杜邦公司、美国通用汽车公司、西尔斯百货公司和标准石油公司等的战略和组织结构的相互关系及演化过程,通过研究发现,杜邦公司和通用汽车公司在市场需求不断扩大的驱使下,大大增加了企业生产线数量,而生产线的增加导致了组织结构的转变——由功能性、统一性的公司体制转变为松散的、多事业部制的结构。由此,钱德勒得出,企业中的战略是先于组织结构而出现的,组织结构是随着市场需求和企业外部环境的不断变化而随时调整的,这就是著名的"结构从属于战略"的观点,如图6-1所示。钱德勒是对战略和组织结构的关系进行明确界定和系统分析的第一人。这一观点提出后,很快被许多企业所接受并运用于管理实践。但随着管理学的不断发展,这一观点越来越受到人们的质疑,到20世纪70年代,伊格尔·安索夫提出了与之相反的"战略必须追随结构"的论断。

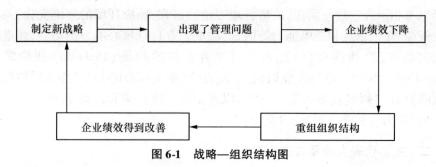

图6-1 战略—组织结构图

对事业部制的评价

钱德勒在《战略与结构》中对艾尔弗雷德·斯隆于20世纪20年代对通用

---

① 〔美〕斯图尔特·克雷纳著:《管理百年》(邱琼等译),海南出版社2003年版,第127页。

汽车公司实施的分权式组织结构作了详细分析,并给予了高度评价。钱德勒指出,随着企业所面临的环境日益复杂多变,企业的产品战略应由单一化转向多元化。战略的转移导致了企业规模的扩大,企业规模扩大到一定程度就超出了传统的集权式的组织结构的调控范围和能力。他认为解决这一矛盾的途径就是像通用汽车公司那样实行事业部式的组织结构。事业部式的组织结构是在高层管理者牢牢地控制着整体战略的同时,把实际运行中的职责分散到了各个职能部门。这种组织结构的优点就是将高层管理者从日常的琐碎事务中解放出来,留给他们更多的时间和精力来决定企业的战略决策和发展前景等重大问题。钱德勒对事业部式组织结构的这一高度评价,间接地从理论上向传统的观念——"认为只有小公司才具有组织革新的活力"——发出了挑战。

对职业性管理人员的重视

钱德勒通过对企业发展历史的研究证明,对企业来讲职业性经理人员在管理中具有越来越重要的作用。他相信对企业而言,产品的采购、生产、营销和服务的过程中,管理这只"看得见的手"比亚当·斯密的"看不见的手"起到更为重要的作用。

(二)伊格尔·安索夫

伊格尔·安索夫(Igor H. Ansoff),1918年出生于俄国的海参崴,取得新泽西史蒂文斯工学院的工程硕士和理科硕士学位以及布朗大学的博士学位。安索夫既是一位高级的管理人才,如曾担任洛克希德公司(Lockheed)的副总裁,又是一位成功的战略管理学家,1963—1968年在宾夕法尼亚大学的卡耐基—梅隆商业管理研究院任教,1968—1976年在范德比尔特的田纳西大学担任管理学教授,1983年在美国国际大学担任战略管理学教授,由于他在完善环境服务组织的长期赢利能力方面的贡献,安索夫被称为"战略管理学之父"。安索夫的主要著作有:《公司战略》(1965)、《战略管理》(1979)、《导入战略管理》(1984)和《新公司战略》(1988)等。

企业战略规划理论

1972年,安索夫在《企业经营政策》杂志上发表的《战略管理思想》一文,正式提出战略管理的概念。在此以前的"战略",都是指"战略规划"。战略规划是战略管理的前身和雏形。安索夫在1965年的《公司战略》一书中提出了企业战略构成的四要素:

(1)产品和市场范围,即企业的产品和市场的范围在所处行业中处于什么位置。对处于大行业领域的企业,可以将大行业分类,分为小行业来进行评估。如服装行业的童装行业或裤装行业等等,这将有利于更清晰和客观地明白企业所处的市场位置和所拥有的产品优势。

(2)企业成长方向,是指企业为了更好地发展和成长,应该选择何种产品和市场彼此组合而成的战略作为自己的成长方向。

根据产品和市场的不同组合形成四种不同的战略类型,如表 6-1 所示:

表 6-1　四种战略类型

战略类型	市场与产品的不同组合
市场渗透战略	现有产品与现有市场的有机结合
市场开发战略	现有产品与未来市场的有机结合
产品开发战略	现有市场与未来产品的有机结合
多角经营战略	未来产品与未来市场的有机结合

（3）竞争优势,是指企业在竞争中所具有的占据优势的产品和市场的特性。这一特性是保证企业获得利润和取得成果的关键因素。

（4）协同效果,是指企业中两种或两种以上要素的有机结合可以取得超出它们单纯相加的效果,即 $1+1>2$。安索夫非常重视协同效果在企业战略中的作用,指出,如果协同效果使用不适当,就会产生 $1+1<2$ 的效果。

战略管理理论

1979 年安索夫出版的《战略管理》一书,系统地阐述和构建了战略管理理论。安索夫指出,企业成功的战略管理构架是由环境、组织和战略三者相互协调一致而完成的。根据环境对企业的干扰等级不同,安索夫将战略管理的类型分为五种:稳定型(stable)、反应型(reactive)、预期型(anticipatory)、探索型(exploring)和创造型(creative)。安索夫指出,只有环境、组织和战略三者协调一致时,企业才能成功,反之,企业将会失败。例如,假设企业环境是稳定的,而采取了创造型的战略取向,企业就会面临失败,如表 6-2 所示:

表 6-2　五种战略管理类型

	稳定型	反应型	预期型	探索型	创造型
环境干扰	重复 无变化	缓慢变化 可预见	快速变化 可预测的变化	高度动荡 基本可预测	高度动荡 不可预测的变化
组织反应	寻求稳定 拒绝变化	效率驱动 适应变化	市场驱动 寻求适应的变化	环境驱动 寻求相关的变化	环境创造 寻求新奇的变化
战略取向	基于先例,维持产品—市场的现状	基于经验,被动地适应环境变化	基于推测,向相关领域的产品和市场拓展	基于可见机会的新战略,开拓新产品和新市场领域	基于创造能力的新战略,自我研制新产品和开发新市场

(1) 环境干扰(Environmental Turbulence)

安索夫指出,进入20世纪后,环境对企业的干扰力量增强了,环境成为战略管理必须考虑的一个重要问题。

(2) 组织(Environment Serving Organization—ESO,为环境服务的组织)

这里的组织是指为环境服务的包括企业、政府机关和社会团体等在内的组织。ESO组织特性主要是由以下因素决定的:组织的开放性(Organizational Openness)、组织的总体能力(Capability)、文化修养(Culture)、需求(Aspiration)、权力结构(Power Structure)和战略领导(Strategic Leadership)。

组织反应指组织在面临环境变化的情况下所作出的不同回应。或者拒绝变化,或者适应变化,或者自我寻求变化。

(3) 战略取向(Strategic Thrust)

战略取向是根据环境干扰的程度等级对产品类型和市场范围的保持、扩大以及收缩等。安索夫也指出,战略取向超前于环境类型,企业会取得更好的成绩,如在稳定型的环境下,如果采用反应型的战略取向,企业会取得更好的绩效。

虽然安索夫指出,成功的战略是环境、组织和战略三者相协调一致的结果,而且三者在通常情况下也是处于一致的状态下,但一旦环境的类型改变了,环境对组织和战略的干扰和影响也发生了变化。针对这种情况,安索夫提出了组织对环境的不确定性的"转变行为"(Transition Behavior)。不同类型的组织(ESO)对环境的反应和"转变行为"的速度是不同的,越是寻求变化的组织,其"转变行为"越积极。

(三) 肯尼思·安德鲁斯

肯尼思·安德鲁斯(Kenneth Andrews),美国哈佛商学院著名的管理学教授,战略设计学派的主要代表人物。安德鲁斯在1965年写成的《经营策略:原理和案例》(Business Policy: Text and Cases)基本奠定了他在设计学派的学术地位和权威。

安德鲁斯将战略规划过程分为:资料的收集与分析、战略的制定、战略的评估与选择和战略的实施。并在此基础上将战略要素分为四个:

市场机遇:市场为企业提供的可以有所作为的空间(might do)。

企业能力:企业在可利用的空间内能够发挥的能量(could do)。

企业愿景:企业在可发挥能量的限度内为自己确定的组织愿望和目标(want to do)。

企业的社会责任:企业作为一个社会组织,应该为社会承担的社会责任(should do)。

而企业的战略就是以上四者的有机结合与协调。

安德鲁斯在战略管理理论中最大的贡献就是创立了 SWOT 分析框架：

S——Strength，企业内部的优势；

W——Weakness，企业内部的劣势；

O——Opportunities，企业外部的机遇；

T——Threats，企业外部的威胁。

安德鲁斯指出，企业组织在外部环境的不断变化中面临着机遇和威胁，同时组织内部也存在着优势和劣势。其中，对组织外部环境的机遇和威胁的分析可以发现企业发展潜在的成功因素，对组织内部优势和劣势的分析可以确定企业具有的独特的能力。安德鲁斯主张，企业在战略制定过程中，要综合考虑企业自身的优势与劣势以及外部环境提供给企业的机会和威胁，利用和开拓企业外部环境中的机会，避免环境中的潜在威胁，根据企业自身的能力特点，形成属于自己的竞争优势。

（四）迈克尔·波特

迈克尔·波特(Michael E. Porter)，1947 年出生于美国密歇根州，1969 年获得普林斯顿大学的科学工程学士学位，1971 年获得哈佛大学的 MBA 硕士学位，1973 年获得哈佛大学商业经济博士学位。他在美国国会和企业组织制定经济政策过程中发挥着积极作用，曾在 1983—1985 年担任总统企业竞争委员会成员，现担任美国一流企业和跨国公司以及外国政府的战略顾问和经济顾问。波特的主要著作有：《品牌间的选择、战略和双向市场的力量》(1976)、《竞争战略》(1980)、《竞争优势》(1985)、《国家竞争力》(1990) 和《产业集群与竞争》(1998) 等。其中最具代表性的是后三部著作，被称为"竞争三部曲"。波特的主要观点介绍如下：

五种力量模型(Five-Forces Model)

波特在《竞争战略》一书中，成功地将产业组织理论和产业经济理论引入战略管理领域，创造出了杰出的竞争力分析模型，并在此基础上形成了完整的产业结构理论。该理论以产业经济学理论为基础，认为企业的竞争优势来源于企业所处的产业结构及其市场位势。具体来说，波特将产业组织经济学中的 S-C-P 范式(Structure-Conduct-Performance，组织—结构—绩效)引入战略管理领域。通过分析得出，企业的市场绩效是所处的产业结构的函数，由于产业结构决定企业行为，由它再影响企业的市场绩效，企业行为可以忽略不计，从而企业的市场绩效由产业结构直接决定。

波特认为，产业结构对市场竞争规则的确立和相应战略的形成产生非常强烈的影响。产业外部的力量是基本的，因此外部力量通常影响着产业内部的所有企业，决定一个企业赢利能力的首要和根本因素是产业的吸引力，而产业的吸引力又取决于该产业的五种竞争性力量：新竞争者的进入、替代品的威胁、买方的讨价还价能力、供方的讨价还价能力以及现有企业之间的竞争。五种竞争力量共同决定着一个产业的市场竞争强度和最终赢利能力,如图6-2所示:

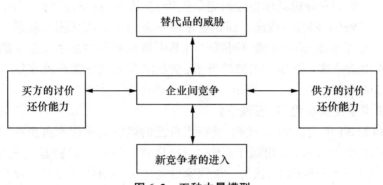

图6-2 五种力量模型

通用性战略(Generic Strategies)

波特在对上述五种竞争力量进行详细分析的基础上,提出了可以运用于企业实践的"通用性战略":

第一种通用性战略是总成本领先战略(Overall Cost Leadership),也称低成本战略,即以尽可能低的成本和价格为顾客提供产品和服务。成本领先要求积极地建立起达到有效规模的生产设施,在经验基础上全力以赴降低成本,抓紧成本与管理费用的控制,以及最大限度地减小研究开发、服务、推销、广告等方面的费用。

第二种战略是差异化战略(Differentiation),即通过为顾客提供具有附加价值的产品和服务来区别于或差异于其他的竞争者的产品和服务的方式来提高竞争优势。当然,顾客要为产品或服务的"附加价值"支付溢价。差异化战略并不意味着公司可以忽略成本,但此时成本已不是公司的首要战略目标。

第三种战略是目标聚焦战略(Focus),即企业将战略重点锁定于某个特定的顾客群、某产品系列的一个细分区段或某一特定区域和市场。采用这一战略的前提是,企业能够以更高的效率、更好的效果为某一狭窄的战略对象服务,从而超过在更广阔区域和服务范围的竞争对手。

三种基本的竞争战略目的在于建立对竞争作用力的不同类型的防御体系,其间也会出现不同的风险和挑战。

竞争优势理论

波特在《竞争优势》一书中,对企业竞争优势的来源进行了深入的剖析,认为企业持续的竞争优势来源于企业所处的产业的吸引力和企业在该产业中的相对市场位势。企业的赢利能力被分解为产业结构效果和市场位势效果,产业结构效果决定企业赢利的可持续性,市场位势效果决定企业赢利能力的高低。企业的最终的竞争优势表现为获得高于产业平均水平的赢利率。

为系统识别和分析具体企业的竞争优势,波特在《竞争优势》一书中提出了"价值链"(Value Chain)概念。即企业是由一系列独立而又相互联系的经济活动结合而成,它们构成企业的"价值链"。其中所有开发和活动所带来的总收入减去总支出就是这一链条上增加的价值,企业潜在的竞争优势就来源于价值链上所增加的价值。

国家竞争优势理论(钻石理论)

20世纪80年代末90年代初,波特将自己的竞争战略理论由企业领域推入到了国家领域,于1990年出版了《国家竞争优势》一书。波特利用《竞争战略》和《竞争优势》的分析模型,认为一个国家的竞争力主要体现为其产业在国际市场上的竞争表现,而一国的特定产业的竞争力又取决于国内的四个关键因素:生产因素、需求条件、相关产业和支持性产业,以及企业的战略、行业结构和竞争的优劣程度,从而建立了一种国家力量的"菱形"模型,如图6-3所示。波特通过对美国、英国、德国、丹麦、意大利、韩国、新加坡、日本、瑞典、瑞士等10个国家进行研究,最后得出的结论是:"国家的根本经济目标就是为它的公民创造高水准并不断上升的生活水平。达到这个目标的能力并非取决于模糊不清的'竞争力'概念,而是取决于这个国家凭借自身资源(劳动力和资本)所能达到的生产力水平。生产力是决定一个国家长期生活水平的基本因素。"

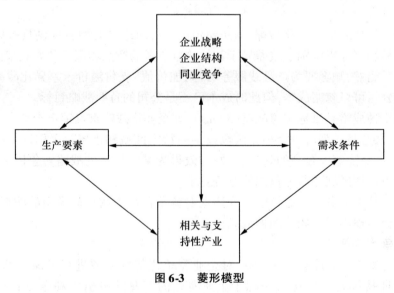

图6-3 菱形模型

生产要素，指一个国家在特定产业竞争中有关生产方面的表现，如：工人素质或基础设施的良莠不齐；

需求条件，指本国市场对该项产业所提供产品或服务的需求如何；

相关与支持性产业的表现，指这些产业的相关产业和上游产业是否具有国际竞争力；

企业战略、企业结构和竞争对手，指企业在一个国家的基础、组织和管理形态，以及国内市场竞争对手的表现。

集群战略

波特在《国家竞争优势》中提出了"集群"概念，即指在某一特定区域内的一个特别领域，存在着一群相互关联的公司、供应商、关联产业和专门化的制度和协会。他指出集群不仅可以降低交易成本、提高效率，而且能改进激励方式，创造出信息、专业化制度、名声等集体财富，更重要的是集群能够改善创新的条件，加速生产率的成长，也更有利于新企业的形成。他在《产业集群与竞争》中又指出，在一定的地理位置上集中的相互关联的企业以及相关机构可以使企业享受集群带来的规模经济的好处，同时也可以保持自身行动的敏捷性。同时指出，基于诚信基础上的企业集群可以减少经济交易费用，可以共享不同的经验、知识和技能等，对企业创新机制的培育和企业竞争优势的维持具有非常重要的作用。

20世纪90年代末期，企业之间的竞争逐渐变成了企业集群之间的竞争，集群渐渐成为产业组织的发展模式。

（五）亨利·明茨伯格

亨利·明茨伯格既是经理角色理论的主要代表人物，也是战略管理理论的杰出贡献者。关于明茨伯格的生平在经理角色理论一部分中已作过详细介绍。明茨伯格涉及战略管理方面的著作主要有：《职业战略》（1987）、《战略过程》（1991）、《战略规划的起落》（1994）、《战略历程：纵览战略管理学派》（1998，与布鲁斯·阿尔斯特兰德和约瑟夫·兰佩尔合著）等。

明茨伯格在《职业战略》中将经营战略比作制陶工人的工作，制陶工人制作工艺品需要传统的工艺、持久的耐心和高超的技术，而对思维和决策能力没有过高的要求，只需要手对材料有一种亲切感和协调感就足够了，而这种感觉来自于长期的经验积累。同样，战略也不必精心设计，不必太过正统和规范。因为规范而正统的战略面对变幻莫测的环境往往会无所适从，同时规范的战略提供的稳定性会对企业家产生一种误导，认为战略是通观全局、一览无余的，环境的变化总是在战略设计的控制范围之内。由此，明茨伯格指出，正确的战略设计观不是把大量时间花在计划、协调、组织和控制等一些分析性和学术性的事务上，而是应该建立在紧急计划、历史决定和应变基础上的。

明茨伯格与正统的战略观点进行了针锋相对的斗争,从而形成了新型的战略思维。他指出战略产生于实践,应用于实践,在某些情况下,战略是在实施中形成的,制定和实施战略两者是统一的,而不是对立的。正统学派的人们经常自以为了不起的设计,其实往往不知道自己干的到底是什么。想在行动之前就预知结果是传统战略的一大失误。但我们也必须看到,明茨伯格一直批判的传统的战略设计学派在战略管理理论史中一直起着相当重要的作用。

20世纪90年代,全球竞争的激烈性使企业的竞争资源和市场变得更加复杂。在这一背景下,企业使用任何单一的战略模式都难以解决错综复杂的战略问题。因此,战略管理研究也逐步倾向于构建多种研究理论有机结合的体系。而战略管理理论经过了三十多年的发展,到20世纪90年代末期已经演变成了派系繁杂、观点各异的"战略管理丛林"局面,这为多种研究理论有机结合体系的构建提供了基础和可能。

1998年,明茨伯格和布鲁斯·阿尔斯特兰德、约瑟夫·兰佩尔顺应这一要求,出版了《战略历程:纵览战略管理学派》一书。作者们沿着战略管理理论发展的历史脉络,客观而系统地介绍和分析了战略管理史出现的十大流派,即设计学派、计划学派、定位学派、企业家学派、认识学派、权力学派、学习学派、文化学派、环境学派和结构学派,并分析了各个学派的内涵、主要观点、主要贡献以及缺陷等。全书以幽默风趣的笔调将不同学派之间的关系比作"盲人摸象",根据不同学派的特点形象地将它们比作不同的动物,如把设计学派比作蜘蛛、计划学派比作松鼠、文化学派比作孔雀、结构学派比作变色龙等,见表6-3。作者们没有对哪一学派进行有色的褒贬,而是对其进行了客观的陈述和评价。通过详细介绍和深刻评价,在本书的最后,作者们指出:"每个战略过程都必须将这些不同学派的各个方面结合起来。"[①]"战略形成是个复杂的空间……是在判断中设计,直观地想象,自然发生里学习;它既永恒又转化;它必须涉及个人的认识,又必须涉及社会的相互作用、相互协调以及相互冲突;它必须先经过分析,后经过规划,其间还必须经过协商;而且所有这些还都必须是对环境所作的反应。"

[①] 亨利·明茨伯格等著:《战略历程:纵览战略管理学派》(刘瑞红等译),机械工业出版社2001年版,第245页。

表 6-3　战略管理史上的十大流派

学派及象征动物	起源	主要观点	战略形成的基本过程	组织形式	学科基础	主要制定者
设计学派（蜘蛛）	Selznick(1957)；Andrews(1965)	战略形成应该是一个有意识的、深思熟虑的过程	动脑筋，简单，非正式，经过谈判，深思熟虑的（说明性的）	集权的、有点正规化的机构	无（比喻为建筑）	首席执行官
计划学派（松鼠）	Ansoff(1965)	战略产生于一个受控的、正式的过程	正式的，可分解，深思熟虑的（说明性的）	集权化、正规化和部门化的大型机构	有一些与工程学、城市规划学、系统理论和控制论有一定关系	计划人员
定位学派（水牛）	Purdue(1970s)；Porter(1980,1985)	战略是围绕少数几个关键概念和观点而分析的过程	分析，系统化，深思熟虑的（说明性的）	集权的、正规的、部门化和全球化的大型机构	经济学、产业组织学、军事历史学	分析师
企业家学派（狼）	Schumpeter(1950)；Cole(1959)	战略形成于企业家的深思熟虑而又随机应变的预测过程	想象，直觉，主要是深思熟虑的（描述性的）	简单而集权的个人企业	无（尽管早期著作出自于经济学家）	领导者
认识学派（猫头鹰）	Simon(1947,1957)；March and Simon(1958)	战略形成于心理的推动和督导的过程	精神上的，自发产生的（描述过程）	任何型	心理学（认识方面）	思想
学习学派（猴子）	Lindblom(1959,1968)；March(1963)；Weick(1969)；Quinn(1980)；Prahalad,Hamel(20世纪90年代初)	把战略形成看做一个应急的过程	应急的，非正式的，混乱的（描述过程）	灵活的机构组织；分权的专业机构	无（可能有一些表面上与心理学和教育学中的学习理论有关）；数学中的模糊理论	学习者
权力学派（狮子）	Allison(1971)；Pfeffer,Salancik(1978)；Astley(1984)	把战略形成看做一个协商的过程	冲突的，攻击性的，混乱的；应急的（微观），深思熟虑（宏观）（描述过程）	任何形式，但尤其是灵活的组织机构和专业机构（微观）；封闭机构或网络化灵活组织机构（宏观）	政治学	有权之人

(续表)

学派及象征动物	起源	主要观点	战略形成的基本过程	组织形式	学科基础	主要制定者
文化学派（孔雀）	Rhenman, Normann（20世纪60年代后期）	把战略形成看做一个集体思维的过程	思想上的,强迫的,集体的,深思熟虑的（描述过程）	教会式以及停滞的机构	人类学	集体
环境学派（鸵鸟）	Hannan, Freeman（1977）；Pugh（20世纪60年代后期）	把战略思维看做一个反应的过程	被动的,强加的,因而是自发的（描述过程）	顺从的机构	生物学政治社会学	环境
结构学派（变色龙）	Chandler(1962)；Mcgill 研究组（20世纪70年代后期）	把战略形成看做一个转变的过程	综合,插曲,排序（构建是描述性的,转变是深思熟虑和说明性的）	只要无条件,以上均可,最好是为了转变的灵活组织机构和教会式的	历史学	左边内容中任何人

（六）C. K. 普拉哈拉德和加里·哈默尔

C. K. 普拉哈拉德(C. K. Prahalad)和加里·哈默尔(Gary Hamel),美国著名的管理学家,二人的代表著作有:《企业核心能力》(1990年发表于《哈佛商业周刊》)、《作为延伸杠杆的战略》(1993年)、《竞争未来》(1994年)等,他们在作品中提出了"核心能力理论"、"扩张与杠杆作用"和"战略意图"概念。[①]

核心能力理论

普拉哈拉德和哈默尔在《企业核心能力》一文中提出和阐述了"企业核心能力理论"。这一理论的思想基础来源于伊丹敬之(Hiroyuki Itami)在1980年出版的 *Mobilizing Invisible Assets* 小册子中的思想。普拉哈拉德和哈默尔提出"核心能力"这一概念后,越来越多的管理学者开始从事企业核心能力的理论研究。

普拉哈拉德和哈默尔运用"竞争树"形象地说明了企业的竞争优势要从企业的核心能力中寻找:"一个从事多种经营的公司就好比是一棵大树。树干和主要树枝是主导产品,小的树杈是经营单位,而树叶、花朵和果实是最终产品。由提供养分的根系维持着生存,同样组织的稳定性在于核心竞争力（核心能力）。你只看它们的最终产品可能会觉察不到竞争者的实力,同样,如果你仅看到树叶是不会理解大树的力量的。"(1990)普拉哈拉德和哈默尔指出,企业成功

[①] 以下有关普拉哈拉德和哈默尔的观点综述参考了亨利·明茨伯格等：《战略历程:纵览战略管理学派》(刘瑞红等译),第149—151页。

的秘诀不仅在于为顾客生产和提供好的产品和服务,更重要的在于企业生产优秀产品的独特能力,而企业的这种独特能力和核心能力是组织共同学习和有效组合的结果。

普拉哈拉德和哈默尔提出了企业的核心能力必须具备的特征和要件:第一,企业的核心能力不会被竞争对手轻易模仿,竞争对手可能获得它们提高核心能力的知识和技术,但却很难仿效企业内部资源和能力的有效组织以及学习的综合模式;第二,企业的核心能力能够使企业为顾客生产和提供优质的产品和服务;第三,企业的核心能力为企业开拓更广阔的市场空间提供了能力基础。

总之,普拉哈拉德和哈默尔所创立的核心能力理论认为,现代企业间的竞争与其说是产品与服务的竞争,不如说是企业核心能力的竞争。因此,企业要想获得持续的竞争优势,必须将战略目标锁定在"培养竞争对手难以模仿的企业核心能力"上。

扩张与杠杆作用

普拉哈拉德和哈默尔在《作为延伸杠杆的战略》中提出了这一理论。他们指出"扩张"是因为"企业资源和它所期望之间的差距"而引起的,一些企业资源基础困乏,但却受到了极大野心的驱动,因而具有了"扩张"的欲望和动机。但是普拉哈拉德和哈默尔也指出,企业仅有"扩张"的动机和欲望是完全不够的,它们还必须学会使有限的资源发挥"杠杆作用"。

要使企业的有限资源发挥杠杆作用以实现其扩张的欲望,可以通过以下方法来实现:

(1)将有限的资源集中于战略焦点的使用上。

(2)汲取经验和借用其他企业和公司的资源,从而更高效率地积累资源和优势。

(3)将一种资源附加或补充到另一种资源上,以创造高于两种资源简单相加而创造的价值。

(4)只要有可能,就可以通过循环使用以及利用其他企业的资源来保持资源优势。

(5)在可能的最短的时间内从市场上回收资源。

这就是著名的"扩张与杠杆作用"理论。

战略意图

"战略意图"是普拉哈拉德和哈默尔提出的另一重要的概念。他们指出,"战略意图不仅仅是被解放的抱负目标,还包含着积极的管理过程:如使组织的注意力集中在获胜的本质上,通过讲解目标的价值,激励员工,给个人或小组发挥作用的空间,当环境改变时,通过提供新的操作定义而保持员工的热情,不断运用意图来引导资源分配"。因此,战略意图不仅是一个宏观的"战略目标",还是一个微观的"管理操作"过程。战略意图不仅设想了一个理想的领导位置,建立了组织用来绘制自身进步的图形标准,而且确定了实现这一理想的目标的一般的方法。

哈默尔在 20 世纪 90 年代末的作品中,将"战略"称为"变革",他指出企业可以从打破和改变行业竞争的规则来实现成功。如,戴尔计算机公司、主体商店和西南航空公司等都是通过打破行业秩序和规则而取得成功的范例。他还在 1997 年 6 月 23 日的《财富》杂志的封面格言中列出了应该予以否定的传统神话,如"产业分析是战略的关键"、"你应该集中注意你的直接竞争对手"和"在战略中,是你自己对抗着整个世界"等。他指出,信息和知识经济时代,"你从事什么行业?"、"你的竞争对手是谁?"等问题已经变得越来越难回答。

20 世纪 90 年代初期,除了普拉哈拉德和哈默尔提出的"核心能力理论"比较有影响力之外,这一时期比较有代表性的理论还有蒂斯·皮萨诺(Teece Pisano)和谢恩(Shuen)在 1992 年发表的《动态能力与战略管理》一文中针对现时代外界环境变化的急剧和竞争程度的激烈而提出的"动态能力理论"。动态能力理论认为,动态能力(Dynamic Capability)不同于"核心能力",它不仅强调"能力",更主要的是强调"动态",认为企业资源的相对卓越性和模仿性并不能维持企业的持久竞争力,企业必须永远处于一种建立动态能力的状态下,动态能力是企业持续竞争力的真正源泉。动态能力不仅是一种重塑和变革的能力,还是一种变革的思想。即企业必须时刻具备这样一种适应环境变化的思想,其次要具备这样一种能够变革和重塑的能力。

1984 年,沃纳菲尔特在《战略管理》上发表了《基于资源的企业观》中提出的"资源基础论",经过不断的完善与发展,到 20 世纪 90 年代也曾盛极一时。

20 世纪 90 年代以前的企业战略管理理论,大多建立在对抗竞争的基础上,而进入 90 年代以后,尤其是 90 年代中期以后,战略管理研究开始主张超越这种直接对抗为主的竞争形式,以通过合作、创新来保持企业的竞争优势。譬如,美国学者詹姆斯·莫尔(James Moore)在 1996 年出版的《竞争的衰亡》一书,提出了一种新的竞争战略形态——企业生态系统观,提出企业不应以直接对抗的方式进行竞争,而应该和谐共生于一个丰富而利益相关的动态生态系统中;1996 年纳尔巴夫(Nalebuf)和布兰登布格尔(Brandenbuger)合作出版了《合作竞争》一书,认为企业间的经营活动不仅有竞争,还应该有合作,企业经营活动是一种可以实现双赢的非零和博弈,提出了合作—竞争(Co-petition)的概念;1998 年,波特在《产业集群与竞争》中提出的"集群战略"理论等。这些理论是 20 世纪 90 年代战略管理理论的主导理论,体现了新时期战略管理理论的发展趋向。

不同时期,不同的主导理论,不同的关注焦点,战略管理理论的多样性和"丛林"现象,将我们带入一个迷宫。这也说明了战略管理理论的发展并没有停滞,而是随着时代的变迁而不断推进。弗雷德·R.戴维出版了《战略管理》(第八版),对战略管理理论进行了详细的阐述,这为企业和组织制定符合时代特征和形势的战略提供了新的理论指导。

(七)弗雷德·R.戴维

弗雷德·R.戴维(Fred R. David)美国著名的管理学家,他根据新世纪更为多变、更为复杂的商务环境给战略管理带来的新挑战,于2001年修改了两年前第七版的《战略管理》,正式出版了《战略管理》(第八版)(*Strategic Management Concepts*)。在新版的《战略管理》中,全球因素、电子商务和保护自然环境三个主题因素贯穿于所有章节,体现了时代形势的烙印。

在《战略管理》中,戴维综合了前辈们的研究成果,将不同管理学家关注的焦点融合到自己的战略管理理论中,指出战略制定者在制定战略时,应该将直觉和分析结合起来,分析企业面临的外部机会与威胁以及内部优势与弱点,结合企业长期目标和年度目标的相统一,制定适应环境变化的弹性战略。在此理念指导下,戴维将战略管理作了详细的阐释和介绍①:

战略管理的一般含义

战略管理是指制定、实施和评价使组织能够达到其目标的跨功能决策的艺术与科学。战略管理致力于对市场营销、财务会计、生产作业、研究与开发及计算机信息系统进行综合的管理,以实现企业的成功。

战略管理的过程

战略管理的过程分为三个阶段:

(1)战略制定:战略制定包括确定企业任务、认定企业的外部机会与威胁、认定企业内部优势与弱点、建立长期的目标、制定供选择的战略方案以及选择特定的实施战略。

企业任务和目标的陈述是制定组织战略的前提。任务陈述必须包括以下九个要素:用户(Customers),产品或服务(Products or Services),市场(Markets),技术(Technology),对生存、增长和盈利的关切(Concern for survival, growth, and profitability),观念(Philosophy),自我认识(Self-Concept),对企业公共形象的关切(Concern for public image)以及对雇员的关心(Concern for employees)。

企业外部分析,又称环境审视或产业分析。在商务环境日趋复杂,市场竞争日趋激烈的情况下,企业的外部分析主要包括五个方面的内容或因素:经济因素,社会、文化、人口和环境因素,政治、政府和法律因素,技术因素和竞争因素。

企业内部分析,要求对企业内部的文化、管理、营销、财务会计、生产运作、研究与开发以及计算机系统等核心任务进行全面的分析和有效的协调。

---

① 详细内容可参见〔美〕弗雷德·R.戴维:《战略管理》(李克宁译),经济科学出版社2001年版。

长期目标,是人们期望通过实行特定战略而达到的结果。而特定战略是根据企业和组织特点从可供选择的战略中选定的。戴维为企业和组织提供了13种可供选择的战略类型,如表6-4所示:

表6-4 企业和组织的13种战略类型

战略类型	含义	案例
前向一体化	获得分销商或零售商的所有权或对其加强控制	通用汽车公司正在收购其10%的经销商
后向一体化	获得供方公司的所有权或对其加强控制	汽车旅馆业的Motel-8公司收购家具制造厂
横向一体化	获得竞争者的所有权或对其加强控制	希尔顿最近收购了Promus
市场渗透	通过更大的营销努力提高现有产品或服务的市场份额	网上证券交易经纪公司(Aemritrade)将广告开支增加为原来的3倍
市场开发	将现有产品或服务打入新的地区市场	英国领先的大客车供应商Henlys公司收购了北美领先的学校班车供应商的Blue Bird Corp公司
产品开发	通过改造现有产品或服务,或开发新产品或服务而增加销售	苹果公司开发了运行速度为500M的G4芯片
集中化多元经营	增加新的但与原业务相关的产品或服务	英国的国民威斯敏斯特银行收购了领先的英国保险公司Legal & General Group PLC.
混合式多元经营	增加新的与原业务不相关的产品或服务	领先的纳税代理公司H & R Block宣布以8.5亿美元收购证券经纪公司Olde Financial
横向多元经营	为现有客户增加新的不相关的产品或服务	纽约扬基棒球队与新泽西网篮球队(New Jersey Nets)合作
合资经营	两家或更多的发起公司为合作目的组成独立的企业	朗讯公司与飞利浦电子公司共同建立了飞利浦消费者通信公司以生产和销售电话机
收缩	通过减少成本与资产对企业进行重组,以扭转销售额和盈利的下降	缝纫机制造商Singer公司宣布破产
剥离	将分公司或组织的一部分出售	美国大型出版商Harcourt General公司售出其Neiman Marcns分公司
清算	为实现其有形资产价值而将公司资产全部分块出售	Ribol公司售出其全部资产并停业

(2)战略实施:战略实施即指树立年度目标、制定政策、激励雇员和配置资源,以便使既定的战略得以贯彻执行。战略实施过程中应该处理好组织的管理

问题,如注意保护自然环境,培育支持企业战略的文化等;同时,还要处理好战略实施中的营销、财务等问题。

(3) 战略评价:战略评价是战略管理过程的最后阶段,包括重新审视外部与内部因素、度量业绩和采取纠正措施三项内容。无论经营战略经过如何精心的制定、实施和评价,都可能会受到诸如罢工、自然灾害以及政府措施等不可预测因素的影响,因此,在战略评价过程中应该将制定权变计划作为一个不可分割的部分。

图 6-4 展示了上述三个阶段的关系。

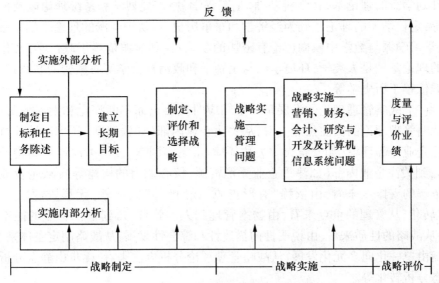

图 6-4　战略管理的模型

资料来源:弗雷德·R.戴维著:《战略管理》(李克宁译),经济科学出版社 2001 年版,第 27 页。

以上介绍了不同时期和不同发展阶段,战略管理理论的代表人物的主要观点。战略管理理论的代表人物众多,故而只能将不同时期的关键性代表人物及其代表观点进行详略得当地介绍。不同的时期—不同的代表人物—不同的理论观点,个别人物—个别理论——一般性理论,这一脉络基本上将战略管理理论的发展历程、代表人物、主导观点、一般理论等做一介绍,让读者对战略管理有一个宏观的总体印象、微观的具体了解。

三、战略管理理论的特点和发展趋势

战略管理理论从 20 世纪 60 年代产生到今天,已经近半个世纪,从战略管理理论四十多年的发展和不断深化的历程中,我们总结其特点如下:

(1) 观点内容多样,学派不断继起,没有形成完整的理论体系。战略管理自

20世纪60年代产生以来,从内容上经历了以企业环境和市场分析为基础的传统战略理论,到以产业结构、竞争优势分析为基础的现代战略理论,到以全球为背景,以预测为手段,以变化为特点的新的战略管理理论。从学派发展来说,经历了设计学派、计划学派、定位学派、企业家学派、认识学派、学习学派、权力学派、文化学派、环境学派和结构学派等10大学派的不断交错和发展。

(2) 理论基础多样化。战略管理理论不仅学派繁多,而且不同的学派依赖的理论基础也不同,这从明茨伯格对战略管理理论的十大学派的分析可以看出,如计划学派的理论基础(学科基础)是工程学、城市规划学和系统理论以及控制论等;定位学派的理论基础为经济学和军事历史学;认识学派的理论基础是心理学;学习学派与数学中模糊理论有密切的联系;权利学派依赖于政治学;文化学派的理论基础是人类学;环境学派与生物学和政治社会学等有紧密的联系;结构学派依赖于历史学等。

(3) 战略管理理论的发展是一个顺应时代要求而不断深化和发展的历程。从战略管理理论的关注焦点来看,从关注企业内部(如钱德勒关注组织结构)到关注企业外部环境(如安索夫等关注环境、市场等因素,波特关注产业结构的分析),到关注企业内部(如注重企业无形资源、核心能力的构建等);从企业战略所依赖的支撑点来看,由依赖"有形资源"或"硬件"向依靠"无形资源"或"软件"转化;从管理的重点来看,由物本管理到人本管理,再到重视企业的能本管理;从战略的性质来看,由说明性向描述性和综合性发展;从战略制定主体来看,逐渐由单一化向多元化发展;从战略管理理论分析方法来看,逐步由静态分析向动态分析转化等。

战略管理理论的发展趋势

根据时代的发展和社会的进步,战略管理理论已经出现和正在出现如下的发展趋势:

(1) 企业战略将具有更高的灵活性和弹性。战略弹性是指企业自身的能力系统和知识系统及其它们的优化组合在面对复杂多变的环境和不确定的未来时所表现出来的一种应变能力。企业的知识结构、资源结构等及其优化组合是企业能力和战略弹性的关键。20世纪90年代末期的战略管理中出现的这一"柔性"战略和倾向将在21世纪得到更好的发挥和利用。

(2) 21世纪,"有形资源"在企业战略中的地位相对日渐下降,"无形资源"如知识、信息、科技和能力等将成为未来企业赢得竞争优势新的增长点和制高点。从20世纪90年代末期开始,企业战略的制定不再追求目标与企业拥有的资源等相匹配,而是根据弹性战略通过各种途径来创造性地增强和整合资源,如通过企业间合作来利用其他企业的资源,通过科技与知识相结合的方式寻找替代性资源等,以克服和弥补企业本身资源不足的缺陷,从而为企业达到与自身资源条件不匹配的"扩张"欲望和战略意图。21世纪,这一特点和趋势将逐步得到强化。

（3）战略制定主体趋于多元化、低层化。随着企业不断注重"无形资源"的培育,企业职工的学习能力、科技技能和信息容量等不断地提高和增强,这为战略制定主体的多元化和低层化提供了可能。同时,随着全球经济一体化的不断推进,企业经营所面临的外部环境日益广阔和激荡多变,在这一背景下,事事都由管理上层制定已变得不可能和不适应,这为战略制定主体多元化和低层化提出了必要的呼声和要求。

（4）21世纪,企业间的相处状态仍然是竞争与合作的相互交错,企业竞争的主要形式仍是企业或企业联盟组成的生态系统。未来的企业竞争不再单纯局限于企业与企业之间的竞争,而演化为商业群落之间的竞争。对于一个单独的企业来讲,竞争更体现在加入或营造有影响力、能为自己带来实际价值的企业生态系统,在竞争与合作的和谐环境中,寻求一个更为有利的地位。

（5）21世纪,产业边界日益模糊,产业结构的稳定性日益下降,企业所面临的竞争环境更加多变,企业战略所关注的内容更加复杂多样,企业战略的发展空间也将不断拓展。

第二节 全面质量管理理论

一、全面质量管理理论的产生和发展历程

二战后,随着科学技术的飞速发展和经济水平的不断提高,买方市场完全形成,顾客的需求特征从量化、规模化转变为质化和个性化,他们对产品的质量、样式等提出了更高的要求,这使得过去卖方市场的那种"以量取胜"的企业战略失去了实际意义,从而转向寻求"以质取胜"的道路,"质优者胜"成为市场经济竞争中的一条铁律。

人们对产品和服务的质量越来越重视,企业界逐渐意识到,只靠统计质量控制及事后质量控制,不能实现买方市场对质量的高要求。质量的实现,还受到其他诸多因素的影响,如员工的参与度和积极性、生产过程的合理性等。与此同时,工商管理界也开始认识到,只靠传统的质量理念和思想,也不能实现绝对低成本基础上的高质量。传统的观点认为,"高质量必然导致高成本",而全面质量管理观则认为,质量和成本不是矛盾的,而是统一的,高质量并不必然导致高成本,相反还可能会降低成本。要实现这一结果,对企业成品的检查不只是在生产后进行,而是贯穿在整个生产过程中,从市场调查、产品开发设计、原料购买、产品生产到产品营销、产品服务和反馈等,时时处处都对产品的质量进行控制和监管。全面质量管理认为,质量管理绝对不是企业只向顾客作出质量优良的承

诺，而是对企业的生产、运输和营销等全部过程和环节进行全面督导和监控的一种管理方式。在这一背景下，全面质量管理逐渐取代了传统的质量观念，开始在企业界和工商管理界占据了主导地位。

全面质量管理的理念正式萌芽于 20 世纪 50 年代的美国，但当时并没有在实践中广泛运用。二战后，为帮助日本重建经济基础，美国向日本派遣了大量专家，威廉·爱德华兹·戴明和约瑟夫·莫西·朱兰就是其中两位。1950 年和 1954 年，戴明和朱兰分别来到日本开展讲座，介绍和带来了二战期间美国在质量管理方面的成果，日本人从中学习到了这种全新的质量管理思想和方法，并将之运用到具体的企业管理实践操作中。虽然当时全面质量管理的思路和概念并没有像今天一样被完整地提出来，但是它对日本经济的发展和繁荣起到了极大的促进作用。从 20 世纪 70 年代开始，日本管理学家和管理实践者充分认识到了全面质量管理的益处和重要性，开始将质量管理当作一门科学来对待，并在质量管理中广泛采用先进的统计技术和计算机技术等，使全面质量管理在这一阶段获得了新的发展。这时，美国看到了全面质量管理在日本取得的巨大效果和成绩，也开始大规模地在企业乃至政府中实施全面质量管理模式。1980 年 7 月 24 日，戴明在美国广播公司作了一次题为"日本能够做到，为什么美国不能做到？"的公开演讲，在该节目中，他对日本的全面质量管理的应用现状做了详细介绍，引起了很大反响。以此为契机，全面质量管理在全球得到迅速推广和应用。

20 世纪 80 年代后期以来，全面质量管理理论得到了进一步的深化和扩展，逐渐由早期的 TQC（Total Quality Control）演化成为 TQM（Total Quality Management）。在中国，TQC 和 TQM 均翻译为"全面质量管理"，但两者存在一定区别，与 TQC 相比，TQM 的内涵更加丰富，它是一种综合的、全面的经营管理方式和理念。同时，随着全面质量管理思想的不断普及和运用，越来越多的国家及组织采用此种管理方法。1987 年，国际标准化组织 ISO 将全面质量管理的思想和内容进行了总结与开发，并使之标准化，从而产生了我们今天所熟知的 ISO9000 系列国际标准。ISO9000 标准是全面质量管理理论发展到一定阶段的产物，其中所蕴含的"顾客就是上帝"、全员参与、领导在管理中的作用等原则均是全面质量管理的基本思想在实践中的反映和体现。当然企业和组织达到了 ISO9000 标准并不意味着实现了全面质量管理，因为 ISO9000 是一种具有一致性和稳定性的标准和要求，而全面质量管理是一项具有动态性的"持续改进"的管理体系。

随着市场经济的不断发展，质量管理的思想和方法也往更高层次发展，无论是学术界还是企业界，许多知名学者如朱兰、石川馨、克劳斯比等，都提出了有关质量管理的观念和理论，"质量管理是企业经营的生命线"这种观点逐渐成为企业和其他组织的核心理念。

20 世纪 80 年代末 90 年代初,人们大力提倡在公共部门中采纳和应用 TQM,西方发达国家开始在政府机关和一些高校中尝试实施全面质量管理,其中英国和美国最为突出。如英国开展了"公民宪章"运动和"竞争求质量"运动,宪章运动是用"宪章"的形式确定公共部门的服务内容、服务标准、服务程序和服务时限等,并将其公之于众以接受公众的监督,从而提高服务水平和服务质量。英国的"公民宪章"运动在实践中取得了很大成效,以医疗服务系统为例,1992 年全英国入院就医需要等待 18 个月的为 21 077 人,1996 年为 0 人;需等待 12 个月的 1991 年为 169 761 人,1996 年减为 4600 人;危急病人得到即时救护人数占应救护人数的比例,1993 年为 75%,1996 年达到 94%;预约病人 30 分钟内接受治疗的人数占总预约看病人数的比例,1993 年为 80%,1996 年达到 90%;急救车达到服务时限标准的(城区 14 分钟以内,农村 19 分钟以内),1995 年为 68.4%,1996 年为 70.3%。[1] 在美国,1993 年克林顿总统签署的 12862 号行政令,要求联邦政府制定顾客服务标准,贯彻"顾客至上"的原则等,1994 年 4 月,《国家绩效评论》出版了"顾客至上:为美国人民服务的标准",专门介绍各部门制定服务标准的情况,到 1996 年,美国联邦政府共有 200 多个机构,执行了 3 000 多种标准[2]。这一时期除了在政府部门采用全面质量管理外,在高校也开始实施全面质量管理。调查表明,1991 年美国有 126 所高校采纳了 TQM,1992 年增加到 150 所。全面质量管理的理论和实践在 20 世纪 90 年代进入一个新时期。

从 20 世纪 50 年代开始,全面质量管理理论经历了一个长期而复杂的发展历程,在这一历程中,对全面质量管理理论研究作出重大贡献并占据一定学术地位的主要代表人物有戴明、朱兰、费根鲍姆、石川馨和克劳斯比等,他们的生平、主要著作和观点介绍如下。

二、主要代表人物及其主要观点

(一) 威廉·爱德华兹·戴明

威廉·爱德华兹·戴明(William Edwards Deming,1900—1993),是世界知名的质量管理专家,1900 年 10 月 14 日生于美国伊阿华州苏城,1921 年获怀俄明大学工程学士学位,1925 年继续在科罗拉多大学深造并获数学及物理学硕士学位,1928 年获耶鲁大学物理学博士学位。他在美国 1940 年人口统计的准备工作中,发展了统计过程控制方法,使生产过程的效率提高了 6 倍。1956 年,美国质量协会授予戴明"休哈特奖章"。1946 年日本科学家与工程师联盟(JUSE)成立后,戴明博士经常被邀请到日本讲学,他的品质经营理念奠定了日本全面质

---

[1] 周志忍:《当代国内行政改革比较研究》,国家行政学院出版社 1999 年版,第 132 页。
[2] 张成福、党秀云:《公共管理学》,中国人民大学出版社 2001 年版,第 315 页。

量管理的基础。1951年,日本设立了"戴明奖",成为世界上最著名的三大质量奖项之一(另外两个为美国波多里奇国家质量奖和欧洲质量奖),戴明本人也成为第一个被日本天皇授予杰出人才奖的美国人。1993年12月,戴明去世,享年93岁。戴明是全面质量管理的最著名和最有影响力的倡导者,享有"现代质量改进之父"的称号。其代表作有:《商业研究中的样本设计》(1960)、《转危为安》(*Out of Crisis*,1986)、《工业、政府和教育的新经济》(1993)等。

戴明的14要点

"领导职责的十四条"又称"十四要点",是戴明针对美国企业的领导而提出来的,它构成了全面质量管理(TQM)的重要理论基础。其主要内容如下:

(1) 树立改进产品和服务的长久使命和愿景。戴明强调,如果没有长期的发展战略,公司将很难成为这个行业的长胜者。要想成为长胜者,企业必须克服短期行为,以长远利益为重,把改进产品和服务作为恒久的目的。

(2) 采纳新的理念和思想。社会的理念和思想对产品和服务的质量有很大影响,有什么样的理念和思想,就会有什么样的产品和服务要求。作为提供产品和服务的企业,要想获得长久的和最大的经济效益,就一定要时刻对外界的变化做出积极的反应,及时倾听和了解客户的不满,以确立最新最潮流的质量理念和思想。

(3) 质量不能仅依赖于对产品的检验。戴明指出:"质量不是来源于检验,而是来源于改进生产过程。"事后弥补的办法,不能挽回已经造成的浪费。当然,这并不是说要消除检验,而是要采用预防的方法,将质量控制融入产品生产和服务的整个过程中去。简单地说,产品的质量不是检验出来的,而是生产出来的。

(4) 采购时不能仅注重价格的高低。价格本身并无意义,只是相对于质量才有意义。供应商粗制滥造而造就的"低价",买主会因为质量太差而经常更换供应商,寻找新供应商的费用加上以后的修理费用,会增加和抬高产品和服务的总成本,从而抵消了采购时节省的成本。

(5) 持续不断地改进产品和服务。发现问题,解决问题,这种将秤砣调回到原来状态的活动不是"改进",而只能算作是一种"维持"。改进是较之以前提高和进步的一种状态。改进不是一劳永逸的事情,而是持续不断的。

(6) 建立现代的岗位培训方法。员工的技能和水平直接影响着产品和服务的质量,如技能不高,产品和服务的质量就得不到保障。因此,要对企业员工进行有计划的岗位培训,而且这种培训还必须是建立于可接受的工作标准之上,必须使用统计方法来衡量培训工作是否奏效。

(7) 改善领导方式。戴明认为,员工做不好工作,大多是因为领导安排不当,管理不合理。因此当员工工作做得不好时,领导首先应该从自身找原因,改变原来不合适的领导方式,恰当分配员工的工作职位,积极为下属的工作创造良好的条件。

（8）驱走恐惧心理。恐惧心理导致员工害怕决策或者提问,这对企业造成的损失将是巨大的。管理层应该建立有效的问题解决机制,帮助员工驱走恐惧心理,鼓励员工大胆提问,表达个人意见,使得每一位员工都能够在有安全感的环境中更有效率地工作。

（9）打破部门之间的围墙。为了达到整体的最优状态,企业的各个部门必须通力合作,发挥团队精神,而不是独善其身,独自行事。跨部门的质量圈活动有助于改善设计、服务、质量及成本。

（10）取消对员工发出口号和目标。有些口号听起来很好,很让人向往,但是不一定就能够达到。因此,管理层应将那些激发员工提高生产率的指标、口号通通废除,多为员工提供实现目标的方法和手段。

（11）取消工作标准及数量化的定额。定额把焦点放在数量上,而非质量。企业应该取消定额,通过对员工进行有效的教育,让员工能够自愿地积极工作,达到企业目标。

（12）消除影响员工工作畅顺的因素。管理者应该给予员工一定的权限,充分尊重员工的意见,消除那些有碍于员工顺畅工作的障碍和导致员工失去工作积极性的因素。

（13）建立严谨的教育及培训计划。由于质量和生产力的改善会导致部分工作岗位数目的变化,因此所有员工都要不断接受训练及再培训。同时,一切训练都应包括基本统计技巧的运用。

（14）创造一个每天都推动以上13点实施的高层管理结构。

戴明强调,"14要点"并不只限于西方工业发展及企业经营,而且可以广泛应用于教育、政府工作、服务业、医院及交通服务等各个领域。

戴明循环（Deming Cycle）

戴明最早提出了PDCA循环的概念,所以又称其为"戴明环"。PDCA循环是能使任何一项活动有效进行的一种合乎逻辑的工作程序,特别是在质量管理中得到了广泛的应用。P、D、C、A四个英文字母所代表的意义如下：

P（Plan）——计划,包括方针和目标的确定以及活动计划的制定；

D（Do）——执行,执行就是具体运作,实现计划中的内容；

C（Check）——检查,就是要总结执行计划的结果,分清哪些对了,哪些错了,明确效果,找出问题；

A（Action）——行动（或处理）,对总结检查的结果进行处理,成功的经验加以肯定,并予以标准化或制定作业指导书,便于以后工作时遵循,对于失败的教训也要总结,以免重现。

PDCA 循环的四个过程不是运行一次就完结,而是周而复始地进行,对于前一个 PDCA 循环中没有解决的问题,应转入下一个循环中去解决。同时,为了保证 PDCA 循环有效地进行,戴明提出了完成这一循环必须遵循的八个步骤:1. 分析现状,发现问题;2. 分析影响质量的各种问题和因素;3. 查找造成质量问题的主要原因;4. 针对主要原因,采取措施;5. 按措施计划的要求去执行;6. 把执行结果与要求达到的目标进行对比;7. 把成功的经验总结出来,制定相应的标准;8. 把仍未解决或新出现的问题转入下一个 PDCA 循环中去解决。

戴明的 PDCA 循环孕育了"全面质量管理"的萌芽。同时,他所倡导的"100% 检查"的思想为后来克劳斯比的"零缺陷控制"理论奠定了思想基础。戴明的全面质量管理理论和观点被世界各地的学者和企业家所传颂和应用,戴明也被赞为 20 世纪后期最重要的管理大师。但我们也应看到,戴明的质量管理还仅仅局限于生产过程和生产领域,属于生产管理的一个组成部分。

(二)约瑟夫·莫西·朱兰

约瑟夫·莫西·朱兰(Joseph M. Juran,1904—2008),1904 年 12 月生于罗马尼亚布勒伊拉的一个贫苦家庭,1912 年移民到美国。1925 年,获得明尼苏达大学电力工程专业理学士学位,并供职于著名的西方电气公司芝加哥霍索恩工作室检验部。后来又获得芝加哥洛约拉大学法学博士学位。1937 年朱兰担任纽约西方电气公司总部工业工程方面的主席。1954 年抵日并召开中高级管理者专题研讨会。1979 年,朱兰建立了朱兰学院,更利于广泛传播他的观点,朱兰学院如今已成为世界上领先的质量管理咨询公司。他的主要代表作有:《生产问题的统计方法应用》(Statistical Methods Applied to Manufacturing Problems,1928)、《朱兰质量控制手册》(Quality Control Handbook,第 1 版,1951)、《质量策划》(Planning for Quality)等。

"质量是一种合用性,而所谓'合用性'(fitness for use)是指使产品在使用期间能满足使用者的需求。"事实证明,TQM 带给企业一个强烈的呼声,一个新的工作动力,一种新的管理方法。为此,我们对 TQM 必须全力以赴,再接再厉。因为 TQM 给我们的企业经营提供了一种新的管理方法和体系。

质量三部曲

质量策划:确定质量以及采用质量体系要素的目标和要求的活动。

质量控制:为达到质量要求所采取的作业技术和活动。

质量改进:为向本组织及其顾客提供更多的收益,在整个组织内所采取的旨在提高活动和过程的效益和效率的各种措施。

突破历程

(1)突破的势态。管理层必须证明突破的急切性,然后创造环境使这个突破能实现。要证明此需要,必须搜集资料说明问题的严重性,而最具说服力的资料便是质量成本。为了获得充足的资源推行改革,必须把预期的效果用货币形式表达出来,以投资回报率的方式来展示。

(2) 突出关键的少数项目。在纷纭众多的问题中,找出关键性的少数。利用帕累托法分析,突出关键的少数,再集中力量优先处理。

(3) 寻求知识上的突破。成立两个不同的组织去领导和推动变革——其一可称为"策导委员会",另一个可称为"诊断小组"。策导委员会由来自不同部门的高层人员组成,负责制订变革计划、指出问题原因所在、授权作试点改革、协助克服抗拒的阻力,及贯彻执行解决方法。诊断小组则由质量管理专业人士及部门经理组成,负责寻根问底、分析问题。

(4) 进行分析。诊断小组研究问题的表征、提出假设,以及通过试验来找出真正原因。另一个重要任务是决定不良产品的出现是操作人员的责任或者是管理人员的责任。(若说是操作人员的责任,必须同时满足以下三项条件:操作人员清楚知道他们要做的是什么;有足够的资料数据明了他们所做的效果;以及有能力改变他们的工作表现。)

(5) 决定如何克服变革的抗拒。变革中的关键任务是必须明了变革的重要性。单是依靠逻辑性的论据是绝对不够的,必须让各部门参与决策及制定变革的内容。

(6) 进行变革。所有要变革的部门必须通力合作,每一个部门都要清楚地知道问题的严重性、不同的解决方案、变革的成本、预期的效果,以及估计变革对员工的冲击及影响。必须给予足够的时间去酝酿及反省,并提出适当的训练。

(7) 建立监督系统。变革推行过程中,必须有适当的监督系统定期反映进度及有关的突发情况。正规的跟进工作异常重要,它足以监察整个过程及解决突发问题。

质量螺旋

朱兰博士提出,为了获得产品的合用性,需要进行一系列工作活动。也就是说,产品质量是在市场调查、开发、设计、计划、采购、生产、控制、检验、销售、服务、反馈等全过程中形成的,同时又在这个全过程的不断循环中螺旋式提高,所以也被称为质量进展螺旋。

朱兰的"80/20 原则"

朱兰博士尖锐地提出了质量责任的权重比例问题。依据大量的实际调查和统计分析,他认为在所发生的质量问题中,追究其原因,只有 20% 来自基层操作人员,而恰恰有 80% 的质量问题是由于领导责任所引起的。

生活质量观

朱兰博士认为,现代科学技术、环境与质量密切相关。他说:"社会工业化引起了一系列环境问题的出现,影响着人们的生活质量。"随着全球社会经济和科学技术的高速发展,质量的概念必然拓展到全社会的各个领域,包括人们赖以生存的环境质量、卫生保健质量以及人们在社会生活中的精神需求和满意程度等。朱兰博士的生活质量观反映了人类经济活动的共同要求:经济发展的最终目的,是为了不断地满足人们日益增长的物质文化生活的需要。

朱兰认为大部分质量问题是管理层的错误造成的,而并非工作层的技巧问题。总的来说,他认为管理层控制的缺陷占所有质量问题的80%还要多。

他对实行组织内部质量策划的主要观点包括:识别客户和客户需求;制定最佳质量目标;建立质量衡量方式;设计策划在运作条件下满足质量目标的过程;持续增加市场份额;优化价格,降低公司或工厂中的错误率。

最高管理层的参与,质量知识的普及培训,质量实用性的定义,质量改进逐个项目的运作方法,"重要的少数"与"有用的多数"及"三部曲"(质量策划、质量控制、质量改进)之间的区别——朱兰就是以这些观点而闻名的。

(三)阿德曼·V.费根鲍姆

阿德曼·V.费根鲍姆(A. V. Feigenbaum),1920年出生于纽约市,他先后就读于联合学院和麻省理工学院(MIT),1951年毕业于麻省理工学院,获工程博士学位。费根鲍姆一生经历丰富,曾担任美国通用电气公司质量总经理、美国质量管理协会主席、国际质量研究会会长和通用系统公司总裁等职务,他因提出将质量责任推广到生产以外的领域而在质量管理发展史上闻名。费根鲍姆作为全面质量管理的创始人被誉为"全面质量管理之父"。1961年,费根鲍姆在其《全面质量管理》(第二版)一书中首次提出"全面质量管理"概念(TQC),并被世界广泛接受和运用。

全面质量管理的含义及内容

质量管理经历了操作者的质量管理、工长的质量管理、检验员的质量管理、统计质量控制和全面质量管理五个阶段。全面质量管理是在质量逐渐成为企业新的主要战略的情况下而提出的一种管理思想和管理理论,它对管理和工程技术实践产生了重大影响。

费根鲍姆博士指出,全面质量管理是指"为了能够在最经济的水平上并考虑到充分满足顾客要求的条件下进行市场研究、设计、制造和售后服务,把企业内各部门的研制质量、维持质量和提高质量的活动构成为一体的一种有效关系"[①]。费根鲍姆进而指出,有效的人际关系和完善的技术方法是质量管理的基础。

---

① 〔美〕阿德曼·V.费根鲍姆:《全面质量管理》(杨文士等译),机械工业出版社1991年版,第4页。

从这一概念可以看出，费根鲍姆的全面质量管理已经突破了传统质量观的"制造过程中的质量控制"，发展到了对满足顾客要求所必须关注的各方面的控制和管理，如产品设计、营销、工程、采购、制造工程、装运、安装和售后服务领域等，这一点在质量管理大纲的内容论述中体现得更加明显和突出。

在论述全面质量管理概念的基础上，费根鲍姆博士提出了质量管理工作的内容，即质量管理大纲的内容：

新设计的控制：是为了满足预期顾客对产品质量的要求而规定的产品的质量成本、性能、可靠性和安全性等，以及在产品正式生产之前确定和排除造成质量故障的可能原因。这类工作主要包括：确定要研制的新产品，检验原设计及其可靠性，设计加工制造工序及其初始成本，制订质量标准等。

进厂材料的控制：是指按照最经济的标准验收和储存符合质量标准的材料。主要包括：验收并储存外公司或本公司其他部门生产和提供的原材料和零部件等。

产品的控制：为了在出现不合格产品之前能够采取措施纠正偏离质量标准的情况，以及为了保证向顾客提供完全符合质量要求的产品，而在生产现场和使用现场对产品进行控制和维持合适的售后服务水平。

专题研究：是指为了企业能够持久而全面地提供顾客满意的产品和服务而进行的查找产生不合格产品的原因、研究改进质量特性的措施等活动。

影响质量管理的基本因素

费根鲍姆博士在《全面质量管理》一书中提出了影响产品或服务质量最直接的九个因素：

市场(Markets)：市场是消费者的欲求和需要表现的场所，是影响产品或服务质量的主要因素。

资金(Money)：资金、成本和利润是企业生产产品和服务必须首先考虑的问题。

管理部门(Management)：质量责任不能由工长和产品工程师单独负责，而是应该由所有管理部门对其所负责的领域的质量负全责。

人(Men)：随着科学技术的迅猛发展，质量管理加强了对具有专业知识的工人的需求。

激励(Motivation)：为了促使每一位职工对质量作出贡献，除了金钱报酬以外，还应该通过质量教育来强化职工工作上的成就感和责任感。

材料(Materials)：材料的质量是影响产品或服务质量的最直接因素。出于对生产成本和质量要求的考虑，对材料的规格要求变得更加严格。

机器和机械化(Machines and Mechanization)：在竞争激烈的市场上，企业要想降低成本和提高产量，同时又提高质量，就必须采用复杂的机械设备。

现代信息方法(Modern information methods):计算机技术的发展和普及为我们大规模和快速地收集和处理信息提供了可能。信息技术为企业在生产过程甚至是售后服务过程实行有效控制提供了手段,为产品质量的提高提供了更大的机会。

不断提高的产品规格要求(Mounting product requirements):工程设计复杂性的提高,要求对制造加工过程实行更为严格的控制。

费根鲍姆提出的影响产品或服务质量的这九大因素被称为9M因素理论。

质量体系——解决质量问题的系统方法

从质量管理大纲的内容可以看出,现代质量管理的范围十分广泛,工作内容十分庞杂,这就有必要在公司建立一个明确的、结构完善的体系,来确保全面质量管理的内容和措施得到切实有效的贯彻和实施。

"质量体系是全公司和全工厂协调一致运转的工作结构,它用文件的形式列出有效的、一体化的技术和管理程序,以便以更好、最实际的方式来指导公司和工厂的工作人员、机器以及信息的协调活动,从而保证顾客对质量满意和经济上降低质量成本。"①质量体系是全面质量管理的基础,是质量管理取得实效的最佳途径。

为了确保全面质量管理的实施,必须在企业内部建立质量体系。费根鲍姆指出,在公司中建立质量体系必须遵循以下五个原理②:

(1) 质量体系设计要把质量技术与质量要求联系起来。

(2) 质量体系设计把质量技术和质量要求结合在一个有组织的、非做不可的特定程序和控制方式中。

(3) 质量体系设计要考虑特定程序和控制方式所必需的有关人、信息和设备等的全系列要素,并把人、物、程序、设备、信息以及财务等要素构成为一体。

(4) 质量体系设计具体地规定"反馈"的衡量方法与单位,以便将来用于评价质量体系的运转情况。

(5) 质量体系设计和管理为不断控制质量体系的运转作好准备。

质量成本

质量成本是质量体系的经济基础。传统的质量观认为,更好的质量需要更高的成本,而费根鲍姆指出:"良好的产品和服务质量,是与良好的产品和服务成本并行不悖的。"③

"质量成本"是费根鲍姆在20世纪50年代首先提出的概念。费根鲍姆指

---

① 阿德曼·V.费根鲍姆:《全面质量管理》,第51—52页。
② 同上书,第61页。
③ 同上书,第72页。

出，公司或企业之所以能够打破传统的"更好的质量需要更高的成本"这一观念，是通过全面质量管理体系降低自身质量管理活动的费用来实现的。

费根鲍姆指出，公司的质量成本包括两个方面的内容：控制成本和控制故障成本，而控制成本又分为预防成本和鉴定成本两种，控制故障成本包括内部故障成本和外部故障成本。因此，质量成本包括以下四个要素：

预防成本：为避免缺陷和偏差的出现而消耗的费用，如公司员工的教育培训费用等；

鉴定成本：为维持公司产品或服务的质量标准和水平而进行的质量评价所支出的费用，如检验费、试验费等；

内部故障成本：主要指公司内部产生的不能令人满意的产品的损失，如不合格品和返修品等；

外部故障成本：主要指公司外部造成的不能令人满意的损失，如产品使用故障和处理顾客投诉的损失等。

质量管理的三部门

费根鲍姆指出，全面质量管理作为现代的一种质量管理方式，其本身的任务、职责和职权主要由公司中的三个部门来实现，即质量工程、工序控制工程（包括试验和检验）和质量信息设备工程，如图6-5所示：

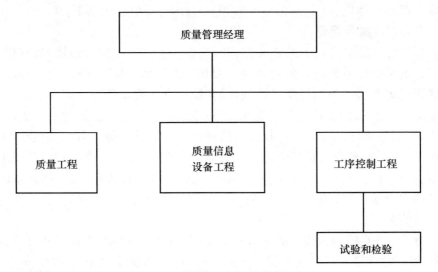

图6-5 质量管理部门的基本结构

质量工程负责提出详细的质量计划和标准；工序控制工程（包括试验和检验）监控质量管理大纲在生产中的实施；质量信息设备工程，负责设计和研制检验、试验仪器，目的在于获得有关质量的必要的测试值、控制和信息流。

费根鲍姆还指出，质量并非意味着"最佳"，而是"客户使用和售价的最佳"。质量实际上是一种经营方式和管理手段，全面质量管理在组织中的有效实践依赖于有关的质量活动和技术措施。为了在最经济的水平上充分满足顾客的质量需要，这些质量活动既是上层管理部门，又是营销、设计、生产、财务、维修服务和质量等部门组织实现管理与技术措施的主要职责。

（四）石川馨

石川馨（Kaoru Ishikawa, 1915—1989）是日本著名的质量管理专家。1915年出生于一个工业家庭，1939年毕业于日本东京大学工程系应用化学专业，随后进入某公用事业公司工作。1947年，他在大学任副教授。1949年应邀加入到日本科学驾驭工程师学会的质量管理研究小组，领导各学术机构以及工业组织对质量控制原理和统计方法的运用。1960年获工程博士学位后被提升为教授。他的《质量控制》（Quality Control）一书获得"戴明奖"、"日本Keizai新闻奖"和"工业标准化奖"。1971年，其质量控制教育项目获美国质量控制协会"格兰特奖章"。从此，石川馨开始从事质量管理方面的研究，提出了"下一道工序就是你的顾客"的口号和名言，并逐渐成为日本知名的质量管理专家和权威。他的主要代表作品有：《质量管理入门》（1954）、《质量控制指南》（Guide to Quality Control, 1968）、《日本的质量管理》（1981）等。他主要的观点都集中体现在《日本的质量管理》一书中，简单介绍如下：

全公司性质量管理

石川馨给质量管理下的定义是：开发、设计、生产、提供最经济、最有用、买方满意购买的优质产品。为达到这一目的，以经营者为首，公司内所有部门、全体职员都必须参与制订质量管理计划，推进全面质量管理。需要指出的是，这里的"质量"指的是广义上的含义，不仅包括产品质量，还包括工作质量、服务质量、情报质量、工序质量、政策质量和经营者的质量等；不仅是符合国家标准的质量，更关键的是要符合消费者要求的质量。要提供符合消费者要求的质量，必须掌握以下三个步骤：一是要掌握真正的质量特性；二是在此基础上确定测定方法、试验方法；三是寻找代用特性，准确掌握真正的质量特性与代用特性的关系。

为了与费根鲍姆所提出的全面质量管理（TQC）相区别，石川馨将日本的质量管理称作"全公司性质量管理"（Company-Wide Quality Control——CWQC）。全公司性质量管理包括三方面内容：一是指所有部门都参加的质量管理；二是全员都参加的质量管理，包括董事、经理、处科长、工班长和操作人员等全体人员；三是综合性质量管理，即把质量的管理作为中心，同时还要推进成本管理、数量管理和交货期管理。

全公司性质量管理从纵向上也包括三层含义，如图6-6所示：

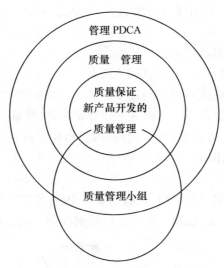

图 6-6　全公司性质量管理

全公司性质量管理的精髓是质量保证（Quality Assurance—QA），质量保证就是能够让消费者放心地购买，满意并且长久使用的一种保证。全公司性质量管理的第二圈是广义上的质量管理，即在了解了优质服务和质量以后，要在销售、采购、事务管理和外协管理等方面下工夫。全公司性质量管理的第三圈是最广义上的管理，即进行一切工作的管理，在全公司中按部门、按机能或由各个人来很好地进行计划、实行、核对和处理 PDCA 循环，防止问题再次发生。质量管理小组是全公司质量管理的一个重要环节。

日本质量管理的特点

（1）全公司性质量管理、全员参加的质量管理。"日本质量管理的最大特点是全员参加，所有部门、全体职工都参加。"①

（2）质量管理的教育和训练。所有部门和全体职工参加的全公司质量管理，必须使管理者、操作人员和工班长等认识到质量管理的重要性，在具体的工作中真正贯彻全面质量管理的要义和思想，这就需要对他们进行教育和培训。日本的质量管理教育有以下几个特点：① 分阶层进行质量管理教育。在日本，对技术人员和职能人员的培训主要是通过讨论会和大会的形式进行的，而对数量众多和思想复杂的工班长则是通过舆论宣传的方法，如通过广播的方式，讲座和自愿建立质量管理小组进行相互学习、讨论和启发等方式进行教育和培训。② 长期的、反复的质量管理教育。③ 专门团体的教育和企业内部的培训相结合。④ 教育必须持久进行。日本自 1949 年以来持续地、有增无

---

① 〔日〕石川馨著：《日本的质量管理》（李伟明译），企业管理出版社 1984 年版，第 14 页。

减地进行了教育。⑤ 集中教育占教育的三分之一以下。日本非常注重企业职工的自主性。

(3) 质量管理小组的活动；

(4) 质量管理诊断；

(5) 统计方法的应用；

(6) 全国性质量管理活动的推进。管理研究会、质量月委员会、质量管理大会委员会、质量管理小组总部等民间组织的活动和推进在全国性的质量管理推进活动中起到了重要作用。

鱼骨图

鱼骨图又叫因果图或石川图，是石川馨在1943年提出来的。它是提高质量的最基本、最重要的方法，也是一种寻求问题解决的方法，如图6-7所示：

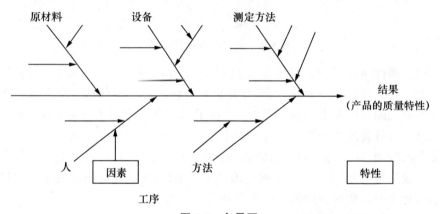

图6-7 鱼骨图

图中所注明的因素即是原因，石川馨主张通过对因素(原因)组合的工序进行管理来获得好的产品和结果，因此该图又称作因果图。因果图不仅仅能分析因素或原因独立作用时的影响，还能用于建立各种因素或原因之间相互作用时的内在联系。使用该图可以帮助管理者分析他们所负责的生产过程所存在的问题，从而找到解决问题的方法，取得生产和管理的成功。此外，石川馨主张在分析问题和全公司质量控制的过程中使用统计技术。

管理循环图

在戴明的PDCA循环图基础上，石川馨将全公司性质量管理的程序细分为六个步骤：

(1) 确定目的和目标。目标是在方针确定的基础上确立的。在方针基础上制定的目标必须有具体的数字指明、确定的期限、明确的上下幅度等。目标根据内容重要程度的不同，可以分为重点性目标和日常业务性目标。

(2) 确定达到目的的方法。确定了目标还是远远不够的，还必须确定达到目标的方法,否则就会堕入精神式管理。确定了方法,要将其标准化和规范化,这里的"标准化"和"规范化"不是指管理阶层任意地制定烦琐的标准和规定,而是要进行原因和结果的工序分析,即用因果分析法或鱼骨图分析法进行详细分析。因素是无限的,根据经济的理念和排列的原则,可以将一二项重要的因素标准化,充分控制起来,将会收到很大成果。同时要充分发挥公司有经验的所有人的智慧来实现方法的标准化和规范化,要注意标准的不断修订。

(3)进行教育和训练。只有对使用标准和规定的人进行教育和培训才能使标准的精神和思想落到实处。教育不仅有集中教育,还可以通过实际业务一对一地对员工进行教育和培训。

(4)实行工作。工作的实行不能靠命令和指令强制执行,而是要通过员工的自主性来进行。

(5)核对实行的结果。核对实行的结果,就是在明确核对因素的基础上对工序过程或结果进行核对以发现管理中的异常和例外。

(6)采取措施。找出引起异常和例外的原因,采取以避免异常或例外再次发生的措施。

其中,第一和第二步是戴明环中的 Plan,第三和第四步是戴明环中的 Do,第五步是戴明环中的 Check,第六步是指 Action,如图 6-8 所示。

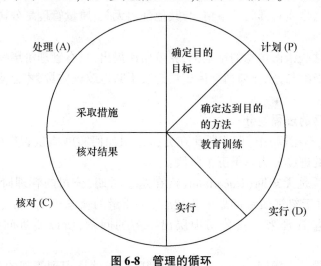

图 6-8　管理的循环

(五)菲利浦·克劳斯比

菲利浦·克劳斯比(Philip Crosby,1926—2001)是美国最具个人魅力的、最具传奇色彩的、最有企业家精神的管理大师之一,被誉为当代"伟大的管理思想家"、"零缺陷之父"、"世界质量先生"。他 1926 年 6 月 18 日出生于西弗吉尼亚州的惠灵市,曾经参与过二战,先后任职于克罗斯莱(Crosley)公司、马丁玛瑞塔(Martin-Marietta)公司,1965年进入ITT,1979年在佛罗里达创立了PCA公司(Philip Crosby Associates, Inc.)和克劳士比质量学院。他终生致力于"质量管理"哲学的发展和应用,把质量管理引入美国的公司管理方面,引发了全球质量活动由生产制造业扩大到工商企业领域。他的代表性著作有《质量不花钱》(Quality is Free, 1979)、《完美无缺——不流泪的质量管理》(1984)等。

关于质量管理的错误认识

克劳斯比在《质量不花钱》一书中首先指出了关于质量管理的五个错误认识并给予了纠正:

(1) 质量好的东西不仅具有相当的价值,而且也代表着身份和地位;质量是符合所要求的标准,不符合标准的产品就是没有质量。

(2) 质量是无法评估和测量的;质量可以用"金钱"这个古老而深具权威的工具来测量。

(3) 改进质量需要花费巨大的成本;"第一次把事情做对",改进质量不但不会增加产品成本,而且会降低成本和花费。

(4) 认为次品仅仅出现在生产领域;管理阶层是造成质量不佳的最大原因,因为生产领域的工人是受到管理者的影响的。

(5) 质量是质管部门的事情,与其他部门无关;质量管理是公司全体员工的责任。

在纠正这些错误观念的基础上,克劳斯比提出,只有管理阶层率先肯定质量的价值并积极参与,领导公司全体成员持续不断地改进质量,才会使质量管理不会昙花一现。

质量管理的进程划分

《在质量不花钱》中,克劳斯比在分析公司如何实施质量管理的同时,将实施质量管理的进度分为以下五个阶段:

第一阶段是无知期(Uncertainty):在这一时期,公司的管理阶层并非不努力工作,但由于忽视质量问题的重要性,对质量的概念模糊不清,也不知道该如何改进质量管理来解决公司中层出不穷的问题,所以质量问题仍然不断发生。

第二阶段是觉醒期(Awakening):管理阶层虽然认识到管理的重要性,但不愿意投入太多的时间、精力以及金钱去促进公司的质量管理。总之,这一时期,管理阶层有了改进质量管理的动机,但仅限于头痛医头、脚痛医脚,而没有建立一套解决质量问题的长远规划。

第三阶段是启蒙期(Enlightenment):管理阶层不仅有了改进质量的动机,而且决定采取质量改进计划,采取有效的质量管理政策。

第四阶段是通晓期(Wisdom)：管理阶层完全了解质量管理，并能在其中发挥重要的作用。质管部门成为公司一个重要部门，发挥训练和监督的作用。全公司员工、各部门都将预防问题和改进质量作为己任。质量不合要求的产品大大减少。

第五阶段是稳定期(Certainty)：管理阶层视质量管理为公司的生命。质管经理已经成为公司董事之一。公司已经建立了良好的预防系统，除了一些极少的例外问题已被预先防止了。质量改进成为公司日常而且是持续的活动和过程。

从无知期到稳定期是一个漫长的过程，公司的管理阶层一定要坚持信念，将质量改进活动进行到底。

质量改进的14步

在《质量不花钱》一书中，克劳斯比提出了改进质量和质量管理的14项步骤：

(1) 管理阶层的承诺；
(2) 团队行动；
(3) 设定标准；
(4) 了解质量的成本；
(5) 对质量警觉；
(6) 改正的行动；
(7) 计划零缺点的活动；
(8) 员工教育；
(9) 设零缺点日；
(10) 设定目标；
(11) 消除引起错误的因素；
(12) 选出质量改善的榜样；
(13) 建立质量委员会；
(14) 从头开始做起。

质量改进的三要素

在《完美无缺——不流泪的质量管理》中，克劳斯比在剖析组织问题以及问题产生原因的基础上，提出公司质量改进的三要素或者三项策略：

决心——是质量管理和质量改进的第一步，是指管理阶层再也不能忍受他们生产出现次品，发誓要改变这一现状。在使用这一策略的过程中，公司的管理阶层要以行动表示改进质量的决心，并靠自己坚定的决心来鼓舞下属改进质量的信心。

教育——是指管理阶层帮助公司员工了解质量的含义，清楚自己在质量改进中的责任和任务,并培训员工具备特殊的知识和能力以应付公司所面临的改变和自己所面临的问题。

执行——观念是基础,教育是达到了解观念的必经之途,执行则是指观念和教育的落实。没有这一落实,质量改进就成为空谈。执行是指质量改进的行动遵循既定的方针路线进行。

质量管理的定理

克劳斯比在《完美无缺》中提出了质量管理的四个基本定理:

定理一,质量合乎标准。为达到这一要求,公司的管理阶层必须做好以下三项任务:一是清楚制定质量标准和对员工工作的要求;二是为员工达到要求提供工具和金钱等方面的帮助;三是鼓励员工为达到要求而努力工作。

定理二,以防患于未然为质量管理制度。克劳斯比坚信,提升质量的良方是预防,而不是检验。统计的质量管制(Statistical Quality Control)是实现防患于未然的有效方法。在这套方法中,对工作程序的任何变数进行预先定义,在实施过程中如果变数超出标准之外,可以通过控制进行矫正,以期过程与标准相一致。

定理三,以"零缺点"作为唯一的工作标准。克劳斯比推翻传统的"错误是不可避免的"观点,坚持管理的执行标准只能是"零缺点",而不能是"差不多"。

定理四,以"产品不合标准的代价"衡量质量。"质量不合标准的代价"是指所有因为在第一次没有完全做好或做对的情况下而产生的多余行动和多余花费。衡量质量的方法不是用指标来评定,而应该用"质量不合标准的代价或成本"来衡量,成本越小,质量就越高,反之,就越低。

从以上对克劳斯比主要观点的介绍,我们可以发现,他认为质量管理的关键不是技术,也不是统计,而是人,尤其是公司中的管理阶层的决心、领导作风等。同时他坚信,只要"第一次把事情做对",质量控制可以而且也能够达到完美的地步——零缺陷,这也是克劳斯比在美国引起轰动的主要功绩。

(六) 吉尔·A.洛丝特

吉尔·A.洛丝特(Jill A. Rossiter)是美国著名的管理学家和教育学家,曾担任美国威斯康星州小企业发展中心的副主任,现为管理教育研究中心的总裁。

洛丝特在1996年出版的《全面质量管理》是为了帮助小企业推行质量观念,开展质量管理活动而建立的理论。本书在借鉴前人的质量管理理论和观念的基础上,讨论了小企业如何开展全面质量管理,为小企业主和管理人员提供了质量管理的必备知识和关键技术。

小企业全面质量管理的四大理念

(1) 把企业引到质量上来。质量概念,是小企业生存和发展的唯一原因和理由。如果你能够持续地为顾客提供比竞争对手更好和更满意的产品和服务,你的市场占有率就会不断增长,就会在竞争的环境中立于不败之地。实施质量管理,首先要进行质量观念的转变,在此,洛丝特提出了几项可以借鉴的方针:注重非正式组织在质量转变中的积极作用;寻求关键人物(理解质量管理的人)的积极支持;提供必要的条件和支持以帮助组织成员理解质量、应用新的技巧并习惯于变革;制订周密的计划,采取渐变和突变相结合的方式;将支持质量管理的人员组成一个团队以形成合力;寻求高层管理者的支持和投入。

(2) 把顾客放到首位。把顾客放在首位,不仅要识别和划分顾客类群及需要,还应该了解顾客的需要和期望,提供顾客满意甚至是超出顾客期望和需求的产品和服务。

(3) 使员工参与到质量中。提供顾客满意的产品和服务,不是单纯管理者或者是基层员工的责任,而是公司中每一个员工的职责。改变传统管理中"你们—我们"的态度,创建一个人际关系和谐的团队。

(4) 对过程和系统进行持续的改进。改进过程和系统管理,不是一个中断的过程,而是一个封闭的循环过程,如图6-9所示:

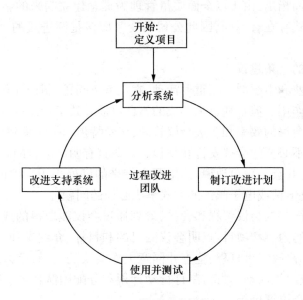

图6-9 持续改进循环

小企业变革的模式如表6-5所示:

表6-5　小企业变革的模式

	传统的公司模式	新型的质量公司模式
公司的目的	增加投资回报率和业主利益最大化。把产品和服务投入市场	创造一个学习型组织,在其中员工协同工作,共同享有在一定的利润水平上满足顾客需要的远景
顾客的角色	顾客就是市场,顾客因购买产品或服务而存在	顾客是公司存在的原因,是所有决策的基础
管理者的角色	决定应当生产什么和如何生产,建立战略和目标,通过经济规模、资源损耗和价格操纵来控制成本;指导和控制员工的活动使之履行职责完成目标	沟通远景和价值,树立致力于顾客和质量改进的榜样,通过教育,建立团队和培训员工;把大多数决策下放给团队和个人;开发人力资源;授权给他人去做使顾客满意的事情
其他员工的角色	根据方针做事,通过管理者实现生产目标;让管理者决策;把质量检验职能留给检验人员	了解组织的远景、系统和它们的角色;了解顾客并以顾客为导向;作为公司的员工而自豪,高质量工作;不断寻找改进过程和产品的方法
结果	短期利益观;管理者和被管理者之间是"我们—他们"的态度和关系;产品导向的公司	顾客需要导向的公司,长期远景指导决策,不断改进

洛丝特进而指出,由于以全面质量管理为理念建立起来的新型公司模式与传统的经营方式存在着不同,因此公司的变革应该是渐进式的,大概需要2—3年的时间。

管理会议的十条建议

会议是企业和组织的一项重要活动,它在解决问题、制订计划和传播信息等方面有重要的作用。但长期以来形成的不良习惯导致了会议的管理不善和无效率。为了提高会议的效率和改进会议管理,洛丝特提出了十项建议和技巧:

(1) 取消不必要的会议安排和日程。除非具有明确的目的和正确的会议目标,否则就不要开会。简单地说,如果开会带来的好处小于会议的成本,就不要开会,可以通过电话或电子邮件的方式解决必须的问题。

(2) 制定详细的会议议程和安排,筹划通过会议能取得的成果。会议议程主要包括以下的内容和项目:点明会议的目的和目标、介绍参加者、制定会议基本规则、检查和修改议事日程、检查并同意上次会议的记录、个人或团队情况报告、解决问题或决策活动、讨论、制订行动计划和分配团队任务、会议总结、下一次会议规划和会议评价等。

(3) 认真挑选会议参加人员。为了提高会议的效率,会议应该只邀请那些与会议内容有关联和需要参加并能提供具体信息反馈的"外人"参加。

(4) 提前发出会议通知和日程安排。这可以为与会人员提供充足的会议准备时间。

（5）准时到会、准备充分。如果你有正当理由缺席或迟到,应该提前通知支持会议者。

（6）全身心地投入到会议中。只有所有的与会人员能全身心地投入和参与到会议当中来,会议才会有高效率。

（7）严格按照时间表进行会议。支持会议者应该能够掌控会议过程,使会议始终切中议题。

（8）与会成员要做好会议记录以及确定下次会议的任务。虽然在会议过程中会有专门的人员做会议记录,但也应要求每一个与会人员做好会议记录,以备后用。

（9）总结和评价会议。总结并评价会议,让与会者清楚会议的内容和决定,并了解下次会议的内容和应该准备的材料。

（10）提供会议的补充。额外的补充,如团队任务的活动清单、上次会议的数据和报告初稿等。

全面质量管理中管理者的角色

洛丝特指出,管理者要想在团队中取得每个人的支持,就必须转换管理者的角色,从决策者和领导者的角色转变为教师、榜样、教练和鼓动者的角色,如图6-10 所示：

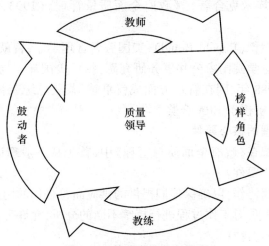

图6-10 管理者的角色转变

（1）作为教师的管理者。每个人对工作都有一个学习的过程,很少有人马上就能胜任某个职位,这个时候,管理者就要充当起教师或培训者的角色。

（2）作为榜样的管理者。如果你想把你的公司变为质量组织,不仅要树立质量观念,而且要驱使公司员工成为变革的动力。这就要求质量领导者以身作则,为他人树立榜样,如,如何对质量承担100%的责任,如何与其他人有效地协作等。

(3)作为教练的管理者。在全面质量管理中,管理者不再是唯一的决策者,非管理者在"教练"(管理者)的培训和指导下,可以就与其有关的工作做出决策。而管理者的任务就是指导和支持员工把工作做得最好。

(4)作为鼓动者的管理者。首先,管理者必须是实现远景和追求质量的鼓动者;其次,管理者要成为正在使质量成为现实的团队和个人的鼓动者、支持者和强化者。

随着全面质量管理在企业中的普遍应用以及政府在公共领域尝试全面质量管理的实践,一些学者开始从理论上论述将全面质量管理的理念和思想引入到政府管理领域的可能性、必要性和步骤措施等,史蒂文·科恩和罗纳德·布兰德就是其中的主要代表。同时,伴随新公共管理运动的兴起及在实践中的应用,"质量"和"质量管理"成为20世纪80年代后政府管理领域的核心用语和目标。

(七)史蒂文·科恩和罗纳德·布兰德

史蒂文·科恩(Steven Cohen)是美国著名的管理学家,哥伦比亚大学公共政策与行政管理专业研究生项目主任、西弗吉尼亚大学和哥伦比亚大学政治学助理教授;曾在美国环保局(EPA)做政策分析员;科恩以其深厚的理论功底和丰富的实践经验发表了大量的论文及著作,著有《高效的公共管理人员》(1988,与威廉·埃米克合著)、《政府全面质量管理》(1993,与罗纳德·布兰德合著)等。

罗纳德·布兰德(Ronald Brand),美国著名管理学家,曾就职于普林斯顿大学伍德罗·威尔逊学院国家公共事务研究院,担任美国环保局地下储油罐管理办公室主任等;1988年,因在管理方面成就卓越,荣获总统荣誉奖,1990年因出色领导实施TQM被授予EPA金奖。

全面质量管理的核心要件

科恩和布兰德在《政府全面质量管理》中,首先从一般理论出发,阐述了全面质量管理的核心要件:

(1)与供应商协作,以确保他们提供的供应品符合你的用途和要求;

(2)让工作人员对工作过程进行持续不断的分析,允许工作人员说实话,使管理者清楚地知道实情;

(3)与顾客协作,确认顾客范围,诊断顾客要求,实践中提出超出顾客期望值的产品和服务。

政府部门中引入TQM时需要进行的组织变革

首先,了解并清楚组织变革中的障碍。审视组织的外部环境(包括政治环境、经济环境、社会环境、技术环境)和内部环境(主要是组织文化和组织体制)

对组织变革的不利因素,并采取有力措施加以清除。

其次,分析组织现状,将 TQM 融合到管理构架和组织文化中去。将 TQM 机制引入政府机构和公共部门可以贯彻以下几项策略:(1) 管理人员必须做一名 TQM 改革的带头人;(2) 争取上级、同事以及下级对 TQM 改革的支持;(3) 在组织中培育对 TQM 改革的支持性组织文化和激励机制;(4) 吸收尽可能多的管理人员和工作人员亲身、积极参与到 TQM 的改革和实施中去。

最后,按照全面质量管理的核心要求运营政府组织。

对全面质量管理理论体系作出重要贡献的管理学家还不止这些,由于篇幅所限,在此只将主要的全面质量管理学家向读者一一介绍,其他学者的观点和思想不再赘述。

三、6σ 管理思想

6σ 管理是一种持续改进产品和服务质量的管理方法,起源于美国的摩托罗拉公司。摩托罗拉公司从 1980 年开始实施以加快技术开发、提升产品质量为核心的 6σ 管理模式。摩托罗拉公司在提升企业质量的过程中,为了实现改进,创造性地引入了一个衡量质量的通用指标,即"百万机会缺陷数"(简称 DPMO)。该指标计算公式为:

$$百万机会缺陷数(DPMO) = 单位缺陷数(DPU)/百万个出错机会$$

这里的单位缺陷数是指所衡量的每个单位对象的缺陷数。在此基础上,百万机会缺陷数(DPMO)即为衡量企业质量的制度。根据这一尺度,摩托罗拉公司将其质量改进的目标确定为百万机会缺陷数(DPMO)小于 3.4,即在 100 万次的出错可能的情况下,只允许出错 3.4 次。而 DPMO 值为 3.4 的时候正好对应着 6σ 的质量水平,6σ 管理便由此得来。

"σ"本来是一个反映数据特征的希腊文字母,表示数据的标准差,是用来衡量一个总数里标准误差的统计单位,但 6σ 在摩托罗拉公司却被赋予了新的内容。一般企业的瑕疵率大约是 3 到 4 个 σ,以 4σ 而言,相当于每一百万个机会里,有 6210 次误差。如果企业不断追求品质改进,达到 6σ 的程度,绩效就几近于完美地达成顾客要求,在 100 万个机会里,只找得出 3.4 个瑕疵。

从 20 世纪 90 年代中期开始,6σ 逐步发展成为以顾客为主体来确定企业战略目标和产品开发设计的标尺,追求持续进步的一种质量管理哲学。所谓 6σ 管理思想,是指获得和保持企业在经营上的成功并将其经营业绩最大化的综合管理体系和发展战略,是使企业获得快速增长的经营方式。具体来说,6σ 管理包括定义、衡量、分析、改进、控制五个步骤。

(1) 定义:明确你所提供的产品与服务,明确你的顾客是谁,他们需要怎样的产品与服务以及你应该如何为顾客提供服务。

(2) 衡量：以灵活有效的衡量标准测量和权衡现存的系统与数据，了解现有质量水平。

(3) 分析：利用统计学工具对整个系统进行分析，找到影响质量问题的关键因素。

(4) 改进：运用各种管理方法与管理工具，针对需要改进的关键问题确定改进的最佳模式。

(5) 控制：对改进的关键问题进行长期的控制，从而维持改进结果，实现企业质量的提高。

6σ管理的重点是将所有的工作作为一种流程，采用量化的方法分析流程中影响质量的因素，找出最关键的因素并加以改进从而达到更高的顾客满意度。6σ管理的5个步骤需要周而复始、循环往复的运行，才能实现企业质量的持续改进与不断提升。

作为一种有效的质量管理方式，6σ管理思想具有如下特征：

(1) 注重顾客的需求。

把顾客放在第一位。企业战略的制定必须站在顾客的角度思考。充分了解顾客的需求，针对顾客的需求来设定企业目标，并以此为基础衡量企业绩效，做到企业绩效的持续改进。

(2) 重视过程，强调改善业务流程。

6σ思想强调企业要在企业业务流程过程中提升产品质量，对业务流程的每一个细节做到精益求精，通过企业全部业务流程人员的共同努力来提升产品质量与服务。

(3) 注重客观的业绩数据。

业绩统计数据是企业实施6σ管理的依据，企业需要根据统计学工具及分析，掌握企业实际状况，作出正确的战略规划实现6σ管理。

(4) 重视对员工的培训。

6σ管理要求对企业员工实施严格的培训，提升员工素质，明确员工工作职责，让员工成为企业提供高质量产品和服务的保证。

(5) 积极推进企业的改进。

6σ非常注重企业的改进，企业需要不断发现业务流程中的问题，分析问题产生的原因，并通过积极地改进解决这些问题，从而减少不利于产品质量提高的因素。

(6) 倡导学习的企业文化。

作为一种全面质量管理理念，6σ要求企业形成让员工不断学习，不断提高的企业文化，让企业形成一个良好的学习氛围，使员工素质得到提高，满足6σ的要求。

（7）追求完美。

在摩托罗拉采用6σ管理取得成功之后，通用电气、IBM、索尼等国际性公司纷纷效仿。

四、全面质量管理理论的主要特征

全面质量管理代表了质量管理理论发展的最新阶段。不同的质量管理学家从不同的方面对理论内容做了系统的阐述和建构，但透过不同现象的表面，我们可以看到关于全面质量管理理论中的核心内容和共同特征：全面质量管理，是一个企业或组织以质量为中心，以全员参与为基础，以数理统计和计算机技术等为手段，以顾客满意和本组织所有成员及社会受益为目标，从而达到组织长期成功的一种管理途径。具体来说，全面质量管理主要有以下几个特征：

1. 全面质量管理是一种管理理念的转变，而不单是传统质量管理思想的扩充和发展。传统的质量管理理念认为，"高质量必然导致高成本"，而全面质量管理彻底推翻了这一理念。通过以预防为主，实施事前控制和事中控制的方法将不合格产品和服务遏止于萌芽之中，从而实现了在低成本的情况下同样实现高质量的理念。这是对传统质量管理的一次革新，可以称作是质量管理历史上的"第二次革命"。

2. 以预防为主，力争从根源处控制和提高质量，是全面质量管理的一个重要特征。事后的检验面对的是已经既成事实的产品质量，因此，优良的产品质量不是靠事后的检验形成的，而是通过对市场调查、产品设计、生产制造和售后服务等环节的控制而实现的。全面质量管理理论要求把质量管理工作的重点，从"事后把关"转移到"事前预防"和"事中监控"上来；从关注生产结果转变为注重生产因素和生产的各个环节，实行"预防为主"的方针，力争做到"防患于未然"。当然，注重"事前预防"和"事中监控"并不是排斥"事后把关"，而是将"事前"、"事中"和"事后"三个环节有机结合起来，在强调"事前预防"和"事中监控"的基础上，关注"事后把关"，防止不合格品出厂或流入下道工序，并把发现的问题及时反馈，防止再出现、再发生，以保证产品质量持续不断地改进。

3. 全面质量管理是全员参加的质量管理、全过程的质量管理和全面的质量管理。全员参加的质量管理即要求全部员工，无论高层领导者，还是中层管理者，不管是普通办公职员还是一线工人，都要参与到质量保证和质量改进活动中来。全过程质量管理的价值理念是产品或服务形成和发展的每一个环节都影响着产品最终的质量状况和质量标准，因此，全过程的质量管理包括了从市场调研、产品的设计开发、生产（作业），到销售、服务等全部有关过程的质量管理。全面的质量管理是指管理的对象不仅包括产品和服务，还包括组织的所有活动、过程、人员(技术水平、能力和素质等)和组织结构等各个方面。总之,全面质量管理就是要发动组织中的所有人力把质量形成、发展和售后全过程的各个环节或全部因素控制起来,形成一个综合性的质量管理体系,做到以预防为主,防检结合,重在提高。

4. 全面质量管理是科学技术、经营管理和统计方法三者相结合的管理。①全面质量管理理念的实现依赖于科学技术、经营管理理论和统计方法的结合与运用。全面质量管理是对传统的质量管理的彻底革新,是质量管理的更高境界。随着全面质量管理理念和思想的不断发展和普及,质量管理逐渐被提升到了经营管理的层次上来,"质量管理是企业经营的生命线"等思想也逐渐演变为企业和组织的一种经营管理理念。全面质量管理理论产生以来,科学技术和统计方法对生产的推动和产品质量的提高起了非常重要的作用。

5. 全面质量管理是一种运用多方法、多手段的管理。随着信息时代的到来和全球化浪潮的不断推进,影响产品质量和服务质量的因素也愈显复杂:既有物的因素,又有人的因素;既有技术的因素,又有管理的因素;既有企业内部的因素,又有企业外部的因素。要把这一系列的因素系统地控制起来,全面管好,就必须根据不同情况,区别不同的影响因素,广泛、灵活地运用多种多样的现代化管理办法来解决当代质量问题。

目前,全面质量管理中除了运用统计方法外,还广泛使用各种其他的非统计方法。常用的质量管理方法有所谓的老七种工具:排列法、因果图、直方图、控制图、相关图、分层图、调查表;还有新七种工具:亲和图、关联图法、系统图法、矩阵图法、矩分割法、PDPC法、箭条法。② 除了以上方法外,还有很多方法,尤其是一些新方法近年来得到了开发和广泛的运用,具体包括:质量功能展开(QFD)、故障模式和影响分析(FMEA)、业务流程再造(BPR)等。

第三节 组织文化与文化管理理论

一、组织文化理论的兴起及阶段分析

文化管理兴起于20世纪80年代初,主要源于两方面的因素:

第一,理性主义向人本主义的转变和管理实践的巨大变化。

理性主义一直是西方管理的基本准则,但理性主义管理在二战后尤其是20世纪六七十年代,受到了严峻的挑战。二战后,西方学术开始致力于对人的主体性进行研究,以探求人们变幻莫测的精神世界和行为追求,宣扬人的尊严、价值

---

① 刘立户编著:《全面质量管理》,北京大学出版社2004年版,第20页。
② 同上书,第117页。

和主体性。强调以人为中心的文化管理理论正是西方人本主义思潮的重要表现。伴随着对人的价值和尊严的崇尚、员工文化水平的提高以及企业规模的不断扩张,如何团结员工,增强企业的凝聚力和向心力显得尤为重要。这些新情况、新问题也迫使西方国家,特别是美国重新审视理性主义管理的做法,开始关注人文的重要作用。

管理实践的变化主要体现在这几个方面:人们的物质需要相对减少,精神需求不断增长,以"经济人"为假设的单纯物质性刺激的管理方法作用大减,员工对企业的要求不仅局限于劳动报酬,还需要满足员工自我价值的实现,这迫使新的管理方式的出现;随着科技的发展,脑力劳动逐步代替体力劳动,"胡萝卜加大棒"的政策必然招致激烈抵抗;一个竞争的时代不仅是科学技术的竞争,也是管理理论和管理思想的竞争,要想使企业在国际竞争中立于不败之地,加快理论的创新成为必然要求;就业观念的转变使人员流动性加强,员工有更多的选择机会和更大的选择空间,这意味着缺乏人情味的管理更容易流失人才。经济和科技的繁荣促进了社会文明,社会文明的要求对管理理论提出了挑战。IBM 的服务意识、松下的"产业报国"和海尔的"真诚到永远"等理念,满足了社会不同层次的需求,提高了企业的经营绩效,履行了社会责任,一种文明的管理模式正逐渐形成。种种实践情况的深刻变革也要求管理理论做出回应,文化管理是管理理论逻辑发展的必然产物。

第二,日本经济的高速增长和美国企业界的深刻反思。

二战后到 70 年代末 80 年代初,国际经济形势发生了显著变化,日本经济迅速恢复与发展。经过 1945 年到 1955 年 10 年的艰苦努力,日本经济从战后的废墟中恢复到战前水平,到 60 年代以 10% 的速度进入高速增长时期,70 年代日本摆脱了石油危机,平均增长速度达到 5%,70 年代末国民平均收入达到近 9000 美元,整个 80 年代日本经济如日中天,增长率近美国两倍。世界各国也目睹了日本的"经济风暴":松下电器充斥整个亚洲市场,丰田汽车跑向世界的各个角落,三洋电机也把工厂搬到了海外的印度洋和大西洋。在经济实力膨胀的刺激下,80 年代末到 90 年代初,日本掀起了"购买美国"的疯狂热潮。1989 年日本索尼公司以 34 亿美元购买了美国哥伦比亚电影公司,震惊了全世界;随后,三菱地产公司以 14 亿美元的价格收购了洛克菲勒中心 80% 的股权;1987 年至 1990 年期间,日本购买了美国大约 570 亿美元的地产;松下公司以 62 亿美元的价格买下了好莱坞的 MCA 公司;美国疗养胜地夏威夷怀基海滩 60 家最大的旅馆一半以上被日本企业收购,就连夏威夷的小洋楼也陆续成为日本人的囊中之物。美国舆论惊呼"日本购买了美国的灵魂"。日本在二战后短短三十年的时间里,由一个战败国一举发展成为居世界第二的发达资本主义国家,跨入世界先进国家行列,在国际市场上成为美国的主要竞争对手,直逼美国的"巨无霸"

地位。

与此相比,二战后一直居于世界经济主导地位的美国则停滞不前,经济衰退,通货膨胀,失业加剧。此时,日本的大宗商品如洪水般涌入美国市场,从纺织品、钢铁等传统工业产品到美国具有规模优势的汽车和电子产品,日本处处显示出咄咄逼人之势,而美国面对这种突如其来的严峻形势却一筹莫展。一向主张自由主义的美国企业界不得不再度依赖政府的关税壁垒和贸易保护政策。日本经济的高速发展和对美国企业的挑战令世界瞩目,这给美国企业界和美国经济界带来了巨大的震动,更令美国人感到惶恐不安和极度诧异,残酷的现实迫使美国这个"领路人"开始反思。日本经济奇迹的秘诀何在？摆脱美国经济萧条的灵丹妙药何在？管理界的许多学者、企业家也纷纷到日本考察,开始着手研究日本企业的管理模式。对美日企业进行对比研究分析之后,他们发现美国企业管理中发挥作用的主要是硬性管理因素,如战略、技术、结构、制度、规章、财务分析等;而日本的企业管理中,软性管理因素更为突出,如企业目标、价值观念、宗旨和信念等,这些因素正是美国企业所缺少和忽视的。随着日本企业的发展,这种软性管理因素的竞争优势逐步显现,在企业竞争和企业管理中发挥了重要作用,造就了人们"企业文化"的管理思维。美国 IBM 和惠普公司的独特文化在市场竞争中发挥了优势,这些都使美国管理学界逐步认识到文化的重要性。通过对比他们逐渐认识到,真正对美国构成威胁的不是日本企业发达的科学技术、先进的机器设备等物质和经济因素,而是由它的社会历史、文化传统等因素融合而成的日本企业独具特色的企业文化。

他们认为以文化维系企业,员工便会忠诚,默契也就增加,企业竞争力自然会提升。因此,进入 80 年代后,西方企业界针对日本企业文化的实践掀起了一股公司文化的热潮,文化管理由此盛行。

管理是一种文化现象。随着 20 世纪初企业管理实践的发展,企业文化就自觉不自觉地产生了,只是没有形成系统的理论,更没有引起管理者的重视。古典管理理论的物本文化,行为科学管理理论的人本文化都是企业文化的思想状态。企业文化理论的诞生,也是在总结前人的管理思想和管理理论的基础上,对企业运作实践不断研究,加以创新的结果。文化管理理论大致历经了三个阶段。

第一阶段是初步认识和萌芽阶段。美国哈佛大学沃格尔教授的著作《日本名列第一》(*Japan as Number One*)于 1979 年出版,该书以大量事实论述了在自然资源匮乏的日本,为何能够实现经济的快速增长,巧妙地解决了美国人感到非常棘手的问题。该书出版后立即引起举国上下的反响;美国 NBC 在 1980 年 6 月 24 日播出的电视节目"日本能,我们为什么不能?"更是起到了推波助澜的作用,拉开了向日本企业学习的帷幕;比尔·艾伯纳西 1980 年在《哈佛商业评论》上发表了"里程碑"式的一文《在经济衰退中进行管理》,它奠定了以文化为根本手段的管理理论的基础;1980年秋,美国《商业周刊》首先提出了"企业文化"的概念,认为企业文化主要是指价值观念,企业应该运用价值观"为公司的活动、意见和行动树立榜样。通过经理的实践逐渐传输给各个员工,并传至接班人"。

第二阶段是企业文化理论的系统研究阶段。帕斯卡尔和阿索斯的《日本企业管理艺术》、威廉·大内的《Z理论——美国企业界如何迎接日本的挑战》相继出版,为美国企业界具体研究和学习日本企业管理模式提供了指导。迪尔和肯尼迪的《公司文化——公司生活的礼节和仪式》、彼得斯和沃特曼的《追求卓越》成为畅销书,他们不再满足对日本管理模式的简单学习,而是主张重建与美国文化相适应的经营组织,管理学家开始研究和总结成功的美国企业管理模式的特点,"卓越"(excellence)和"文化"(culture)也因此成为美国管理界关注的焦点。《日本企业管理艺术》、《Z理论》、《公司文化》和《追求卓越》被誉为企业文化管理的四重奏,企业文化理论体系逐步形成。这些理论与实践的创新使美国企业管理和经济界受益颇大,助推美国强化和巩固了经济强国的霸主地位。

第三阶段是文化管理理论的深化阶段。以埃德加·沙因为代表的系统组织文化研究,从群体动力、领导理论和学习理论的角度探讨了组织文化,代表作有《组织文化与领导》、《企业文化生存指南》。彼得·圣吉在《第五项修炼》一书中提出了学习型组织理论,促进了东西方管理文化的逐步融合。霍夫斯泰德的跨文化管理理论所开发的文化分维系统被广泛运用,为不同国家透过文化差异提升跨文化管理活动的有效性提供了理论基础。

二、主要代表人物及其主要观点

(一)帕斯卡尔和阿索斯的"7S"管理模式

理查德·帕斯卡尔(Richard Tanner Pascale)是美国哈佛大学工商管理研究院的教授,牛津大学的协同院士,也是圣塔菲研究中心的访问学者,曾任教斯坦福大学商学研究所达20年之久。他也是全球首屈一指的企业顾问,曾与数十位《财富》杂志五百大公司的执行官及最高经营团队成员密切合作,共同推动组织转型。安东尼·阿索斯(Anthony G. Athos)是斯坦福大学的教授,他以教学出色著称,与帕斯卡尔合著《日本企业管理艺术》(The Art of Japanese Management)一书于1981年2月出版,集中体现了他们对文化管理的贡献。

帕斯卡尔和阿索斯分别以松下电器公司及其创立者松下幸之助作为日本企业的典型代表,以国际电话电报公司及担任该公司总裁长达20年的哈罗德·吉宁作为美国企业的典型代表,通过对二者的对比分析,结合麦肯锡咨询公司的研究,提出了著名的"7S"管理模式。即分别用战略(strategy)、结构(structure)、制度(system)、人员(staff)、作风(style)、技能(skill)、共同的价值观(shared-values)七个名词的首字母,表示决定企业成败的7个关键因素,如

图 6-11 所示。这 7 个因素构成一个整体网络,忽视任何一项因素都会影响整个网络的协调和管理。其中共同的价值观可以把其他六项要素黏合在一起,共同发挥系统作用,增强企业内部的凝聚力,提高企业竞争力。美国麦肯锡咨询公司的前总经理罗纳德·丹尼尔认为,帕斯卡尔和阿索斯的论述,展示了把思想和行为融为一体的价值,强调管理工作总体观点的重要性。

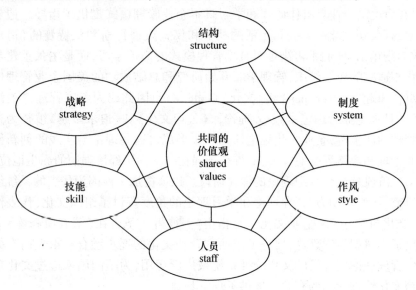

图 6-11 "7S"管理模式

战略:对达成企业目标的途径和手段的总体谋划;
结构:组织的构成形式,为实现战略目标而设立的权力分配和协调分工;
制度:确保战略目标实现的规定和要求;
人员:人力准备,是战略实施的关键;
作风:个性特征,企业风格和领导人风格与企业文化密切相关;
技能:员工必须具备的各种技巧;
共同的价值观:灌输给员工的企业精神和价值观念。

帕斯卡尔和阿索斯经过对美日企业的研究发现,两国企业在整体战略、矩阵式组织结构以及会计报表等制度方面非常相似,真正的区别在于管理风格、人事政策和价值观念上。美国企业的管理人员往往过于突出前三个"硬"S,而忽略了后四个"软"S,而日本企业更重视人员、作风、技能和共同价值观这四个"软"S因素。正如作者所说,美国的管理是以"崇拜历史性的强硬、独裁"为理想模式的,而商学院的管理教育更是重视数量化分析与合乎逻辑的研究,精神和价值观念往往被人们低估了。美日企业管理模式的差异与其文化和管理实践密切相关。20 世纪 60 年代以来,美国企业界普遍关注战略和组织结构对管理效率的影响,为此,麦肯锡公司专门组织了战略研究组和结构研究组,检验美国管理界对战略和组织结构的看法是否正确有效。1962年小阿尔弗雷德·D. 钱德勒在其著作《战略与结构》一书中,提出了结构要紧跟战略的论断,这曾被美国管理学界认为是放之四海而皆准的至理名言。美国企业无一例外都重视通过改革组织结构来提高劳动生产率,20世纪60年代和70年代分别出现了分权式结构和矩阵结构改革的浪潮,由此也造成了美国企业以硬性因素进行管理的特点。而在日本,企业家更重视向员工宣传企业信念,建立与员工共享的集体价值观,以细致入微的同化过程来团结员工,这是大公司最为保密的"秘密武器",在这方面美国的企业家却恪守西方文化传统和自我中心,决不干涉员工的个人生活和基本信念。日本企业与美国企业相比能够做到"软""硬"兼顾,正是日本企业在国际工业竞争中优于美国的关键所在。因此,帕斯卡尔和阿索斯通过对美日企业差别的分析深化了对管理的认识,并引述著名管理大师彼得·德鲁克的观点,"管理不只是一门学问,管理还是一种文化,它有自己的价值、信仰、工具和语言"。帕斯卡尔和阿索斯在书中的结论也指出:"我们讨论了美国管理亚文化如何存在于国家宏观文化之内,这两种文化都包含了我们近年来企业管理能力不断衰退的原因……美国的'敌人'不是日本或德国人,而是企业自身管理'文化'的限制。"

(二) 威廉·大内的 Z 理论

威廉·大内(William Ouchi)是美国日裔学者,加利福尼亚大学管理学教授。他于1943年6月出生于美国的檀香山,1961—1965年任职于美国通用汽车公司,1967年获得斯坦福大学的工商管理硕士学位,1968年开始担任芝加哥大学商学院的讲师,1972年获芝加哥大学的工商管理博士学位,从1979年起为加利福尼亚大学管理学院教授。他从1973年开始专门研究日本企业管理,在深入调查美日两国企业管理现状和特点的基础上,以日本企业文化为基点,写下了《Z理论——美国企业界如何迎接日本的挑战》(*Theory Z—How American Business can Meet the Japanese Challenge*)一书,于1981年4月出版,出版后立即风靡全美国,并快速传播到世界各地的管理学界,成为畅销书之一。《Z理论》写作的初衷是"如何把日本企业管理的理解运用到美国环境的实践性",以尝试"日本的企业管理模式能否在美国获得成功"。该书主要讲述了信任、微妙性和人与人之间的亲密性对劳动生产率的影响。信任是一种管理制度,要保持员工、部门和上下级之间的相互信任;微妙性主张废除工长的指挥和监督,根据员工之间的微妙关系组成高效率合作团队;亲密性是指要在工作单位、家庭、邻里中培育人与人之间的亲密。大内将日本的这种企业文化管理加以归纳,并提出了Z理论。

大内通过对美日两国企业管理的研究发现,两国文化渊源的差异性导致了企业管理模式的迥然不同。在美国,由于自由主义、个人主义、权威主义和理性主义的文化影响,企业管理模式也表现出独有的特质:偏重理性、权力集中、崇尚个人价值等。这类企业有着共同的特点:(1) 短期雇佣。(2) 迅速评价和升级,绩效考核期短,员工得到回报快。(3) 强调专业化,员工过分局限于自己的专业,但对整个企业并不了解。(4) 个人决策。当时美国企业的管理者一致认为他们应该自己担当起决策责任,这不利于诱发员工的聪明才智和创造精神。(5) 个人负责,任何事情都要有明确的负责人。(6) 大多数企业实行一种"局部关系",即雇主和雇员之间达成默契,他们之间的关系仅涉及与完成特定任务直接有关的活动。(7) 明确的控制。大内把这种领导者个人决策、员工处于被动服从的地位的企业称为A(America)型组织,即代表一个对"异质性"、流动性和个人主义的天然适应模式——人们淡漠地联系着,极少有密切的关系。他认为,当时研究的大部分美国机构都是A型组织。而日本具有"家文化"传统,又融合了中国的儒家人伦思想和西方的科学理性精神,日本的企业管理模式体现出理性和人性的完美结合,注重人本思想和人文关怀。大内把日本的这种组织称为J(Japan)型组织,即代表一个对"同质性"、稳定性和集体主义相适应的模式——个人行为紧密配合的形式。J型组织的特点有:(1) 日本企业最重要的特点是终身雇佣制。"它已经不仅仅是一个单独的政策,而且还是把日本人多方面的生活和工作结合在一起的成规。"终身雇佣既是员工的期望,也是雇主的目标。(2) 评价和晋级迟缓,对员工实行长期考核和逐步提升制度。(3) 非专业化的经历道路,培养适应各种工作环境的多专多能人才。员工正式工作以前会在多个岗位上熟悉业务,以便对公司业务有整体的了解。(4) 采取集体决策过程和集体负责的工作制度,"在日本没有一个单独的个人对某件特殊事情担负责任,而是一组雇员对一组任务负有共同责任"。(5) 集体价值观。管理过程既要运用统计报表、数字信息等清晰鲜明的控制手段,又要注重对人的经验和潜能进行细致而积极的启发诱导。(6) 树立牢固的整体观念,员工之间平等对待,每个人都可对事物做出判断,并能独立工作,以自我指挥代替等级指挥。

　　大内分析了美日的文化差异以及A型组织和J型组织各自的特点,认为日本成功的诀窍在于日本的企业文化,这种文化以人为核心,主要由信任、微妙和亲密性组成,对提高劳动生产率很重要,美国的企业应该向日本企业学习。大内在他的著作中生动地概括了日本企业文化与企业经营的关系:"日本企业的基本管理方法是如此微妙、含蓄和内在,以致局外人往往认为它是不存在的。它的实质与西方企业的管理方法迥然不同。"但日本企业的管理方式有很多并不适合美国文化,不能简单地照搬到美国企业中去,为此,他提出了Z(Zygote,合子、受精卵)型组织——既符合美国文化又吸取日本管理模式特长的全新组织形式,并试图在麦格雷戈区分"X理论"和"Y理论"的基础上做出重大理论突破。这是美日观念的混合产物,有选择地调整了日本管理经验,吻合了美国文化。Z

型组织的典型特征包括长期雇佣、非专门化职业、个人责任、关注个人所有方面、非正式控制、少数服从多数决策、缓慢晋升和长期考核、平等主义等。Z 理论主张以坦白、开放、沟通作为基本原则实行民主管理，其核心是使各个员工的努力相互协调以产生最高效率。大内认为，美国企业应向兼具美日管理模式之长的 Z 型组织转变，逐步培养 Z 型公司文化。书中大内对"公司文化"的解释是："传统和气氛构成了一个公司的文化。同时，文化意味着一个公司的价值观，诸如进取、守成或是灵活——这些价值观构成公司职工活动、意见和行为的规范。管理人员身体力行，把这些规范灌输给职工并代代相传。"

考虑到由 A 型组织到 Z 型组织转化的困难，大内在其著作中明确给出了实现转化的 13 个步骤：

（1）参与变革的人员理解 Z 理论的基本原理，发挥每个人良好的作用；

（2）检验企业原有的管理指导思想和企业宗旨；

（3）解释大家所期望的管理宗旨并使公司领导支持管理宗旨；

（4）通过创立高效合作、协调的组织结构和激励措施来贯彻宗旨；

（5）培养管理人员掌握弹性的人际关系技巧；

（6）测验每个人和整个系统对将要执行的 Z 型管理思想是否完全理解；

（7）把工会包含在计划之内，取得工会的参与和支持；

（8）确立稳定的雇佣制度；

（9）决定一种缓慢的评价和提升制度；

（10）经常轮换工作，以培养人的多种才能，扩大雇员的职业发展道路；

（11）为基层实施做准备，认真做好基层一线雇员的发动工作，使变革在基层顺利进行；

（12）找出可以让基层雇员参与的领域，实行参与管理；

（13）建立员工个人和组织的全面整体关系。

大内在本书的结束语中指出：管理的"标准科学"长期以来就需要一种新的范例，日本企业违反了这种标准已经取得了更多的成功。美国企业继续生存的条件是在重视传统企业管理方法和运作方式的基础上，吸取日本企业文化的新鲜血液，把硬性因素和软性因素结合起来，使硬性因素置于软性因素控制之下，由 A 型向 Z 型组织转变。大内相信，Z 型组织模式可以在工人、管理者和其他群体中营造亲密、微妙与信任的关系，激发员工以真诚的态度对待企业，为企业忠心耿耿地工作，使企业内的部门做出牺牲以顾全企业整体；可以在稳定的工作环境中创立职业团队，满足雇员对亲和、独立和控制的需求，同时又满足组织对高质量工作的需求。事实证明，美国通用汽车公司的"别克"部，以日本管理模式为基础重新设计的管理思想获得了全面成功，它向人们昭示：员工关心企业是提高生产率的关键。

(三) 迪尔和肯尼迪的公司文化理论

特伦斯·迪尔(Terrence E. Deal)是美国哈佛大学教授,阿伦·肯尼迪(Allan A. Kennedy)是美国麦肯锡咨询公司的顾问,两人合著的《公司文化——公司生活的礼节和仪式》(*Corporate Cultures—The Rites and Rituals of Corporate*)一书于1981年9月出版。作者认为,每个企业、每个组织都有一种文化,文化有力地影响整个组织甚至是每件事。日本之所以成功的一个重要原因就是,他们能够在组织内部维持一种强烈而凝聚的文化。这种文化不一定完全适应美国,但对个别公司却十分有效。作者对数百家营利和非营利的美国公司调查研究后得出如下结论:在美国企业中,强烈的文化几乎总是取得持续成功的驱动力量。因此,美国企业摆脱困境的最佳出路并不是模仿日本人的做法,而是深植美国观念和文化,造就地道的美国模式,挖掘独创观念和设想,塑造美国厚重的企业文化。迪尔和肯尼迪认为,文化是一种集意义、信仰、价值观在内的存在,是一个企业所信奉的主要价值观,即各个层次的员工的价值观和行为的总体以及由此所表现出来的企业外在形象。

文化要素

构成企业文化主要有五项基本要素:

(1) 企业环境:是指公司根据其产品、顾客、竞争对手等因素在市场中面临的现实环境,包括企业性质、经营方向、外部环境、社会形象等,是企业文化形成和发展中起关键作用的影响因素。

(2) 价值观:组织的基本思想和理念,是企业文化的核心和基石,也是决定一个企业的基本特征区别于其他企业的主要依据,它"为全体职工提供了对共同方向的意识和他们日常行为的准则",以价值观凝聚员工,产生价值共享效应,"共享的价值观决定组织的基本特征和使它有别于所有其他公司的行为模式"。美国电话电报公司——万能的服务,杜邦公司——通过化学为更美好的生活提供更美好的东西,劳茨公司——为人们创造最佳环境,这些措辞不仅仅是一个口号,是企业核心价值观的哲理精髓。

(3) 英雄人物:是企业价值观的人格化并集中体现了组织的力量所在,是公司内部实现价值共享的文化导演者和中枢形象,为企业员工树立了效仿的楷模。"美国公司的董事会比好莱坞的票房更需要英雄人物。"英雄人物可以是天生的,如福特、洛克菲勒,也可以是公司造就的,"在某种环境下干一番非凡事业而获得奖章的人们"。英雄人物并非都具有超凡的魅力,他们所关心的是公司的整套信念和价值观,并尽力把这些信念和价值观传输给周围的人。英雄人物的作用主要体现在以下几个方面:使成功成为人人可望和可及的、提供样板角色、作为公司对外部世界的象征、保持公司的特色、设定工作标准、激励职工等。

(4) 礼节仪式：企业日常生活的管理与常规，意在向员工表明他们所期望的行为模式，是企业文化传播的通道，为展现英雄人物的画面提供了程序。包括企业的各种表彰、聚会、奖励活动、娱乐活动，到书写格式、演讲方式、退休晚宴的办法等。典礼、仪式对公司文化是必要的，它能使价值观、信念和英雄人物在员工心中保持崇高的地位，没有了这些形式，也就丧失了文化的独特性。社会仪式、工作仪式、管理仪式、表彰仪式都对公司文化的传递起着重要作用。

(5) 文化网络：组织内部的非正式联系方式和传递渠道，是企业价值观和英雄人物传奇的"运载工具"。文化网络通过"分外工作"把公司的各个部分连接起来而不考虑职位和头衔，包括公司的讲故事者、教士、传小道消息者、密探、小集团等，他们在公司内部组成了一个隐蔽的权力系统，传播、强化和修饰公司价值观，对成功组织的有效管理十分关键。

企业最大的资源就是人力资源，有效的企业管理方式应以文化对人进行微妙暗示。成功的企业领导人，要根据企业的内外环境，提出明确的价值观，并通过英雄人物的模范作用加以强化和宣传，为全体员工提供一种思想意识和日常行为的准则。

鉴别文化

通过对现实文化的梳理，作者共总结了四类：

(1) 硬汉、胆识型文化(the tough-guy, macho culture)：风险高，反馈迅速，常见于年轻者中，着眼于迅速而非持久性，机会起很大作用，但想建立强烈、凝聚的文化十分困难。适合娱乐行业和建筑业等。

(2) 努力工作/尽情玩乐型文化(the work hard/play hard culture)：以拼命干和痛快玩为准则，风险低、反馈迅速，但容易导致缺乏创见和不周密。其基本价值观集中于顾客及其需要，适合销售组织。

(3) 孤注一掷型文化(the bet-your-company culture)：风险高、反馈缓慢，这类文化的价值观着眼于未来投资的重要性，崇尚试验，对高质量发明和重大科学突破有积极作用。

(4) 按部就班型文化(the process culture)：风险低、反馈缓慢，其价值观集中于技术完备，这类文化遍布于银行、金融服务机构、大部分政府机构等。由于员工难以衡量他们的行为价值，极易产生官僚主义。

诊断文化

对公司文化进行分析的程序包括公司的物质环境、公司自身所要表达的文化、如何接待客人、人们如何花费时间等。诊断文化有助于为管理者提供文化状况的某种判断，表明文化是微弱的还是强烈的，是分散的还是集中的。根据这种判断，管理者可以更敏锐地集中自己的管理力量。

管理文化

在具有强烈文化的公司中,管理者通过支持和塑造文化进行领导,这些管理者被称为"象征性管理者",他们与传统的理性管理者相比,更擅长文化管理,对人员管理、聘用解雇、战略决策、控制成本等问题,更容易从文化角色中寻找答案。

重塑文化

在企业界,变革无处不在,变革总是威胁着文化。在公司环境变革的同时,如何及时把握文化变革的步伐对经理们提出了挑战。

(四)彼得斯和沃特曼的"追求卓越"

托马斯·彼得斯(Thomas Peters)是享誉世界的经营管理大师,他1942年生于美国巴尔的摩市,曾获康奈尔大学土木工程学士学位及硕士学位,获斯坦福大学的企管硕士和商学博士学位,担任麦肯锡咨询公司的顾问,任教于斯坦福大学,并经常为《华尔街日报》撰稿。他的主要著作有:《追求卓越》(与罗伯特·沃特曼合著)、《乱中取胜》、《卓越的热潮》、《管理的解放》等。罗伯特·沃特曼(Robert H. Waterman)出生于美国的丹佛市,曾获科罗拉多州矿业大学工程学士学位,获斯坦福大学的企管硕士学位,在麦肯锡公司任职20余年。他的主要著作有除《追求卓越》外还有《卓越的边界》等。

1982年10月,二人合著的《追求卓越》(*In Search of Excellence*)一书出版,该书贯穿始终的基本思想是以企业文化管理思想为武器,批判了美国企业界思潮主流的纯理性主义。作者回顾了美国企业管理理论的发展历程,包括四个时期:第一时期是"封闭体系—理性角色"时期(1900—1930年左右),以泰勒(Frederick Taylor)和韦伯(Max Weber)为主要倡导者,他们主张人们掌握一定的常规和技术,以解决对大群体中的人进行管理的根本问题。第二时期是"封闭体系—社会角色"时期(1930—1960),以梅奥、麦格雷戈、巴纳德为代表。第三时期是"开放系统—理性行动者"时期(1960—1970),这个时期的理论涉及关于人的机械假定,但也开始注重外部力量对企业竞争的制约。第四时期是"开放系统—社会角色"时期(1970年到现在),突出文化和创新的重要性。

《追求卓越》把企业文化定义为企业的文化传统和经营价值观,强调了管理者塑造文化传统的主要职责。而美国管理界长期以来被理性模型和数量分析所席卷,注重管理的理性层面,盛行大规模、低成本、严格控制等,却贬低了价值观的作用,忽略了人的基本要求。"管理职业化很大程度上等同于理性化,数学的理性主义管理方法统治了商学院。它告诉我们,经过良好培训的职业管理者可以管理任何事情,它为所有决策寻求独立的分析证明。"(《追求卓越》,1982)《追求卓越》对这种思想做了不遗余力的抨击。作者强调对最基本原则的回归,那就是面向顾客。美国要想重整旗鼓夺回它的世界竞争优势,就必须塑造积极向上的文化传统,文化主导贯彻始终是出色公司的根本特征。在访问了美国43

家历史悠久且最优秀的公司之后，彼得斯和沃特曼总结了这些公司具有的八大共同品质，这是企业从优秀走向卓越的八大秘诀。

（1）崇尚行动。他们主张立即着手解决问题，以行动为向导。面对复杂的问题，杰出公司能够根据外界的变化灵活应变，如自由沟通的走动管理、组织结构的化整为零、试验组织、简化制度等，以避免过于理性的反应和因大规模导致的僵化。

（2）贴近顾客。管理最基本的基石就是贴近顾客满足他们的需要，并进一步预测其未来所需。这些公司以顾客为导向、服务至上、质量至上、满足顾客的不同需要、倾听客户意见等，获得最畅销产品的灵感。

（3）自主创新。大企业能够创造令人羡慕的业绩，一个原因是他们具有大企业的风范和小企业的办事方式。另一个原因就是这些公司在员工中倡导企业家精神，充分授权，鼓励冒险，培养和支持创新斗士，如IBM的革新制度。

（4）以人促产。人是企业最大的资源和财富，无论职位的高低，员工是生产率的源泉，尊重和关心每一位员工，是提高生产率的关键因素之一。"惠普方式"的精华——团队理念，使其在没有解雇任何一个员工的情况下，成功经受住了70年代衰退期的严峻考验。

（5）价值驱动。不仅让员工加入企业，更要投入企业所追求的价值目标。一个企业只有高举特定的价值目标，才能活力永存。总经理的真正作用是管理好企业的价值观，并使之贯穿于每一位员工。

（6）不离本行。公司应该进行内行经营，做他们最擅长的事情，避免涉猎不熟悉的业务。最成功的公司往往是围绕单一技术发展多样化产品的公司，随意追求多样化只会得不偿失。

（7）精兵简政。机构臃肿的企业往往人浮于事，责任不清；杰出的公司组织简单明了，弹性大，上层管理人员很少，没有一家公司实行复杂的矩阵组织结构。

（8）宽严并济。实质上反映的是公司的集权指导和最大化个人自治的结合，他们鼓励工厂和产品发展部门的极度自主，却固执地遵守流传已久的传统价值观。

实际上，"追求卓越"抛弃了传统的认为企业大即是强的观点，预言了一个以小单元为基础的、由保持联系的无等级制度团队组成的极具弹性的企业结构。这种企业组织形式不断创新，灵活应变，有适当方法对付重大危机，能够产生高效率。诸如CNN、ABB、BodyShop企业的不断壮大，正是因为它们具有高度弹性的结构，能够及时调整，满足当时的经营需要。不可否认，彼得斯和沃特曼的思想对现代企业的经营管理产生了很大影响，获得了广泛的认同，人们在服务业的经营和营销中很明显地看到"卓越思想"的应用。卓越思想为管理者们指出了希望和令人振奋的未来，这一影响一直持续到了新世纪。

(五) 埃德加·沙因的组织文化理论

埃德加·沙因(Edgar H. Schein,1928—)既是行为科学的代表人物,也是文化管理理论的代表人物,他1947年毕业于芝加哥大学教育系,1949年在斯坦福大学获得社会心理学硕士学位,1952年在哈佛大学获博士学位,此后一直在美国麻省理工学院斯隆管理学院任教。沙因在组织文化的研究过程中提出了独创的见解,沙因组织文化模型影响深远,他本人则因此被奉为"组织文化之父"。他于1985年出版、1992年再版的《组织文化与领导》(Organizational Culture and Leadership)一书,详细描述了文化与领导的关系,成为组织文化领域的奠基之作;沙因的另一代表作《企业文化生存指南》(The Corporate Culture Survival Guide)于1999年出版,对处理组织中的文化问题更富有建设性。

组织文化含义

沙因把组织文化定义为"一种基本的假设模型——由一个特定群体在探索如何处理外部适应和内部聚合问题的过程中所发明、发现或发展而来的——一种运作有效而被认可并传递给组织新成员作为理解、思考和感觉相关问题的正确方式。由于假设被重复使用,很可能成为理所当然的和无意识的"(Schein, 1985)。沙因认为组织文化的概念包含三个要义:一是文化有一个形成和变革的过程;二是文化涵盖人类生活的方方面面;三是文化最终表现为一些潜意识的基本假设和信条,如时间、空间、现实、真理、人性和人际关系的深层次假设。

组织文化层次

沙因进一步提出构成组织文化的三个相互作用的层次:表象、表达的价值和基本假设(如图6-12所示)。

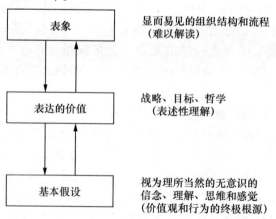

图6-12 沙因组织文化模型的三个层次

(资料来源:埃德加·沙因:《企业文化生存指南》(郝继涛译),机械工业出版社2004年版,第13页。)

表象:可观察到的物质文化,包括物理空间、视觉感受、技术输出、组织结构、组织过程、书面语言、成员行为等。表象层文化非常清晰,并具有直观的情绪感染。

表达的价值:包括战略、目标、质量意识、指导哲学等。

基本假设:潜在的、无意识的信仰、知觉、思想、感觉等,文化的精髓就是这些共同习得的价值观、理念和假设,它们随着组织的继续被反复运用而变为理所当然和共享的。

深层组织文化

在组织文化的三个层次中,最核心的是假设层,它推动和决定了表象和日常行为,是文化在操作层面上真正起作用的内在动力。只有了解了它们才能真正地全面理解文化,破译组织文化的深层次假设。沙因综合前人的研究成果,将深层组织文化分为五个纬度:

(1) 关于人与自然关系的假设:是指组织的中心人物如何看待组织与环境之间的关系,与自然环境是支配性的、共生或是被动的关系。在市场经济体制下,有的组织采取支配性市场地位,规范市场;有的组织寻求利己市场,并尽可能适应它。不同的市场观念是各种文化对人与自然的关系不同认识的具体体现。

(2) 关于人性的假设:人性假设伴随着管理理论和实践的始终,不同的管理者在人性纬度上也有很大差异。如 X 理论假设下,监督管理比较常见,Y 理论则更多地要求授权和自治管理。

(3) 关于人际关系的假设:一个组织以集体为中心还是以个人为中心,会表现出不同的权力基础和权力分配方式。强调集体主义的组织有着强烈的家长作风,如惠普公司;注重个人主义的组织往往鼓吹个人权利神圣不可侵犯。

(4) 关于现实和真理的本质的假设:不同的组织文化对什么是现实的,什么是真理的,判断标准是什么,都有不同的信念和假设。"在高度讲究道德的社会里,现实经常由共同的道德规范界定,而在高度讲究实用的社会里,人们总结出一些同等的法律准绳。换句行话说,越是讲究实用的社会,冲突解决机制中的真实性最后越会终结为基于共同法律和历史案例的法庭。"

(5) 关于人类活动本质的假设:人类行为是主动还是被动,可以自由支配还是被控制的假定。

文化形成过程

沙因认为,要解释组织文化的形成过程,要综合利用领导理论、群体力学理论和学习理论。把文化和领导联系起来是沙因组织文化理论的特点之一,沙因从文化和领导的关系阐释了文化的重要性。领导者创造文化并管理文化,利用文化工作是领导者的唯一天赋,因此,在考察组织文化时,要深入理解文化对领导的重要性。当人们更仔细地研究组织文化和领导的关系时,就会发现这种关系如同硬币的两面,仅仅抓住一面是无法对整体有真正理解的。

组织文化尤其是深层次的价值观念是一个组织中的所有成员所"共享"的,群体力学理论有力地解释了整个"共享"的发生过程,说明了在组织群体的根底中潜在的个人情绪。文化的形成也是一个不断学习的过程,学习理论是对组织如何学习认知、情感和行为方式的说明。

(六) 彼得·圣吉的学习型组织理论

彼得·圣吉(Peter M. Senge)是学习型组织领域的先锋,他1947年出生于芝加哥,1970年毕业于斯坦福大学工程系,1978年获麻省理工学院博士学位,自此留在麻省理工学院斯隆管理学院担任高级讲师。1990年圣吉的著作《第五项修炼:学习型组织的艺术与实务》(*The Fifth Discipline*:*The Art and Practice of the Learning Organization*)出版后一度畅销,于1992年荣获世界企业学会(World Business Academy)最高荣誉的开拓者奖(Pathfinder Award)。1997年,该书被《哈佛商业评论》评为过去20年来五本最有影响的管理书籍之一,他本人也成为当代最杰出的管理大师之一。该书被译成30多种文字风行全球,引发了全世界范围创建学习型组织的热潮,使学习型组织成为21世纪全球企业组织和管理模式的新趋势。

学习型组织理论是一种全新的管理科学,是20世纪90年代以来管理模式和管理理念的革命与创新。企业组织的管理模式一直是管理理论研究的核心问题之一,从泰勒的职能制到大内的Z型组织,都是为了建立一个适应经济发展变化的企业组织形态。20世纪80年代以来,信息革命、知识经济的进程加快,企业面临前所未有的竞争和挑战,西方传统的机械片断思维方式和管理理念已越来越不适应环境的变化。研究企业组织如何适应新的知识经济环境,增强竞争力,延长组织寿命已成为管理界关注的焦点。学习型组织便是这种背景下的产物。

学习型组织理论的最初构想源于福瑞斯特1965年的一篇论文——《企业的新设计》,他综合运用系统动力学等基础原理,描绘了未来企业组织扁平化、信息化、开放性等基本特征。彼得·圣吉作为福瑞斯特的学生,不断致力于研究以系统动力学为基础的理想组织。圣吉把西方系统动力学与东方文化的一体观方法论相结合,提出了以"五项修炼"为基础的学习型组织理念。期望通过不断学习,弥补文化差异的管理缺陷,挖掘个人和组织的潜能,致力于创建一种人类梦寐以求的组织蓝图——组织中的人员能从工作中领悟到生命的真谛,实现共同愿景。所谓学习型组织就是通过培养整个组织的学习氛围,发挥员工的创造能力而建立起来的一种人性化、扁平化的持续发展组织。其核心在于促使组织各个阶层的人员投入到不断的学习中。圣吉把学习型组织描述为:"在这里人们不断扩张自己的能力,去创造他们所真正期望的结果;

在这里,人们可以培养新的扩张性的思维方式;在这里,人们可以释放出郁结已久的激情;在这里,人们可以不断学会在一起学习。"学习型组织包括"建立共同愿景"、"自我超越"、"改善心智模式"、"系统思考"、"团队学习"等五项修炼,如图 6-13 所示。

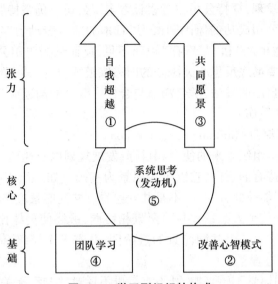

图 6-13　学习型组织的构成

1. 自我超越(Personal Mastery)

自我超越是指个人充分施展自身能力,使成员实现自我发展,进而实现自己所选择的目标和愿景。自我超越论以马斯洛的自我实现理论和赫茨伯格的双因素理论为基础,又超越了自我实现需要和双因素理论。自我超越就是强调人的自我实现需要和激励因素的激励作用。按照马斯洛的需求层次理论,如果企业组织只满足人的生理、安全和爱的需要,员工也不会以忠诚和热忱回报组织,只有强调更高层次的需求即自尊与自我实现的需求,员工才会将个人愿景融入组织的共同愿景中,以"活出生命的意义"作为工作的真谛和追求,才能将经验和外在整体相联系,形成更宽阔的个人愿景。学习型企业更要鼓励员工不断成长的个人职业生涯规划。由此可见,学习型组织以人为本,倡导人本管理。

2. 改善心智模式(Improving Mental Models)

心智模式是指组织中能对成员的行为活动起推动作用的基本价值观念和思维模式,就是心理学中的思维定式。学习型组织在成长过程中,要不断汲取新的信息和知识以形成新的、强有力的竞争战略,但深植于组织成员头脑中的某些传统观念和想法却与之相抵触,常常使好的战略构想无法实现,更难以在实际中运作。心智模式是否能得到完善,思维定式是否能得到突破,直接决定了组织素质能否提高,组织决策能否正确,组织凝聚力能否加强,组织学习能力能否提高。组织内部心智模式的完善应通过相互交流学习得到提高,因为心智模式存在于我们每个人的内心深处,即使陈旧迂腐,也自我感觉良好。1984年圣吉在福特汽车公司调研时发现,福特公司在考察日本丰田公司时仍坚持僵化的思维模式,始终把日本汽车公司成功的原因归谬为"日本的廉价劳动力"、"日本人狡猾",而对丰田的"精益生产"和"零库存"视而不见,反而认为丰田公司欺骗了他们。改善心智模式就要彻底反思心灵深处的旧思维模式,找出其中的问题和缺陷,有效地向对方表达自己的看法,学会沟通与合作。双方的沟通应开诚布公,崇尚双赢原则,避免两败俱伤。

3. 建立共同愿景(Building Shared Vision)

共同愿景是指组织未来的使命和目标、发展规划以及达到目标的手段,是组织中全体人员所持有的意向,它以个人愿景为基础。如果组织中的个人拥有相同的愿景,但却不能彼此分享,就不是共同愿景。共同愿景应该使组织中的每个人都衷心向往,并使个人愿景和共同愿景相协调,最终使集体比个体更有智慧。彼得·圣吉曾构建了一个共同愿景的进阶图,共有七个层级,体现了从"冷漠"到"奉献"的发展过程:

冷漠:对共同愿景不感兴趣,既不支持也不反对,"与己无关"。

不遵从:没有看到愿景的好处,不愿做共同愿景所期望的事情。

勉强遵从:虽未看到愿景的好处,但不得不做所期望的事,并不是真的愿意去做。

适度遵从:看到了愿景的好处并做被期望的事情。

真正遵从:看到愿景的好处,愿意做被期望的事情或做得更多。

投入:愿意做共同愿景所期望的任何事情。

奉献:对共同愿景衷心向往,愿意全心全意地去实现它。

4. 团队学习(Team Learning)

团队学习是学习型组织的基本内容,就是指组织成员之间的相互作用和影响,这比个人学习更能强化学习的动机。团队学习包括两个基本技巧:深度会谈和讨论。深度会谈是团队学习的主要方式,是对本质进行的广泛探索,目的在于创造一个环境保持有意识的集体自觉会谈。深度会谈能激发成员的共同创造力,使成员的心灵进行交流和融合以消除分歧。讨论和深度会谈不同,它是逐步缩小范围直到选择最佳方案,是各种观点由充分撞击到形成统一认识的过程。深度会谈强调发散性,核心在于提出各种不同的看法;而讨论强调集中性,是对各种不同的看法进行辩护,最后形成统一看法。团队学习应综合运用两种方法,取其利避其弊,使讨论和深度会谈充分融合,形成一个完整的团队学习过程。

5. 系统思考(System Thinking)

系统思考是学习型组织的核心,是指运用系统的观点和方法,对组织内部的各个要素进行系统分析,找出诸要素的内在联系并形成一个统一的有机整体,以优化组织内部的整体管理职能。系统思考是学习型组织正确决策和分析问题的重要保证。系统思考包括多重层次:事件层次、行为变化层次和系统结构层次。事件层次思考只是专注于个别事件,无法看到自己和他人之间行为是如何相互影响的,局限了整体思考,容易导致各个部门相互责怪的现象。行为变化层次的思考专注于长期的行为变化趋势,打破了短期内的反应局限,比事件层次思考更进一步,但容易过分依赖长期经验。系统结构层次思考超越了前两个层次的思考局限,在组织管理各个环节的互动中,从结构层次对行为原因做出创造性解释。

学习型组织的五项修炼是一个完整的统一整体,自我超越是动力,改善心智模式是前提,共同愿景是方向,团队学习是基础,系统思考是核心。五项修炼的实质是提升组织的素质,要求组织不断学习,提高整个组织的学习能力。学习型组织是对组织管理理论的创新,是一种人本—组织管理,实质是将人与组织管理有机融合,使"以人为本"的思想贯穿于组织的整个设计与运转过程。人本—组织希望组织成员能全身心投入并有能力不断学习,通过学习创造自我,创造未来的组织。

(七) 霍夫斯泰德的文化分维系统理论

各国的管理模式是以其独有文化为基础的,透过文化差异研究不同国家的管理方式,将逐步提高管理实践的目标性和有效性。20世纪70年代后期,跨文化管理作为一门学科逐步在美国形成和发展起来。当时美国的许多跨国公司在跨国经营过程中仍旧照搬照抄美国本土的科学管理方法,但异国文化差异却使得美国公司屡屡受挫。美国管理者不得不去研究别国的管理经验,从文化差异的角度来探讨失败的原因,跨文化管理的新领域也随之产生。跨文化管理理论大多是从不同角度开发了各自的文化维度系统,并根据这些文化维度系统把文化要素分解,找出不同文化的个性,进行跨文化比较。其目的在于克服异质文化冲突,在不同形态的文化氛围中设计出切实可行的组织结构和管理机制,进行卓有成效的管理。

经典的跨文化管理理论中影响最大的是荷兰学者霍夫斯泰德的文化分维系统。霍夫斯泰德(G. Hofstede)教授是荷兰著名的跨文化管理研究专家,1928年生于荷兰哈勒姆,他曾参过军,做过多年的工程师。1965年他加入了IBM公司的人事部,1971年进入学术界,先后任教于欧洲多所大学,1993年从马斯特里赫特大学退休。霍夫斯泰德的跨文化管理研究源于他在IBM的发现,尽管当时IBM有着深厚的公司文化,但世界各地40多个国家和地区的子公司员工却存在巨大的民族文化差异,在管理实践中能够认识到文化差异以及这些差异对行为的影响具有重要意义。民族文化差异对管理的影响、跨文化的计划与战略、组织与控制、沟通与协调、对跨国管理人员的培养、跨国组织的变革与重塑等问题越来越受到管理者的重视。霍夫斯泰德通过大规模的问卷调查研究,对美国、中国、英国、法国、德国、日本和阿拉伯等具有代表性的民族文化进行了概括和比较,试图找到能够解释导致大范围文化行为差异的根源因素,以及针对不同文化背景的管理策略。为此,他提出表现文化差异的五个关键因素:权力差距,不确定性规避,个人主义与集体主义,男性化与女性化、长期导向与短期导向等。

1. 权力差距(power distance)可接受程度的高与低

权力差距是指社会公认的权力在组织内不均等分配的程度。社会组织中的权力分配往往是不均等的,有的国家或地区对权力差距的接受程度较高,可称之为"高权力差距"的社会,人们认为社会存在不平等的秩序,社会成员地位的高低由秩序决定,等级制度森严。有的国家或地区对权力差距的接受程度较低,可称之为"低权力差距"的社会,人们相信权力的运用应当合理合法,所有社会成员都拥有平等的权力。无论是"高权力差距"还是"低权力差距"的社会,必然会从该社会内权力大小不等的成员的价值观中反映出来。因此,研究社会成员的价值观,就可以判定一个社会对权力差距的接受程度。

2. 不确定性规避(uncertainty avoidance)的迫切程度

任何一个社会,对于不确定的、含糊的、前途未卜的情境,都会感到是一种威胁,因而总是试图加以防止。防止的方法很多,例如提供更大的职业稳定性,建立更多的正规条令,不容许出现越轨的思想和行为,追求绝对真实的东西,努力获得专门的知识等。一个强烈追求防止不肯定性的社会,一般说来会产生高度的紧迫感和进取心,会激发人们努力工作的动机;而在相对弱不确定性规避的社会里,人们更易于接受风险,学会忍耐,随遇而安。

3. 个人主义和集体主义(individualism-collectivism)

个人主义是指一种结合松散的社会组织结构,其中每个人只关心自己,而且也只依靠个人的努力来为自己谋取利益。集体主义则是一种结合紧密的社会组织结构,其中所有的人往往得到"在群体之内"(小集团内、组织群体内、亲戚朋友圈内)的人员的照顾,但同时也以对该群体保持绝对的忠诚作为报答。集体主义文化中,"我们"意识居主导地位;个人主义文化更强调"我"的意识。经研究发现,西方国家的个人主义倾向较明显,如美国;而大多数亚洲国家的集体主义倾向更明显,如日本、中国等。

4. 男性化与女性化(masculinity dimension and feminine dimension)

这个指标所表示的是所谓"男子气概"价值观在社会中占统治地位的程度。

霍夫施泰德把以社会性别角色为基础的"男性化"倾向称之为男性度或男子气概度,是指社会中两性角色的差别明显,男人表现得自信、武断、坚强、注重物质成就,女人表现得谦逊、温柔、关注生活质量;而"女性化"倾向所代表的文化维度,即女性度,是指社会中两性角色应互相重叠,男人与女人都应表现得谦逊、恭顺、关注生活质量。男性气质突出的国家,其文化强调公平、竞争,注重工作绩效;而在女性气质突出的国家中,其文化强调平等、团结、心灵的沟通。

5. 长期导向性与短期导向性

这个维度表明一个民族持有的对待长期利益或近期利益的价值观。

文化分维系统作为跨文化管理的重要工具,可以为组织提供分析不同文化背景的员工、客户和其他与组织有关的个人或群体文化取向的方法,使组织能够掌握不同文化群体的文化特点,从而在管理中尽量避免深层次的文化冲突和矛盾,实现文化融合。

三、组织文化与文化管理对管理理论和实践的影响

文化管理是管理学百年发展长河中的重要阶段,对管理理论和管理实践产生了重要影响:

1. 文化管理开创了管理理论的新体系,引领了管理领域的创新步伐。Z 理论和学习型组织的应用实质上是一种企业文化的变革和管理的创新,由 A 型到 Z 型组织的转变,促进了管理意识、管理制度和方法的创新。新的学习团队的形成打破了原有的职能或部门分工,重新界定了组织边界。21 世纪的知识经济,已经使文化变革成为一种新的竞争内容,是未来企业取胜的必然选择。

2. 文化管理的盛行促使人们的价值取向从有形资产过渡到无形资产,开始认识到企业形象、企业信誉和人力资本的重要性。从古典管理理论到行为科学理论,甚至是现代管理理论丛林阶段,企业管理的着眼点一直是有形资产,而无形资产的管理却并没有引起足够的重视,企业负债表中也丝毫没有触及无形资产的因素。随着科技的发展和国际竞争的加剧,国家的经济增长越来越依靠品牌、信息、理念等无形资产,它们为一个企业或是国家构建了长期的、真正的竞争优势。

3. 文化管理特别是学习型组织理论推动了人本管理的实现,使企业的一切管理活动都围绕选人、用人、培养人、留人展开,以人为本的企业价值观确立,企业在利益分配、民主参与管理和决策以及企业责任方面更多地考虑企业员工的利益;也促使企业开始探索适合企业特点的新型组织结构,以事业部制和扁平式组织结构为基础的工作团队和虚拟组织在各个企业中普遍运用,自主管理模式逐步形成;同时也使企业意识到建立有效的激励系统和员工培训机制的重要性,促使企业人力资本不断增值。

4. 跨文化管理的实施使管理的边界越来越模糊，很难将企业的国籍划分清楚。无国界经营扩大了企业经营的战略视野，对全球资源的整合与流通、多种企业形式的国际合作、超强的竞争和危机意识，以及多种文化背景的跨越管理都具有深远的意义。

＊　＊　＊

思考题

1. 简述战略管理理论的产生与发展。
2. 请分析全面质量管理理论产生的实践意义。
3. 全面质量管理理论的代表人物和主要观点有哪些？
4. 试分析组织文化与文化管理理论产生的历史背景。
5. 概述埃德加·沙因的组织文化理论。
6. 评述威廉·大内的 Z 理论。
7. 谈谈你对彼德·圣吉学习型组织的理解。

第七章　公共行政管理思想

公共行政管理作为一种专门以社会公共事务为对象的社会管理活动,有着悠久的发展历史。古代中国的《贞观政要》、《资治通鉴》,古希腊柏拉图的《理想国》、亚里士多德的《政治学》,意大利政治家马基雅弗利的《君主论》,英国古典政治经济学家亚当·斯密的《国富论》等,都可以被称为是对公共管理问题的早期研究。但由于当时生产力水平的限制,对社会公共事务的管理并不太复杂,而且当时所形成的理论也缺乏必要的系统化和理论化,因此,未能形成一门独立的学科。

19 世纪末 20 世纪初,公共行政管理开始形成一个相对完整的理论体系,并逐渐发展成为一门独立的学科。公共行政管理的产生有着深刻的社会历史背景,19 世纪中叶以后,自由资本主义国家开始了第二次科技革命,生产技术的巨大变革和生产力的高速发展使政府管理社会的任务变得愈加繁重,政府原来那种消极、被动的管理社会的方式已经不适应社会发展的需要,积极、主动地干预经济生活和处理公共事务的公共行政活动变得越来越重要,提高政府制定和执行公共政策的能力,提高政府管理效率的呼声越来越高。在这种情况下,原有的公共行政管理方法已经不能适应时代发展的要求,迫切需要有一门科学从理论和实践上来指导国家的公共行政管理活动。同时,科学管理运动的兴起也对西方公共行政管理学的产生起到了重要的推动作用。公共行政管理学正是在这样的历史背景下首先在美国产生的,然后迅速影响到西方各个国家。

公共行政管理学产生的公认标志是曾任普林斯顿大学校长的美国第 28 届总统伍德罗·威尔逊于 1887 年在《政治学季刊》上发表的《行政学研究》一文,在该文中,他第一次明确地提出应该把公共行政管理当作一门独立的学科来进行研究,该文也被公认为是公共行政管理学的开山之作。此后公共行政管理学便日益繁荣起来,形成了一系列跨学科、多领域、多角度的研究丛林。

正如斯蒂尔曼所说的一样,对研究领域所涉范围(即它区别于其他自然和人文学科的边界、标志和范围)的定义通常是被认为进行学术探讨的一个必要起点。然而不幸的是,迄今为止还没有一种有关公共行政研究的简单明了的定义——至少没有一种大多数行政官员和学者都认同的定义。而在另外一些人如罗伯特·S.帕克看来,研究如此杂乱无章的学科所受到的挫折抵消了这一研究成熟和有价值的可能性。他写道:"不存在像公共行政这样的一门学科,公共行政无法被指认为科学或艺术,更不用说任何一种单一的技术或具有连贯性的知识性学科。这一用语与系统的思想无关。它本身无力扩展科学知识并使科学知识的每一部分变得更精确。"①我们暂且不论帕克对公共行政学的现状和未来持怎样悲观的态度，不可否认的事实是仍有一批又一批的杰出学者无论是从纯学术角度还是从实际运用方面都孜孜不倦于这门学科的研究和发展。我们也可以换一种视角来观察，正如弗雷德里克·C.莫舍所认为的那样，公共行政学科核心的飘忽不定正是它的力量和迷人之处。他说："也许最好不要给它（公共行政）下定义。它是一个兴趣而不是学科的领域，是一种关注的焦点而不是一门独立的科学……它必然是跨学科的。边界的模糊和交叉应当被看成是一种资源，尽管它可能使有条理的人感到恼怒。"②

"公共行政是这样一个领域，在这个领域中，每一个人都是编纂者和分类者，必须把采用的分类看作转瞬即逝的东西。"③本章内容通过对20余位具有典型性的公共行政学家或对行政学具有重要影响和贡献的思想家的主要思想的提炼和分析，对西方公共行政学产生后一百年来的行政管理思想做一归纳梳理。我们把这一过程主要划分为形成时期、发展时期、繁荣时期和拓展时期的行政管理思想四个大的阶段。

第一节 形成时期

19世纪末到20世纪30年代是公共行政管理真正形成一个较为完整的体系并成为一门独立学科的时期。这一时期的公共行政管理思想被后来的学者称为"传统公共行政管理理论"或"古典公共行政管理理论"。1887年威尔逊在《政治学季刊》上发表的《行政学研究》一文标志着公共行政学的开端。他提出了政治与行政二分的原则，成为现代公共行政研究的逻辑起点。学者们在政治与行政分离的主张下，认为公共组织有必要予以重新建设和规划。这种努力大约可以分为两个方面：一是着重于行政权的独立行使，二是着重于行政组织内部的制度设计。前者以威尔逊等人的理论为代表，后者则是以韦伯的官僚制理论为代表。同时，著名公共行政学家怀特第一次运用科学的方法对公共行政问题进行了系统的研究，他率先提出了一个比较完整的公共行政管理理论框架，他在1926年出版的《公共行政学研究导论》被公认为是第一本公共行政学教科书。该时期泰勒的科学管理原理和法约尔的一般管理理论等管理思想也为公共行政

---

① 〔美〕理查德·J.斯蒂尔曼二世：《公共行政学：概念与案例》（竺乾威、扶茂松等译），中国人民大学出版社2004年版，第5页。

② 同上。

③ 同上。

管理学的创立起到了推波助澜的作用。该时期的公共行政思想由出现到逐步形成体系,并逐渐成为一门独立的学科与重要的社会科学研究领域。

这一时期的公共行政管理思想主要以经济和效率为出发点,重视行政组织的静态研究,重视对行政管理内部结构和功能的研究,科学管理的原理、原则和方法,对这一时期的公共行政管理思想起到了巨大的推动作用。但这一时期的公共行政管理理论过于关注对普遍原则与原理的追求,因而在研究内容和视野上存在许多局限性,随着社会学特别是政治学中行为主义研究方式的盛行,该理论从20世纪40年代开始受到批判。

这一时期有代表性的六位公共行政管理思想家,对公共行政管理学的形成作出了重要贡献。他们分别是:威尔逊、古德诺、泰勒、法约尔、韦伯和怀特。为了避免与前面章节的介绍内容重复,我们将重点阐述威尔逊、古德诺、韦伯和怀特的公共行政管理思想。

一、托马斯·伍德罗·威尔逊

托马斯·伍德罗·威尔逊(Thomas W. Wilson,1856—1924)被公认为西方公共行政管理学的创始人。他1856年12月28日出生于美国的弗吉尼亚州,1879年毕业于普林斯顿大学,1884年毕业于约翰斯·霍普金斯大学,先后担任过美国普林斯顿大学的校长、美国新泽西州州长和美国第28届总统。他不仅是杰出的公共行政管理学家、政治学家和历史学家,也是著名的教育家、政治家和改革家。1885年出版了他的第一部著作也是他的哲学博士学位论文《国会政体》,此后相继发表和出版了《行政学研究》(1887)、《国家》(1889)、《分裂与重新统一(1829—1889)》(1893)、《乔治·华盛顿》(1896)、《美国人民的历史》(1902)以及《美国的宪法政府》(1908)等一系列重要学术著作。其中1887年6月他在美国《政治科学季刊》第二期发表的论文《行政学研究》(*The Study of Public Administration*)被誉为公共行政管理学的开山之作,他本人也被誉为公共行政管理学的开山鼻祖。

威尔逊的公共行政管理思想主要体现在其《行政学研究》一文中,主要有以下几个方面的内容:

1. 创立公共行政管理学科的必要性

在威尔逊所处时代以前的相当一段时间里,政府的职能相对简单,行政管理的问题并未引起行政官员和政治学家们的注意。当时的政治学家们都忙于就宪法、国家性质、主权的实质和地位、民权和合法特权及政府目的等政治学与法学领域的内容进行著书立说。而将诸如"如何有启发性地、公平地、迅速而又没有摩擦地实施法律"这种行政执行问题看做是只需由办事人员进行处理的"实际工作中的细节问题"①。对公共行政管理的系统研究并没有得到重视。正如威尔逊所说:"在20世纪度过它最初的青春年华,并开始吐放它在系统知识方面独特的花朵之前,谁也没有作为政府科学的一个分支的角度来系统地撰写过行政学著作。"②

而随着资本主义国家政府职能的扩大化与复杂化,威尔逊在文中明确指出了公共行政管理学科创立的必要性,"没有任何一种政府职责而今不是变得复杂化起来,尽管它当初曾经一度是很简单的,政府仅仅由少数人主宰,而现今它却由大批大批的人主宰"。"政府的职能在逐日变得更加复杂和艰难,它们并且在数量上也同样在大大增加。行政管理当局在把它的手伸向每一处地方以执行新的任务。""我们的政府正如同一个身强力壮的小伙子一样,其机能已经得到扩张,其身体已经长大,但同时却在动作上变得笨拙了。他的精力和他的年龄的增长,跟他所具有的生活技能相比,已经彻底不相适应。他得到了力量,却没有学会举止的方法。""我们已经面临着需要进行更加仔细的行政调整和需要具有更加丰富的行政知识的时刻。""这就是为什么应该要有一门行政科学,这就是为什么会有这样一门科学的理由之一。"③

总而言之,威尔逊认为,公共行政管理研究被提上议事日程以及公共行政管理学的产生,是和时代生活的要求相适应的。在这一时期,随着国家经济和社会事务的发展以及政府职能的扩大,"与制定一部宪法相比较,贯彻一部宪法变得愈来愈困难了"④,政府的公共行政管理工作迫切需要有科学的理论予以指导。

2. 公共行政管理学的目标

威尔逊认为:"行政学研究的目标,在于首先要弄清楚政府能够适当而且成功地承担的是什么任务,其次要弄清楚政府怎样才能够以尽可能高的效率和尽可能少的金钱或人力上的消耗来完成这些专门的任务。在这个问题上,我们当中显然需要求得更多的启示;然后只有通过仔细的研究才能提供这种启示。"⑤在这里他同时强调,作为一门科学,行政学的研究不能限于纯粹的技术细节上,而应该对行政管理的各个方面开展理论研究,使行政学的理论能全面发展,从而形成比较高深的理论。他说:"公共行政管理学的目的就在于把行政方法从经验性实践的混乱和浪费中拯救出来,并使它们深深根植于稳定的原理之上。"⑥这就是其思想的最好佐证。

---

① 彭和平、竹立家等编译:《国外公共行政理论精选》,中共中央党校出版社1997年版,第2页。
② 〔美〕威尔逊:《行政学研究》,载《国外政治学》1987年第6期,第30页。
③ 同上刊,第30—34页。
④ 同上刊,第32页。
⑤ 同上刊,第30页。
⑥ 同上刊,第44页。

3. 政治—行政二分法

在威尔逊之前,公共行政管理是包含在政治范围之内的。而威尔逊在研究了政治与行政的关系之后,明确指出行政是区别于政治的另外一个重要领域。"行政管理是政府工作中极为显著的一部分,它就是行动中的政府;它是政府的执行,政府的操作,就是政府工作中最显眼的部分,并且具有与政府本身同样悠久的经历。"①就区别而言,"公共行政管理是置身于'政治'所特有的范围之外的。行政管理的问题并不属于政治问题。虽则行政管理的任务是由政治加以确定的,但政治却无需自找麻烦地去直接指挥行政管理机构"②。"政治是'在重大而且带有普遍性的事项'方面的国家活动,而在另一方面,'行政管理'则是'国家在个别和细微事项方面的活动。因此,政治是政治家的特殊活动范围,而行政管理则是技术性职员的事情'。"③威尔逊基本理清了政治与行政管理之间的关系,指出了公共行政管理的运行方式和适用范围,为公共行政管理学的研究和发展勾画了一个大体的框架。

他同时又认为公共行政管理与政治是密切相关的。"行政科学是政治科学的最新成果。政治科学是大约2200年前就开始了的一门学问。行政科学是我们20世纪的产物,并且几乎是我们这一代的产物。"④因此也有学者指出:严格地说,威尔逊仍然在行政从政治中独立与非独立之间游移不定,也没有进行进一步实际的研究。⑤

4. 公共行政管理学研究的基本方法

威尔逊考察了欧洲各国,尤其是法国和德国政府行政管理的历史,依次反观英、美自身的情况,为美国指出了一条"拿来主义"的道路,即一方面要借鉴法德先进的行政管理经验,另一方面必须将其本土化,坚持自己的道路和途径。

公共行政管理思想在威尔逊之前在其他各国已经有所研究,例如普鲁士政治家斯坦因就已经在一定程度上进行了"政治"与"行政"的划分,并规定了公共行政管理研究的任务。鉴于此种情况,威尔逊在《行政学研究》中明确指出:"它(行政科学)是一门外来的科学",它是由法国和德国的教授们发展起来的,其各个组成部分是与一个组织严密的国家的需要相适应的,并且是为了适应高度集权的政府形式而建立起来的。面对国外的理论成果和实践经验,威尔逊强调一方面要借鉴欧洲各国的先进行政管理制度,另一方面,要认清美国与欧洲国家在政治环境与政治准则方面的差别,对欧洲行政学的目的、思想和原理进行改造,

---

① 〔美〕威尔逊:《行政学研究》,载《国外政治学》1988年第1期,第31页。
② 〔美〕威尔逊:《行政学研究》,载《国外政治学》1987年第6期,第44页。
③ 同上刊,第44—45页。
④ 〔美〕威尔逊:《行政学研究》,载《国外政治学》1988年第1期,第30页。
⑤ 唐兴霖:《公共行政学:历史与思想》,中山大学出版社2000年版,第147页。

使之适应权力高度分散的美国政府形式。因此,最适合美国行政学研究的方法是比较研究的方法,在比较中实现国外行政管理思想的"本土化",发展具有美国特色的公共行政管理。为此,他说:"如果有以某种方式存在着我们可以利用的外国的发明创造,那我们为什么不加以利用呢?……只要我们能够从根本原则上认识其在环境条件方面的全面根本差别,我们就能安全而且有益地引进他们的行政科学。我们仅仅需要用我们的制度把它加以过滤,只需要把它放在批判的文火上烘烤,并把其中的外国气体蒸馏掉。"①

二、弗兰克·古德诺

弗兰克·古德诺(Frank J. Goodnow,1859—1939)是西方公共行政管理学形成时期另一位著名的公共行政管理学家。他是美国著名政治学家、行政学家和法学家,曾任哥伦比亚大学教授、美国政治学会第一任会长及美国约翰·霍布金斯大学校长。古德诺著有《比较行政法》(1893)、《政治与行政》(Politics and Administration, A Study in Government,1900)等重要学术著作。1913 年至 1914 年两年间,古德诺曾在北京担任中国政府的顾问,因为撰写《共和与君主论》(1914)被骂为袁世凯的吹鼓手。古德诺的公共行政管理思想主要体现在具有划时代意义的《政治与行政》一书中,主要内容有:

1. 对政治与行政二分法的系统论证

对政治与行政划分的观点,斯坦因、威尔逊等学者都已做过一定的探讨,古德诺的贡献不在于率先提出政治与行政的二分法,而在于他对政治与行政关系的系统论证。与威尔逊的思想一脉相承的是,他指出,政治是国家意志的表达,而行政是国家意志的执行。由于政府体制的不同,这两种功能区分的程度及其关系也会表现出一定的差别。一般而言,政府的民治程度越低,国家意志的执行功能和表达功能之间的区别也就越小。同时,古德诺又进一步论证道:"尽管这两种职能的分化非常明显,把这两种职能分派给两个分立的机构去行使是不可能的。这不仅是因为政府权力的行使无法明确地分配,而且还因为随着政府体制的发展,政府的这两种主要功能趋向于分化成一些次要的和从属的功能。"②因此便得出了古德诺的核心思想:政治与行政必须以某种方式取得协调。可见,古德诺在强调政治与行政的分离的同时,更关注它们二者的协调。

对于如何实现二者的协调,古德诺指出,政治与行政取得协调的基础是政治对行政进行适度控制。不过他也认识到政治必须对行政实施控制的同时,也要注意这种控制应该有一定的限度,一旦超过这个限度,就不仅会妨碍有效的行政

---

① 〔美〕威尔逊:《行政学研究》,载《国外政治学》1988 年第 1 期,第 49 页。
② 〔美〕古德诺:《政治与行政》,华夏出版社 1987 年版,第 49 页。

执行功能,而且还会损害建立这一控制的目的。这也就是他所说的:"一方面,为了保证国家意志的执行,政治必须对行政进行控制;另一方面,为了保证政府的民治性和行政的高效率,又不能允许这种控制超出其所要实现的合理目的。"①

2. 行政的适度集权化

古德诺认为,协调不仅取决于政治对行政的适度控制,也取决于行政权力的适度集中。美国是一个将分权理论贯彻得最彻底的国家,他认为这种分权体制虽然有其可取的一面,但是其弊端不可忽视,那就是会导致政治与行政的失调。"在国家与地方政治共同体之间存在冲突的问题上,地方自治政府倾向于牺牲国家利益,因为它使国家意志的执行即使不是不可能,也是非常困难的。"②为改变这种状况,古德诺指出:"地方政治共同体要与国家(或州)的整体利益保持适当的关系,就不能不完全不受国家(或州)的控制。""只有行政在一定程度上被集权化了,才能达到政治与行政功能之间必要的协调",因此"应当鼓励行政集权的趋势,而不是阻碍它的发展"。"不管是从行政效率的观点看,还是从民治政府本身的存在看,坚持这一点都是必要的。"③

3. 政党的协调功能

虽然古德诺论证了行政适度集权对实现政治与行政协调的重要作用,但是美国宪法所提供的法定政府体制并没有提供使这种适度控制和必要集中得以成长和发展的任何基础。为此,古德诺指出:"要使政府协调地运转,就必须找到某种使国家意志的表达和执行协调一致的办法……这种办法在政府体制内部是不可能找到的。所以,必须到政府以外的一些法外制度中去寻找。事实上,可以在政党中找到它。政党不仅担负起挑选在政府体制中表达国家意志的机关的成员,即立法机关的成员的责任,而且担负起了挑选执行这种意志的人员,即执行官员的责任。政府必须选择中央的执行官员,因为分权原则的采用已使他们不受任何有效的立法控制了。政党必须选择所有的地方官员,因为行政体制极端分权的特点使他们不受任何有效的国家(或州)的控制。"④这也就是说,通过政党对立法机构成员和执行机构成员的挑选,而恢复了被法定政府体制割断了的立法机构对行政机构的某种有效控制;通过政党对中央行政官员和地方行政官员的挑选,而恢复了被法定体制所阻止的国家行政系统的大一统性质,从而建立起一种必要的行政集权。因此,他主张,"在美国的政府体制中,这种以协调国

---

① 〔美〕古德诺:《政治与行政》,华夏出版社 1987 年版,第 15 页。
② 同上书,第 31 页。
③ 同上书,第 69—70 页。
④ 同上书,第 57 页。

家意志的表达和执行的功能为己任的政党组织不仅应该强大,而且应当长期存在"①。所以,古德诺竭力主张明确政党在政府体制中的地位,把它置于民主化、法制化的管理之下,提倡调整美国的政府体制以正式容纳政党组织。在他肯定政党在这方面的积极作用的同时,他也强调要注意可能出现的问题,防止"政党分肥制"等不良后果的出现,为了防止政党和利益集团之间的关系过于密切化,他还主张政党应该实行财务公开原则。

三、马克斯·韦伯

马克斯·韦伯(Max Weber,1864—1920)是德国著名的社会学家、经济学家、政治学家和管理学家,是"官僚制理论"的奠基人,被称为百科全书式的学者,是最有影响力同时也是最受争议的学者之一。他出生于德国图林根的爱尔福特市,后在海德堡大学学习,并在柏林大学完成学业。他的代表作有《新教伦理与资本主义精神》(1905)、《社会和经济组织的理论》(1921)、《社会学基本概念》(1922)、《社会学论文集》(1946)、《社会科学方法论》(1949)等。马克斯·韦伯在公共行政管理学方面的贡献主要体现在他的官僚制度理论中,"官僚制"又可译为"科层制"、"行政组织体系"等,在官僚制理论中,韦伯对权力与权威的概念进行了区分,同时他详细论述了合理的法定权力的基本范畴,并对组织类型进行了神秘型组织、传统型组织和法理型组织的分类,并对每一种组织的具体内容与特征进行了详细的论述。关于马克斯·韦伯的主要思想观点在前文已经做了详细的论述,在此不再赘述。

可以说,韦伯的组织理论对于公共行政管理学的发展是具有里程碑意义的。"如果说,威尔逊和古德诺在政治—行政二分法的基础上,提出了建立公共行政管理学的必要性并大致框定了公共行政管理学研究的独立领域,那么韦伯的官僚组织理论则从组织体制的角度为公共行政管理学的创立提供了理论框架,威尔逊'政治—行政二分法'的提出和韦伯官僚制理论的创立均为公共行政管理学成为一门独立的学科提供了理论支撑。"②

四、伦纳德·怀特

伦纳德·怀特(Leonard D. White,1891—1958)是美国早期杰出的行政学家、历史学家和改革家,曾任美国文官委员会主席。怀特在行政学说史上有着巨大的贡献,他在1926年出版的《公共行政学研究导论》(或译为《行政学概论》)被公认为是第一本公共行政学教科书。怀特第一次运用科学的方法对公共行政

---

① 〔美〕古德诺:《政治与行政》,华夏出版社1987年版,第59页。
② 丁煌:《西方公共行政管理理论精要》,中国人民大学出版社2005年版,第42页。

问题进行了系统的研究,使行政科学成为一门具有系统化知识体系的学科,并成为政治学的一个重要理论分支。怀特本人在公共行政学方面的主要思想也集中体现在《公共行政学研究导论》一书中。怀特通过自己的努力,丰富了行政学研究的内容,他率先提出了一个比较完整的公共行政管理理论框架,并对整个行政学科体系的主要内容进行了详细的论证和分析,其理论框架至今仍有重要的意义。除此之外,他还著有《近代公共行政的趋势》、《联邦主义者》(1948)、《外国的文官制度》和《共和党时代》(1958)等。怀特公共行政管理思想的主要内容包括以下几个方面:

1. 行政学的学科性质

怀特在《行政学概论》的前言中首先指出:第一,行政是一个单独的过程,无论是从哪一级行政的角度来观察,其基本特性是大致相同的。因此,无须对市行政、州行政、联邦行政本身加以研究。第二,行政研究应当建立在管理的基础上,而非法律的基础上。第三,目前,行政大体上还只是一门艺术,但其转变为一门科学的趋势日益具有重要意义。第四,行政已经成为,而且将继续是现代政府的中心问题。在这一基础上,怀特指出:"公共行政是在完成国家的各个目标过程中对人与物的管理。"①这一定义强调的是行政的管理方面,而对行政的法律和形式方面并未提及。

2. 行政学的研究对象和目的

怀特认为,行政学的研究对象是对"市政、联邦或联邦行政的研究"。具体而言可以包括"行政中的各种基本问题,包括公务员创造才能的发展、工作的胜任、廉洁、负责、合作、财政、监督、领导资格、纪律以及各级政府的行政程序等"②。对于公共行政的目的,怀特指出,就是在官员和雇员的处置下,对各种资源加以最有效能的利用。具体而言,这种目的包括:第一,行政的目的在于管理人员运用物质材料完成国家建设的任务;第二,行政的目的在于使行政人员在权限范围内最有效地利用一切财源;第三,行政使公务的执行、行政活动的目的在于以最敏捷、最经济、最圆满的方式成功地完成政务计划;第四,行政法的目的在于保障人权,而行政的目的则在于政务的有效推行和管理;第五,在增加行政权的同时增加保障,以防止行政权的滥用。

3. 行政环境思想

怀特的视野是广阔的,他打破了传统公共行政研究仅仅局限于政治环境的习惯,将范围扩大到了其他许多领域。怀特将环境分为经济环境、政治环境、社会环境和科技环境四个方面,并分别论述了这些具体环境与政府行政管理之间

---

① 转引自唐兴霖:《公共行政学:历史与思想》,中山大学出版社2000年版,第224页。
② 〔美〕怀特:《行政学概论》,商务印书馆1947年版,第2页。

的相互关系,并指明了在外部环境的要求下,国家行政管理应如何发展。

4. 行政组织思想

怀特在《行政学概论》中对于行政组织的管理思想进行了细致的论述。他根据当时美国和英国的组织体制状况,对行政组织的体制类型及特征进行了分类和归纳。同时,对行政组织中权力与责任的分配问题进行了分析,他指出:"每一个行政官员必须特别赋予一种固定任务。在这种情况下,行政的成败取决于行政官员自身的才能与智慧。为此,必须配之以行政权力,每一个行政官员必须有法律上及财政上的固定权力,以便有效地执行其公务。"[1]同时怀特还提出了评价良好行政组织的标准等。

5. 行政协调思想

行政协调是行政管理的重要内容。怀特在研究中指出,行政协调应该在一定的协调原则的指导下精简机构,设置行政协调机关,采取行之有效的协调行为,并发挥行政首长在行政协调中的最后决定作用,最终提高组织的行政效能。

6. 人事行政管理思想

怀特的人事行政管理思想非常丰富,他对人事行政管理的许多具体环节进行了分析,认为当代人事行政管理有两大支柱:一是选拔人才,一是职位分类,二者缺一不可。对考试录用、职位分类、分级与工资、职务晋升、惩戒与罢免以及退休等环节做了技术细节的描述,丰富了公共行政管理思想的内容。

7. 行政伦理思想

行政伦理是指行政人员在行政管理活动中的行为规范的总和。怀特的行政伦理思想主要体现在他对行政"官纪"问题的研究上,他认为官员的风纪问题关系着行政管理的成败,而以往的行政管理研究却恰恰忽视了这一点。官纪问题"对国家、企业均有明显的莫大价值……只有制定良好的政策并实施,方能将官纪提高至相当的程度"[2]。他对官纪的定义为:"官纪者,乃表现于行政人员热望、忠诚、合作、竭力负责及以服务为荣之精神也。"[3]并对官纪的基础和破坏官纪的因素做了详细的分析,提出了良好官纪的标志是良好的人际关系,领导关心下属并重视让下属民主参与有关决策。

8. 行政法规思想

怀特认为,现代行政管理最重要的特征就是法制化的管理,政府及其部门在不违背宪法和法律的前提下,有权制定行政条例和规章,"这种制定条例权乃系

---

[1] 〔美〕怀特:《行政学概论》,第69—70页。
[2] 同上书,第269—271页。
[3] 同上书,第262页。

一种无上之'行政与立法工具',籍使逆意之事实,能与社会目的相协调"①。同时,怀特还具体分析了政策与法律和法规之间的关系,同时对行政条例制定权的范围、限度、保障与其对行政管理的重要性等问题进行了详细的分析。他认为,行政机关享有委托立法权"是立法机关所寻求的真正目标"。②

9. 行政监督思想

怀特在其著作中,分析了行政监督的必要性在于行政运行中存在着滥用权力、违法乱纪、侵犯公民权利、管理无力、不负责任等不良情形,因此有必要发展完善的行政监督机制,以便对行政系统实施有效的监督,确保其高效运作。监督的目的在于使行政执法与法律保持协调一致,保护国家和公民的利益,避免行政行为损害这种利益。监督的作用一是政府效率;二是为公民利益之维护;三是社会福利。这三种利益对应三种监督方式,即行政、司法和立法。他着重对立法监督和司法监督的具体问题进行了深入的分析。

我国有学者认为,怀特是美国公共行政的设计师之一,只有他的《行政学概论》才可与伍德罗·威尔逊的论文《行政学研究》和弗兰克·J.古德诺的《政治与行政》相媲美。他的研究和努力为国家行政管理从经验管理走向科学管理奠定了理论基础,其意义是重大的。但与此同时,怀特的研究方式似乎也丧失了像威尔逊、古德诺那样宽阔历史视野和一以贯之的逻辑体系③。但无论如何怀特倡导了公共行政管理的新思路,为公共行政管理思想的形成和后来的发展作出了杰出的贡献。怀特对自己工作的探索性、暂时性有很深入的认识,他没有把自己的研究视为定论,没有把自己的体系加以封闭。他强调说:"吾人之目的,乃在拟设问题,而不在贡献结论。"④

第二节 发展时期

从20世纪30年代行为科学兴起到40年代后期的二十多年,可以看做是公共行政管理的发展时期,理论研究逐步突破了仅注重经济和效率的局限,开始关注群体和人的作用。在这一时期内,古利克的一体化行政思想和POSDCORB经典行政组织理论为公共行政管理学的发展提供了有力的支撑。厄威克不仅与古利克合编了在公共行政管理学上声名远扬的《行政科学论文集》(1937),而且他还对早期公共行政管理思想做了大量的系统化工作,提出了一系列具有普遍实用性的公共行政管理原则。福莱特的动态行政管理思想构成了所谓"正统"的

---

① 〔美〕怀特:《行政学概论》,第441页。
② 同上书,第458页。
③ 唐兴霖编著:《公共行政学:历史与思想》,第241页。
④ 〔美〕怀特:《行政学概论》,序言。

公共行政管理思想与行为主义行政管理思想的桥梁。巴纳德推动了行政组织理论的进一步发展。由于前面所提到的一些公共管理思想家在本书的其他章节有所介绍,本章仅对古利克、福莱特的公共行政管理思想作一简要阐述。

一、卢瑟·古利克

卢瑟·古利克(Luther H. Gulick,1892—1993)是西方公共行政管理思想发展史上一位杰出的公共行政管理思想家和实践家。他曾任哥伦比亚大学公共行政学院院长和美国总统行政管理委员会成员,并创建了著名的美国国家公共行政研究所,除了长期担任该研究所所长外,还担任过美国政府研究学会会长等学术职务。在行政实践领域,古利克具有非凡的公共行政职业生涯,担任过各种本国、外国和国际组织的多种职务。古利克一生中因其杰出的公共服务记录而获得包括著名的沃尔多奖在内的多种大奖与荣誉,他在美国公共行政管理领域的声望极高,也常常被人们誉为"公共行政的前辈";在管理理论方面,他著有《组织理论评论》、《行政原则》、《公共行政的下一步》和《科学、价值观与公共行政》等著作,他与厄威克合著的《行政科学论文集》(1937)被认为是达到了行政科学"正统时期的顶峰"。古利克公共行政管理思想的主要内容有:

1. 对于政府作用的分析

在古利克看来,在市场失灵的情况下,政府活动的必要性便显现出来。政府工作的目的在于对过度的自由行为加以必要的控制,并提供以合作为基础的更令人满意的服务,政府应该表现出对"对弱者的公平的人类同情心"[1]。同时古利克认为,政府不应该独断专行地寻求包括公共活动和私人活动在内的国家目标和政策方案,公共部门与私人部门应该合作共同提高计划制定的准确性。为此,目前的政府有必要对其职能重新进行大幅度的调整。

2. 对行政功能的探讨

面对当时行政与政治二分法的思潮,古利克认为我们不应该也不需要把政治同行政严格分开。行政意味着要决定重要政策,要开发和采纳具体的方案,要创立组织,要配备人员,要对活动进行行政监督、协调和控制等,因为行政必然要涉及政治和政策的过程,因此,没有任何必要将两者截然分开。

3. 一体化行政组织理论

古利克强调要建立一个一体化的政府行政组织。他认为,行政分支机构应该被整合并置于坚强有力的领导之下,并进行合理的分工和组织整合。同时古利克还强调必须要注重机构之间的协调和注重思想协调,来培养组织成员朝着共同目标奋斗的欲望和意愿。

---

[1] Luther Gulick, *The Metropolitan Problem and American Ideas* (New York: Knopf, 1962), p. 14.

4. 行政管理七项职能和八项原则的概括

古利克把行政机关所具有的职能总结为 POSDCORB 这个首字母缩略词,也即计划、组织、人事、指挥、协调、报告和预算。在他看来,一体化的行政组织应该围绕这些活动来建立和开展。同时,他提出了自己认为适合于任何组织的八项原则:目标原则、相符原则、职责原则、组织阶层原则、控制幅度原则、专业化原则、协调原则、明确性原则。

二、玛丽·福莱特

玛丽·福莱特(Mary Parket Follett,1868—1933)是美国著名的女政治哲学家和管理学家,也被认为是行为科学的先驱之一。她出生于美国的波士顿,先后在波士顿塞耶学院、麻省的拉德克里夫学院、英国剑桥大学的纽罕姆学院学习,并在巴黎做过研究工作。她知识和兴趣广泛,学过哲学、政治学、历史和法学,早年热心于社会教育事业,后来从事职业指导工作开始研究管理问题。她是最早系统而深入地研究行政管理中人的问题的学者,运用心理学的研究方法对行政管理问题进行探讨并创立了动态行政管理理论。其主要著作有《众议院的发言人》(1909)、《新国家》(1920)、《创造性的经验》(1924)、《作为一种职业的管理》(1925)、《建设性冲突》、《发号施令》、《领导者和专家》、《权威的基础》、《领导的必要因素》、《协作》和《控制的工程》等,其中尤为有名的论文集是《动态行政管理》(1941)和《自由与协调》(1947)。玛丽·福莱特的公共行政管理思想主要有:

1. "群体原则"思想

福莱特认为,只有在群体中才能发现真正的人,个人的潜能也只有通过群体才能发挥出来,人的真正本性也是通过群体发现的,并在群体中获得真正的自由。她的"群体原则"主要有以下几个观点:个人存在于相互的社会交往之中;民主是一种社会意识而不是个人意志的发展;个人可以通过群体经验而使自己的创造力得到更大的发挥。

2. 建设性冲突思想

福莱特的著作中特别研究了冲突现象,冲突问题在她的著作中占据着十分重要的位置。在福莱特看来社会组织内部总是存在冲突,"应该将冲突视为一个组织中任何活动的一个正常过程"①。她认为冲突是一个要素,它存在于相互作用的期望之中,冲突并非只是具有破坏性,它也具有建设性。冲突作为表现和累积差别的要素,也可能成为组织健康的标志和进步的象征。为此,她提出了三种处理冲突的办法:(1)压服的办法,这意味着冲突的一方战胜了另一方或一方压倒另一方。这是处理冲突最简单的办法,也是一种急功近利的方法,从长远看

---

① 转引自丁煌:《西方公共行政管理理论精要》,中国人民大学出版社2005年版,第111页。

它并不成功，因为被压倒的一方总会伺机反抗，通常也会带来一方的不满。
(2) 妥协的办法，这意味着冲突的双方都作出一定的让步，放弃自己的部分期望以缓和冲突，都在不同程度上满足了自己的要求，又或多或少存在某些遗憾。这种方法可以短时期缓和双方的冲突，从而使被冲突所困扰的活动能继续进行，因此是人们解决绝大多数冲突常用的办法。但由于人们都不太愿意妥协使得冲突双方不能开诚布公，使得谈判常常归于失败。即使谈判成功双方都作出一定让步，迟早会提出更高的要求，因此并不是一种理想的方法。(3) 整合的办法，即把冲突双方的利益和愿望结合起来，使双方利益都得到充分满足，而不需要做出任何牺牲，即达到双赢的效果。从而平衡各个主体的要求，使社会和企业成为一个利益结合的整体。这是一种创造性的方法，它必须常常引入某种新的想法，以便使冲突双方的真实愿望得到满足。而这才是标本兼治地、彻底地解决冲突问题的方法。也正是在这个意义上，福莱特认为，冲突不仅仅具有消极的意义，如果能够正确对待冲突并运用恰当的方法来处理，它同样可以产生积极的建设性的作用。

3. 共享的权力

为了充分实现"利益共享原则"，福莱特提出了与传统观点不同的"共享权力"的概念。她认为权力并不是"统治的权力"，而是"共享权力"，这就意味着权力并不是集中于某一个特定的人，而是分散在诸多的领导者身上，大家应该共同行使权力，共同行动。因为当存在一个命令发布者和一个命令接受者时，双方的利益就很难结合起来。为了引导大家对共同利益的认识，福莱特提出了"权力的非人格化"。也就是说，被领导者对领导者的服从并不是因为领导者手中的权力，而是基于他们和领导者对"形势规律"的共同认同。她主张变个人权力为遵循"形势规律"，命令是形势的需要，而不是谁发布和谁接受命令的问题。因而，权威也就存在于形势之中，而不在于个人和地位。

4. 控制和协调

控制和权威一样，也是实现组织目标的一个重要方面。福莱特认为，除非在一个特定形势中的全部要素是团结协作的，控制就不可能实现。如果不能追求共同的利益，形势就会失去控制，控制的基础在于每个人都认识到相互之间的共同利益并进行自觉的自我调节，对自己的工作进行控制，以达到组织的共同目标。管理人员要控制的并不是单个要素，而是复杂的相互关系，不是个人而是形势。由于形势的复杂性，最高层的集中控制往往很难发挥作用，这就必须在组织结构中设立多个控制点，把控制相互关联，而这种关联是以协调为基础的。福莱特认为，控制和权威缘于正确的协调，而并不是像人们常常假定的那样，协调缘于控制和权威。

福莱特认为协调是组织的首要任务，协调就是将组织中的所有因素联系起来使组织整合统一。为了实现组织的整体性协调，福莱特提出了组织的四项基本原则：

（1）协调是一定形势中所有要素的相互关联。在一定的形势中，要实现协调就必须足够重视各要素之间的相互关系。

（2）协调由负责相关活动的个人和部门直接接触形成。组织各层次的职位之间要保持直接的沟通，这种横向联系对实现协调具有重要作用。

（3）协调要在工作的早期阶段进行。协调要贯穿于政策或决定的形成阶段，而不只是政策或决定的完成阶段。

（4）协调是一个连续不断的过程。

这四项原则总起来说就是为了实现有效控制，因为协调是为了把处于一定形势中的所有要素统一起来，实现了这种统一性，形势也就得到了控制。领导的本质并不在于权力基础，而在于创造出控制力，在于领导者和被领导者在形势中的相互影响。控制要由事实控制而不是人来控制，要由相互关联控制而不是上级强加的控制。

5. 行政领导思想

福莱特视野中的领导者是和谐与效率统一体的代言人。她的领导理论与传统的领导理论有着本质的区别。在她看来，过去的领导理论依据的是人格的力量和使用权力。而现在，她认为领导有三种不同的类型：职位的领导、人格的领导和职能的领导，而其中，职能的领导最为重要。[①] 她认为领导的职能就是协调、界定目标和预见性。尤其是预见性，这是成功领导者必备的基本素质。对形势规律的认识要求领导者要以整体性的思想把握组织形势，这不仅要把握组织形势的现状，还要掌握组织未来的发展趋势，把管理视为一个动态的发展过程。因此，一个成功的领导者必须具有远见卓识，预测未来的不确定因素，具备开拓精神和敏锐的判断力。

她还关心行政领导与专家之间的关系，认为专家的知识应该与行政首长的知识结合起来。尽管专家的意见不应该强制性地进入决策过程，但是却应该通过迂回的反应和整合进入决策过程，如果具有专门知识的人一旦成为领导，他就能够从总体上理解领导的重要意义并把本职工作完成得更好。

第三节　繁荣时期

20世纪40年代末到70年代可以被称为公共行政管理思想的繁荣时期，在这一时期内，行为主义广泛影响到各个社会学科，公共行政学也出现了很多理论学派和学科分支。在公共行政管理学领域，西蒙倡导并引领了一个新的行政学

---

① 参见〔英〕厄威克编：《自由与协调：福莱特对企业组织的演讲》，第58页。

流派——行为主义行政学派或称逻辑实证主义行政学派。罗伯特·达尔提出了著名的公共行政科学的三个问题。沃尔多被公认为是公共行政学的史学家和哲学家，自1948年出版了《行政国家》后陆续有多部论著问世，对现代公共行政理论发展作出了重要贡献。查尔斯·E. 林德布洛姆在50年代后期提出了著名的"渐进决策"理论并因此享誉美国政治学界和公共行政学界。以布坎南为代表的公共选择理论学派的兴起，大大地拓展了政治学及公共行政学领域。经验主义学派的代表德鲁克在公共行政学方面也作出了很大的贡献，他的目标管理理论在公共行政管理中的运用也有相当大的空间。里格斯从比较的角度，进一步运用生态学的理论和方法，研究发展中国家的行政问题，使行政生态学成为一门系统的科学。黑迪提出的比较公共行政研究视角为公共行政管理学的发展和丰富作出了不容忽视的贡献。这一时期的公共预算理论也得到了长足的发展。新公共行政学和公共政策分析的兴起和发展标志着传统公共行政学主导地位的动摇以及政府管理领域研究的新范式的形成，都极大地推动了公共行政学的发展。以卡斯特和罗森茨威格为代表的系统管理学派也对公共行政学产生了重大影响。此外，公共行政管理学也逐渐出现了平民化现象，最有力的证明就是帕金森定律和彼德原理的提出。

由于上述的部分思想家或者学派的观点在本书其他篇章均有介绍，本章就选取以下几位在公共行政管理领域有代表性的思想家，做不同详略程度的介绍。

一、赫伯特·西蒙

赫伯特·西蒙（Herbert A. Simon，1916—2001）是决策理论学派的重要代表人物，在本书第五篇已经做过较为详细的介绍。同时西蒙在公共行政管理领域也作出了积极的贡献，是行政学发展史上一个举足轻重的人物。在西蒙的著作中，《行政行为——行政组织决策过程的研究》（1947）（本书也译为《管理行为——行政组织决策过程的研究》）最为重要，该著作也奠定了他在行政学界的学术地位。西蒙的公共行政管理思想主要由四个方面构成，即古典行政学批判理论、行政学研究方法理论、行政决策理论、行政组织理论。具体说来，有以下几点：

1. 对传统公共行政学的批判

西蒙对传统公共行政学的批判主要基于以下两个方面：一是对古利克和厄威克等人所提出的行政管理原则的批判。他指出，流行的行政原则有一个致命的弱点，即它们都像谚语那样，总是成对出现，无论对哪一个原则来说，我们差不多都能找到一个看似同样有道理、同样可以接受的原则。西蒙分别对行政科学学者们所提出的四条原则，即专业化分工原则、命令统一原则、控制幅度原则和集团化原则逐一加以批判，最后下结论说它们之间是相互矛盾的，缺乏逻辑的严密性,与其说是一个统一的理论,不如说是一些零散的"谚语"。二是对早期行政学者古德诺等人提出的政治—行政二分法的批判。西蒙认为政治与行政不可能截然分开,因为行政行为中必须从事某些决策活动,政策(政治)问题与行政问题都包含着价值与事实两种因素。在对这两方面进行批判的基础上,西蒙主张用行政行为的动态研究方法取代传统的法制体制的静态研究方法,并试图确立一种以决策过程作为核心的新行政学理论。

2. 行政学研究方法理论

西蒙不满意传统的行政研究方法,认为那些方法不能正确表现行政现象和反映行政过程。西蒙的动态行政学研究方法论涉及概念工具、操作定义以及事实与价值的关系三个方面。具体说来,寻求新的概念工具或分析单位是行为主义学派社会科学家的普遍主张。一门学科能够创立原则之前,首先必须具备某些概念。这种概念不包括有关学科的实质理论,只是用来研究这一学科,建立这一学科的理论或原则的工具,所以被称为"概念工具"。关于操作定义,西蒙认为,凡用于科学研究的名词定义必须是可操作的,行政行为研究中的名词当然也不例外。所谓名词的操作定义,是指名词的定义是与实证观察的事实或情况相一致的。据此,他将"决策"定为行政学最基本的概念工具,以此为核心,借助可操作定义方式,西蒙认为诸如权威、激励、沟通、群体等一系列概念方可构成一个系统的行政学概念体系。最后,在学术上严格区分事实要素和价值要素是行为主义学派社会科学家在研究方法上的基本主张,他讨论的行政决策的理性基础问题,主要包括两个方面:一是事实要素和价值要素的区别问题;二是"目的—手段"模式。

3. 行政决策理论

行政决策理论是西蒙行政学理论体系的核心。在西蒙等学者的努力与推动下,行政决策研究已经成为公共行政领域研究中的一个颇有成就的研究领域。西蒙的决策理论在前面的章节已做了详细论述,在此从简。

4. 行政组织理论

西蒙把决策看做管理行为的核心,把组织看做全部成员参与的信息加工、传递、控制的决策系统。西蒙的行为组织理论是以巴纳德的组织理论作为出发点,在继承的基础上弥补了巴纳德组织理论的部分缺陷而形成的。具体包括组织影响力理论、组织目标理论、组织设计理论、组织平衡(诱因)理论等一系列内容。他着重对组织影响力和组织平衡等基本问题进行了探讨,并在其决策理论的基础上从组织的层级结构、组织的专业分工、集权与分权等方面提出了关于组织设计的理论观点。

西蒙围绕"决策"的核心概念建立了较为系统全面的行政学理论体系,构成了现代公共行政管理学思想发展的一个重要阶段。他为后来的研究者提供了一个重要的研究途径——决策研究的方法,倡导了公共行政研究的新方向即决策研究方向,这为以后公共政策研究向成为一个独立的研究范式的转变打下了坚实的基础。并且他以科学化的概念、实证的研究方法来取代古典行政管理理论充满含混和矛盾的命题和教条化程式化的内容,这种途径和方法具有创新意义。他广泛引用了心理学、社会学等学科的成果,开阔了行政学研究的视野,使其由狭隘的、单一的学科概念框架迈向多学科交叉研究。同时,不可否认的是西蒙的行政学理论也存在着不少缺陷,这有待于后来的学者进行进一步的探究。

二、罗伯特·达尔

罗伯特·达尔(Robert A. Dahl,1915—)是美国著名的政治学家,当代西方最重要的民主理论家之一,主要的贡献在于提出多元民主理论。1940 年,达尔在耶鲁大学获哲学博士学位,后任美国政府经济学家、分析家。1946 年起在耶鲁大学执教。达尔写过十多部关于民主理论的专著,曾担任过美国政治学会会长(1967—1968),对民主含义的建构和价值哲学的研究作出重大而又深刻的分析。其代表作《民主理论的前言》是了解民主理论的必读书;《论民主》则是一本开启普通读者的民主意识的启蒙读本。此外,他在公共行政管理领域也颇有建树。

达尔对行政管理学所作的突出贡献体现在他深刻地指出了二战前所谓行政管理正统学说存在的三个问题。在《公共行政科学:三个问题》(1947)一文中,达尔从三个方面对公共行政理论提出了挑战:第一,重新思考建立在政治与行政二分法基础上的规范假设。他认为,公共行政学的研究者不能避免对目的问题的思考。他们所应当避免的是在目的问题上的疏忽,即没有将构成其学说基本成分的目的或价值阐明清楚。如果目的和规范性的考虑始终能够得到清楚的表述,公共行政学将会得到真正的收获。[①] 第二,为了理解"整体的人",从而更现实地说明人在组织中如何行动,应该扩展人类行为动机的概念,超越那种对人狭隘的、技术性的、"理性人"的理解。"如果要创立公共行政科学,它必须产生于对公共行政界定的这一领域中的人的行为的理解。"[②] 第三,认为更广阔的历史、经济和社会环境(而不仅仅是技术或技巧)是影响行政结果的重要因素。达尔对公共行政学的定位,强调了"现实主义"、"行为主义"与"科学的严谨性"。[③]

---

① 〔美〕罗伯特·达尔:《公共行政学:三个问题》(彭和平、竹立家等译),载《公共行政学评论》,1947 年第 7 期。
② 同上。
③ 〔美〕理查德·J. 斯蒂尔曼二世:《公共行政学:概念与案例》(竺乾威、扶茂松等译),第 22—24 页。

三、C. 诺斯科特·帕金森

C. 诺斯科特·帕金森(C. Northcote Parkinson, 1909—1993)原本是英国一位著名的时评作家,毕业于英国剑桥大学的伊曼纽尔学院,曾担任新加坡大学和马来西亚大学的教授,以及美国哈佛大学和伊利诺伊大学的客座教授等职。正是他的一系列时评文章使长期属于专家学者专利的公共行政组织分析,成为广大民众在街头巷尾经常谈论的话题,因此他被誉为"民众行政理论家"。后来,帕金森将其在这方面的系列文章以专辑的形式出版,名为《帕金森定律及行政管理中其他问题的研究》(1957)。

著名的帕金森定律就是:工作的膨胀只是为了填满用于完成这一工作的时间。① 这是帕金森在对组织机构的无效活动进行调查的分析中,提出的关于组织机构臃肿低效的形成原因的定律。在公共行政领域方面,政治家们和税收人员曾经假定(偶然有疑问的方面),文职人员总数的上升必然是所要完成的工作量不断上升的反映。而帕金森在调查分析后认为,工作(特别是日常文书工作)的时间要求是有弹性的,在所完成的实际工作与所分配的人员数目之间显然很少或者根本就没有什么联系,工作量的增加只是官员们人为地互相制造了很多麻烦。具体说来,帕金森把其定律概括为两条(作为动机要素的)法则:其一是增加部属的法则,这就是说当行政官员对他们的工作量感到过重时,对此问题所采取的措施是受动机规律引导的,即"一个行政官员想增加的是下级而不是对手",其目的是为了减少组织中的竞争对手,同时增加部属也可以提高该官员自己的地位。其二是增加工作量的法则,他指出在第一法则所描述的现象出现的同时,由于职位上的工作量不变(或略微增大),而人员却大幅度地增加,这就决定了下属行政官员们必须互相合作地从事工作。对于以前只需要一个人完成的工作,就会进行人为的分解来由许多行政人员共同分担,这必然会额外地增加了工作量。他通过举例和数学公式来说明了这一点。

通过对帕金森定律的实证分析,他进一步得出结论说,各级行政机构一旦建立,内部势必设满各种委员会、理事会和局、办、厅,而财政上比较重要的问题则往往必须通过它们才能解决。这就产生了帕金森所谓的"烦琐定律"的典型的委员会工作方式。这种方式意味着,在委员会"议事日程上所要讨论的问题中,花钱的多少和讨论的时间的长短成反比"。讨论的议案所涉及的金额越大,讨论的时间越短,反之则时间越长。在这种低效率的委员会工作方式下,21人则

---

① 〔英〕C. 诺斯科特·帕金森:《帕金森定律及行政管理中其他问题的研究》,转引自彭和平、竹立家等编译:《国外公共行政理论精选》,第199页。

是其低效能系数的关键。当委员会达到21人时,会议桌两端就会开始有人交谈,发言的人为了使大家都听得见自己的发言就不得不站起来说,可是,发言者一旦双脚站立,好像是出自习惯,总要进行一番演讲,在这种情况下,委员会想要进行高效的工作是不可能的。

此外,他也从组织的物质设备状况来对组织的特性进行了评价。例如,出版社或研究机构常常设在破旧而又临时凑合的地方,然而这些机构却业务兴隆,一片生机;但相比之下缺乏活力和效率的却是那些给人以庄严而匀称外表的行政机构。在公共行政管理中,存在着一种倾向,那就是把公共开支花在那些精心设计但并不合适的建筑上。他认为,建筑的豪华程度与行政的效率高低之间其实并不必然地成正比关系,它们在很大程度上还很有可能成反比例关系。在他看来,一切形式的管理都容易浪费。这就是他所谓的帕金森第二定律作用的结果。所谓帕金森第二定律就是指:"开支的增加只是为了抵消进款。"这与家庭中收入增加之后开支也增加的现象相似,只是与家庭开支不同的是,政府在行政管理中的开支额将增加到一个并不存在的限度。

尽管帕金森的这些观点有些过激并且存在着一定的片面性和不良的倾向,但是我们也应该看到,它至少尖锐地指出了政府机构中存在的某些过分追求形式、一味地追求奢华的不良作风。

四、查尔斯·林德布洛姆

查尔斯·林德布洛姆(Charles E. Lindblom,1917—)是美国当代著名的政治学家和经济学家,"政策分析"的创始人。他1917年3月21日出生于美国加州,1937年毕业于斯坦福大学,主修政治学和经济学,1945年获得芝加哥大学经济学博士学位,自1946年至他退休一直在耶鲁大学从事政治学和经济学的教学和研究工作。1954年在行为科学高级研究中心任研究员,1960年任古根海姆(Guggenheim)研究中心研究员。此后陆续出任美国驻印度大使馆经济参赞、耶鲁大学社会科学部主任和政治学系主任,1980年当选为美国政治学会会长。1995年他曾来中国进行学术访问,在北京大学、复旦大学等中国著名高校做了学术报告,都受到欢迎。他对政策的分析研究尤其以其提出的"渐进决策模式"享誉美国政治学界和公共行政学界。他的主要著述有《政治、经济及福利——计划构成与政治经济系统的基本社会过程》(与达尔合著,1953年)、《政策分析》(1956)、《"渐进调试"的科学》(1959,也译作《"竭力对付"的科学》)、《决策过程》(1968)、《政治与市场——世界政治经济体系》(1977)、《尚未达成,仍须调试》等。其中,《政治与市场——世界政治经济体系》被视为20世纪最后25年内最有影响的政治学著作并荣获美国政治学会的最高荣誉奖——威尔逊政治学术奖;《"渐进调试"的科学》作为经典性的论文是美国政治学和公共行政管理学专业学生的必读文献;《决策过程》则以渐进和多元的分析决策模式对理性决策模式和精英决策模式等长期以来主要的决策模式作了回应。林德布洛姆公共行政管理思想的主要内容有:

1. 政府与市场理论

林德布洛姆将社会抽象概括为三种类型:一是通过政府权威的社会组织,一是通过交换和市场的社会组织,再一个就是通过说服的社会组织。他认为任何一个政治—经济制度进行社会控制有三种基本方法:交换、权威和说服。交换无所不在;权威关系是在正式的组织中标明其成员身份特征的基本关系;说服在所有的社会制度内都是一个中心和基本的要素。所以,交换、权威和说服构成了林德布洛姆政府与市场理论分析框架的三个中心要素。在此基础上,他进一步分析了权威制度(政府)和市场制度的缺陷、理想的政治经济制度及其存在的问题,并对他概括的两种制度模式——不完善地近似于共产主义制度的模式Ⅰ和不完善地近似于市场取向的多头政治的模式Ⅱ进行了分析和比较。

2. 对传统决策理论的挑战

林德布洛姆的渐进决策理论是在对传统的全面理性决策理论的批判基础上发展起来的。传统的理性决策模式深受"经济人"假设的影响,认为每个人在政治和行政决策活动中也是理性的,遵循利益最大化原则和追求"最佳"决策途径。

20世纪60年代以来,理性决策模式受到了两种决策模式的挑战,其一是西蒙的"有限理性"决策模式,另一个就是林德布洛姆"渐进决策"模式。我们可以对渐进决策作如下理解:渐进决策就是指决策者决策时在既有的合法政策的基础上,采用渐进方式对现行政策加以修改,通过一连串小小的改变,在社会稳定的前提下,逐渐实现决策目标。①

3. 渐进决策理论的基本内容

尽管在不同时期的著作里,林德布洛姆对渐进模式的表达有所不同并不断发展,但是这一模式的基本思想保持一致。它的基本内容是:(1) 目的或者目标的选择,对为实现目标所采取的行动进行经验分析,两者是相互交织、密不可分的;(2) 决策者只考虑解决问题的种种可供选择方案的一部分,这些方案同现行政策只有数量或程度上的差异;(3) 对每一可供选择的方案来说,决策者只能对其可能产生的某些"重要"后果进行评价;(4) 决策者所面临的问题经常被重新鉴定,渐进主义允许对目的—手段和手段—目的进行无限的调整,从而使解决问题的"正确方法"并不是唯一的;(5) 考察一个决策的优劣,并不要求各种各样的分析者一致认为这一决策是否为达成既定目标的最有效的手段,而是看他们是否直截了当地一致同意这一决策;(6) 渐进决策的形式,从本质上来说是补救性的,它更多的

---

① 转引自丁煌:《西方公共行政管理理论精要》,第163页。

是为了改革当今的具体的社会弊病,而不是为了未来的社会目标。①

4. 渐进决策理论的基本特征

林德布洛姆渐进决策理论的核心思想是:政策制定不取决于政策制定者的意愿,而是决定于具体的事件和环境。他认为行政决策包含五个特征:(1) 行政决策是渐进的,是通过小的步骤逐步实现其目标;(2) 行政决策不能在既定时间内考虑到所有方案及后果;(3) 行政决策是连续不断的一次次制定和修订的过程;(4) 选择方案的标准是"满足"而不是最佳;(5) 最后的决策是折中的。② 另外,他还提出了渐进决策的三个基本原则,即按部就班原则、积小变为大变原则和稳中求变原则。

五、弗雷德·里格斯

弗雷德·里格斯(Fred W. Riggs,1917—)是美国著名的公共行政管理学家,行政生态学、比较政治学和发展行政学的创始人。他于 1917 年出生于中国桂林,1948 年获得美国哥伦比亚大学政治学博士学位后,先后在美国对外政策协会、纽约公共行政—政府情报交换所研究中心和斯坦福行为科学高级研究中心从事公共行政及其相关领域的研究工作。他曾担任过美国比较行政分会的第一任主席,在比较行政和发展行政方面作出了巨大贡献。里格斯进一步发展了 J. M. 高斯等人的理论,创立了以生态方法研究行政管理的新的理论体系,使生态行政学成为一门系统的学科。里格斯的主要论著有:《比较公共行政的模式》(论文,1957)、《公共行政生态学》(1961)、《发展中国家的行政:棱柱型社会的理论》(1965)、《泰国:一个官僚政体的现代化》(1965)、《发展行政的新领域》(1971)、《重访棱柱社会》(1973)。里格斯公共行政管理思想的主要内容有:

1. 对人类社会形态的划分

里格斯对行政生态背景的比较分析是建构在对社会形态的划分基础上的。他把历史上存在的人类社会划分为传统的农业社会、过渡社会和现代工业化社会三种形态。他把现代美国、英国、苏联等称作工业化的、生产力高度发展的、社会流动的并且具有有效的政府和行政系统的现代工业化社会;把传统泰国、古代中国等称为传统的农业社会;把现代泰国、菲律宾、19 世纪前的英国和法国等称为处于现代工业化社会和传统农业社会两极间的过渡社会。

2. 三大行政模式

他分别把农业社会的行政模式、工业社会的行政模式和过渡社会的行政模式称作融合型行政模式、衍射型行政模式和棱柱型行政模式,它们各自具备不同

---

① 陈振明:《公共政策学——政策分析的理论、方法和技术》,中国人民大学出版社 2004 年版,第 52 页。
② 宋光周:《新编行政学》,华东大学出版社 2003 年版,第 171 页。

的特征。就像折射前的自然光是一道白光一样,传统农业社会的社会结构是混沌未分的,没有明确细致的分工,与之相适应的行政行为诸如立法、司法、军事、经济等其他社会行为是混杂在一起的,谈不上有专业化的行政机构,这种融合型模式下的行政效率是极为低下的。但是,工业社会的社会结构和功能就像经过三棱镜的折射后表现出来的各色光谱,整个社会有着明确细致的分工,所以在这种社会环境里产生的衍射型行政模式下,政府的机构和职能分工也是十分明确细致的,各个行政部门各司其职、互不混杂,注重追求行政效率和科学性。至于第三种即棱柱型行政模式,它介于上述两者之间,行政行为已逐渐与其他社会行为分化开来,但还未完全分化;专业化的行政机构已经设立,但还不能正常运作,功能很有限;行政过程仍然受着家庭、家族等各种传统势力的制约,因而行政效率低下。这种情形,就如同光在棱柱中的折射过程,既具有融合的白光的特性,又具有衍射光的因素。而对于过渡社会公共行政的研究既是里格斯创建行政生态学的起因,也是其行政生态学说的核心内容。

3. 三种行政模式发展过程

里格斯认为,利用上述三种行政模式的理论几乎可以分别解释所有社会中的行政行为,但是在应用任何理论之前,都必须清楚了解其所处的社会形态。我们在这里更应该注意的是,行政模式的发展本是一个发展的连续不断的过程,任何一种行政理论都只能解释这一连续发展过程中的一个片断,所以,利用任何行政理论来解释一个行政制度中的行政行为,其结果都不可避免地具有片面性。因此,我们可以通过里格斯的以下图7-1来完整地了解上述三种行政模式的发展过程:

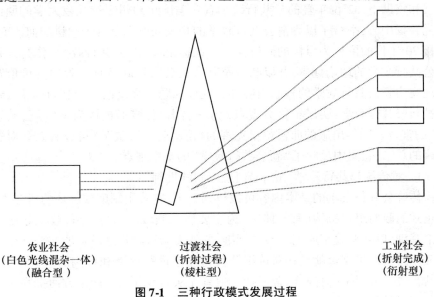

图7-1 三种行政模式发展过程

4. 五种主要行政生态要素

公共行政与其生态环境之间的相互依赖、相互影响的具体关系表现为与其生态环境中的某些要素发生作用。影响一个国家公共行政的生态要素是多种多样的，但其中最主要的要素有五种，即经济要素、社会要素、沟通网络、符号系统以及政治构架。他在《行政生态学》一书中，分别以泰国作为融合型行政模式的典型代表，以菲律宾作为棱柱型行政模式的典型代表，以美国作为衍射型行政模式的典型代表，结合三种不同行政模式的特点，对这五种主要的行政生态要素与公共行政的关系作了深入的分析。

六、乔治·弗雷德里克森

乔治·弗雷德里克森(George Frederickson,1934—　)是美国新公共行政学的主要代表人物之一。他总结和阐述了新公共行政学的基本思想，对美国公共行政学的发展作出了重大贡献。他于1977年当选为美国公共行政学会主席，其主要著作和学术论文有：《论新公共行政学》(论文,1971)、《社会公平和公共行政》(1974)、《新公共行政学沿革》(1977)、《新公共行政学》(1980)等。

20世纪60年代末70年代初，美国连续出现了一系列社会、经济与政治危机，全国上下要求政府改革的呼声此起彼伏。公共行政学界直面政府的困境，反省传统公共行政的思维模式和实际运作，开始用新的视角和价值观审视公共行政研究的过去、现在和未来的发展。1968年，由时任《公共行政学评论》主编的著名公共行政学家沃尔多发起了一场所谓的"新公共行政"运动。在沃尔多的号召和资助下，32位年轻的公共行政学者在美国纽约州锡拉丘兹大学的明诺布鲁克会议中心，举行了以弄清公共行政学的相关问题以及这个学科如何改变，以迎接70年代的挑战为目标的研讨会。会议提出以"新公共行政学"作为区别以往公共行政学的理论标志，并以政府及其官员公共行政管理过程中的价值观和伦理观为新公共行政学的核心内容和关键性问题。会议论文于1971年以《走向一种新公共行政学：明诺布鲁克观点》为书名出版，该书被认为是"新公共行政学"的宣言。同年出版的弗雷德里克森的《论新公共行政学》可以看做是对这次会议的总结，它集中反映了"新公共行政学"的基本观点。

1. 对传统公共行政学"效率至上"原则的批判

传统公共行政学的基本内容可以概括如下：它采用制度或法理的研究方法，以正式的政府组织机构(官僚体制)为主要研究领域，以政治—行政二分法为其理论基础，以强调效率原则为最高标准，并致力于行政管理的一般或普遍原则的探究。弗雷德里克森就是在对传统公共行政学进行反思和批判的基础上，对新公共行政学进行了解释和综合概括。他首先从实践和理论两个方面批判了传统公共行政学的"效率至上"原则。他认为从理论上说，强调效率至上，强调非人性化和客观化的所谓理性效率,会促使组织对人与人之间的互动采取机械性的控制,个人变成了工具,失去了自我反思与自我了解的意识,缺乏创造精神和人格的健康发展,甚至造成组织成员与服务对象之间的疏远和隔离,从而失去了组织的社会责任与价值。从实践方面来说,新公共行政学认为,新公共行政学的最重要目的在于促进人类幸福,然而传统公共行政学所强调的指挥统一、层级节制等原则虽然促进了效率,但由于社会的急剧变化使其与实践的差距越来越大,已经无法承担起社会责任,更缺乏适应社会发展的能力,有效改善人民的生活目标也就无从谈起。此外,传统公共行政的效率观以机械理性来评估绩效,专注于成本效益分析,这在实践中也证明是行不通的。最后他认为,传统公共行政过分迷信效率,造成了长远性的效率缺失并明显制造了许多不良问题。

2. 新公共行政学的效率观

新公共行政学并不是完全否认效率的重要性,传统公共行政学以追求较少的投入换取最大的产出固然是公共行政的价值追求和目标之一,但不应该是其核心价值和唯一终极价值。如果只考虑机械性的量化概念,其结果往往促使社会上的有组织者、有权势者和既得利益者得到最大的收益,从而造成社会的不公。鉴于此,新公共行政学主张引导社会价值进而实现公共行政的民主政治责任与义务,并在重视效率的同时实现社会公平的目标。

3. 对传统公共行政学政治—行政二分法的批判

政治—行政二分法是传统公共行政理论的基石。达尔和西蒙等著名学者都曾批评过这种倾向,而新公共行政学则对其展开了更加全面和激烈的批判。他们认为,一方面,由于传统的公共行政学坚持政治与行政的分离,从而使公共行政学研究局限在一个非常狭小的领域内。它保持所谓的"价值中立",很少重视与社会、政治密切相关的政策制定与政策分析等问题的研究,导致公共行政学游离于社会政治现实之外,不能解决社会问题,处理社会危机。另一方面,传统的公共行政研究事实上承认了现行体制的合理性,忽视了政治因素对管理过程的影响,将丰富多彩的行政管理活动简单化了。在他们看来,政治—行政二分法只是一种理论虚构,在现实政治—行政的实践中是行不通的。

4. 新的研究方法

新公共行政学认为,传统公共行政学奉行价值中立的准则,回避价值判断,普遍使用逻辑实证主义的研究方法,这种研究方法有很大的局限性。因此,他们提出了新的研究方法,即"强调公共行政的公共部分,试图用科学的技巧来帮助对替代问题的分析、试验和评估";"更多是'规范的',更少是'描述的';更多是'顾客—效果取向';更多是价值的(但不缺少任何科学性),更少是'中立的'"①。在他们看来,行政学者不仅仅是学术研究者,而且更应该是改革社会、推进社会发展、促进社会进步的倡导者。

5. 社会公平价值观

社会公平在新公共行政学里有着极其丰富的内涵,他们直接从当代美国著名的政治哲学家罗尔斯的"作为公平的正义"思想体系中获取坚实的理论基础,即公平不仅指法律上的公平,还指事实上的公平、结果的公平,为此就需要对最少受惠者予以必要的补偿,以减少社会中的不公平。对社会公平的承诺意味着新公共行政学急于要求变革,它要致力于改变那些妨碍社会公平的政策和机构,寻求增进公平的目标,即出色的管理、效率、经济和社会公平的各种变革;对于社会公平的承诺不仅包括对变革的追求,而且试图发现某些表明有能力具有不断的灵活性或使变革成为常规的组织形式和政治形势。② 对社会公平的追求可以说是新公共行政学的立足点和研究重心所在。

6. 民主行政价值观

新公共行政学的主题是参与、分权与代议官僚制。参与既是一种政治过程也是一种组织过程,政治参与被视为权力分散和增加公民参加政府管理事务的一种途径。分权就像参与的目的一样。代议官僚制的宗旨在于产生以顾客为中心的行政和由行政人员代表顾客利益的代表制。这样,分权、权力下放、项目、组织发展、冲突和顾客至上是新公共行政学分析组织问题的一些基本概念。③ 新公共行政不仅期待政府能通过观念与行为的转换来解决社会存在的尖锐矛盾,更期待着公共行政进入到一个全新的领域,即在当代民主社会中,建立民主行政之模型。④ 他们指出,民主行政,实现社会公平并不是空洞的伦理道德,也不是乌托邦的梦幻,它完全可以通过行政改革得以实现。新公共行政学积极投身于政府行政改革,努力寻求发展公共行政的良方,从而使新公共行政不仅只是一种社会思潮,同时逐渐成为一场社会运动。

7. 组织理论

新公共行政学认为,在公共组织中有四种基本运作过程,而这种认识会进一步适于理解和改进公共行政。这四个过程包括:分配过程、整合过程、边际交换过程和社会情感过程。成本效益分析是试图理解分配过程结果的主要技术,这种分析形式意味着测定特定公共行政项目的个人效用,是新公共行政学的核心内容;整合过程是通过权威层级来协调公共行政管理组织中人的工作的过程;边

---

① 彭和平、竹立家等编译:《国外公共行政理论精选》,第 300 页。
② 唐兴霖:《公共行政学:历史与思想》,中山大学出版社 2000 年版,第 402 页。
③ 同上书,第 402—403 页。
④ 〔美〕奥斯特洛姆:《美国公共行政的理性危机》,转引自丁煌:《西方公共行政管理理论精要》,第 288 页。

际交换过程描述了公共行政组织与它的关联群体及对象之间的一般关系;社会情感过程是一种社会情感训练的过程,如普遍使用的敏感训练、T 技术,或"组织发展"等技术。它是行政管理变革的基本工具,能使行政人员降低对权威层级的依赖,能接受各种风险的挑战,也能对各方袭来的冲突采取宽容大度的态度,以提高行政机构整体适应各种社会环境的能力。①

七、叶海卡·德罗尔

西方行政学在 20 世纪 60 年代的一个重要发展就是政策科学的兴起。迄今为止政策科学已经经历了 40 多年的发展演变过程,而它作为一个独立的学科被社会承认,很大程度上应该归功于在美国工作的以色列学者叶海卡·德罗尔。

叶海卡·德罗尔(Yehezkel Dror,1928—   )是继政策科学的创始人哈罗德·拉斯韦尔(Harold Lesswell)之后最著名的政策科学家。他 1928 年出生于奥地利的维也纳,10 岁移居以色列,曾在耶路撒冷希伯来大学和美国哈佛大学学习法律、政治与社会学。现任希伯来大学教授,并担任欧洲公共行政管理研究院政策分析教授与课题负责人。作为一位杰出的政策科学家和社会实践家,他不仅在理论上作出了重大贡献,还担任了 20 多个国际组织、国家政府及多国公司、大型企业的政策顾问。1975 年被选为世界艺术与科学学会会员;1983 年被国际政策研究联合会授予首届哈罗德·拉斯韦尔年度奖;1986 年在美国政治学联合会年会上又荣获"福尔布莱特四十周年纪念的著名学者"称号。自 80 年代以来,他把政策科学的研究集中到高层政策制定领域。他将自己创造性的理论思维同他作为"政府与公司的医生"而获得的实际经验结合起来,为政策科学的规范化研究作出了举世瞩目的贡献,因而被誉为"政策科学之父"。②

为了政策科学的发展,德罗尔力荐哈罗德·拉斯韦尔在 1951 年写了开创性著作《政策科学展望》,并鼓励拉斯韦尔写了《二十年之后》一书,总结和评价政策科学当时所处的地位。他留美期间与另一位著名的政策分析家奎德合作创办了第一个《政策科学》理论刊物,并倡导主办了第一个政策科学国际培训班,而且自 1968 至 1970 年担任美国兰德公司高级参谋和顾问并撰写了著名的《公共政策制定的再审查》(1968),1971 年又出版了《政策科学构想》、《政策科学探索》以及《疯狂的国家:违背常规的战略问题》(1980 年再版)。作为理论探索,他于 1986 年又出版了《逆境中的政策制定》一书,该书连同他 1983 年再版的《公共政策制定的再审查》和随后出版的《政策赌博》,被认为是政策科学理论的

---

① 唐兴霖:《公共行政学:历史与思想》,第 407 页。
② 丁煌:《西方公共行政管理理论精要》,第 262 页。

三部曲。① 德罗尔公共政策思想的主要内容有：

1. 对政策科学的整体描述

德罗尔认为，政策科学或政策研究是融合了管理科学、行为科学、经济学和政治学等多学科知识的一门全新的跨学科研究领域，其"核心是把政策制定作为研究和改进的对象，包括政策制定的一般过程以及具体的政策问题和领域。政策研究的范围、内容、任务是：理解政策如何演变，在总体上，特别是在具体政策上改进政策制定过程"②。可见，政策科学包含着广泛的主题、事件、态度倾向、方法、方法论和利益问题；而且他认为政策科学研究的任何实质性进展都需要大量的客观知识和主观知识作基础，这种需要远远超过了迄今为止人们对跨学科的知识的需要，这要用真正一体化的观点把政策与政策制定看成社会问题处理能力和控制能力提高的一种有用手段。政策研究的学科边界是模糊的、开放的，正因为如此，人们对其范围的理解也是不同的。

2. 政策科学的特征

德罗尔认为，政策科学有一个难以实现的明显特征，那就是要在感情、价值因素介入时，必须保持观察的客观性。尽管在现实中这是很难做到的，但是政策研究仍然需要有一种科学的态度，尽量区别政策的分析者和辩护者，区别社会评议家和政策科学家，区别理智活动的价值分析和人类需要的价值信仰。此外，在具体政策的个人价值观与服从权力之间谨慎地保持一种动态的平衡，以及在知识与权力之间取得协调统一，这些对于政策研究都是非常重要的。政策科学的另一个特征是，它把理解现实和改进、制定政策融为一体。

3. 政策科学的研究内容

德罗尔认为，政策科学的研究主要包括九个方面，他从行为性和论证性两个方面分别进行了阐述。这九个方面是：(1) 现实和问题的理解；(2) 宏观政策和关键选择；(3) 超渐进主义；(4) 复杂性；(5) 模糊性决策；(6) 学习；(7) 政策结构；(8) 困难的选择；(9) 元政策，即制定政策的政策。

4. 政策科学的方法论

政策科学方法论是德罗尔政策科学思想的重要组成部分，他在批评拉斯韦尔等人所推崇的行为科学及其方法，分析管理科学的局限性以及政策科学的跨学科性质问题的基础上，提出了他的"系统群研究方法"，并把这种研究方法视为政策科学的方法论基础。这种方法可以作如下理解：先把有可能对整体产生强烈影响的"具有代表性的个体"罗列出来，接着勾勒出一个整体大系统——系

---

① 张金马：《向人类未来命运的挑战》，转引自唐兴霖：《公共行政学：历史与思想》，第437页。
② 〔以〕德罗尔：《政策研究的基本概念》，参见〔美〕斯徒亚特·S.那格尔编：《政策研究百科全书》，科学技术出版社1990年版，第13页。

统模型,然后将其中若干个个体加以移动,观测整个系统有什么变化。而这种做法就是通常所谓的模拟试验。如果模拟系统的动向与现实不太一致,那么就要重新选择一些"有代表性的个体",建立新的系统模型。这样重复几次就可以对"政策替代方案"进行比较研究。这就是系统群研究的操作方法。由于研究中出现了复数以上的整体系统,所以这种方法不叫"系统研究"而叫"系统群研究"。

5. 逆境中的政策制定

逆境就是一种政策困境。对付逆境,政府中枢决策系统的政策制定是其他任何途径所不能取代的,提高政府中枢系统的决策能力、改进逆境中的政策制定,理应成为各国政府与政策研究的当务之急。德罗尔把在不同国家、不同社会制度下政府中枢决策系统面对逆境的反应划分为十种形式,提出了应付逆境的六条原则:(1) 社会改造原则;(2) 达到临界质量的原则;(3) 有选择的激进主义原则;(4) 准备承担风险同时避免万一的原则;(5) 产出价值优先原则;(6) 积极性强制干预原则。逆境的一个显著特征就是,政策制定本身固有的无能与克服逆境所需要的高质量政策制定之间存在着巨大的政策质量赤字。因此,应付逆境的对策必须从消除政策制定的无能入手,它应该是一种包括改进政策制定系统在内的复杂结构,这种结构应包括以下三个方面:(1) 改进应付逆境的基础条件;(2) 改进政策制定过程;(3) 变革决策观念和决策方式。

6. 宏观政策分析理论

所谓"宏观政策分析",就是指能够应付高层大政方针的政策分析。德罗尔对24个政府首脑机构进行比较研究后发现,政策分析在高层领导那里几乎没有得到应有的重视,究其原因,固然有某些权力、政治等方面因素的影响,但最主要的原因是目前它在技术水平上的不足使其在高层领导人面临关键问题上无能为力。为此,他提出有必要在政策分析领域进行一场大刀阔斧的革新,发展他所说的"宏观政策分析"。他的这种理论主要体现在22条原则上,并且他进一步指出,虽然这些原则的注意力是集中在政府最高决策层上,但如果能进行适当的调整,它们也适用于其他决策层次和组织。这22条原则分别是:(1) 以判断和行为的哲学而不是科学的哲学作为基础;(2) 高度重视超理性的作用;(3) 以宏观政策为焦点;(4) 对政策模式的考虑;(5) 从国家兴衰、革命和政权的命运、发展规划以及类似的"宏观事业"之成败这一高度来思考问题;(6) 未来因素的设计;(7) 在历史中思考;(8) 对形势进行广泛的、远期的以及动态的预测,尤其要注意衰落曲线、转瞬即逝的机会和意外事变;(9) 以协调的观点为指导集中注意关键性选择;(10) 避免不利结局,争取良好绩效;(11) 清除弊病;(12) 在与动态环境交互作用的意义上进行分析;(13) 深层复杂性的处理;(14) 政策赌博;(15) 价值分析和目标探索;(16) 了解新情况,修改旧决定;(17) 创新与创造性;(18) 政治上的周密性和相对独立性;(19) 危机决策的相关性;(20) 同政策探索的广泛社会过程保持富有成果的联系;(21) 有关元政策的制定;(22) 沟通的针对性。

第四节 转折时期

20世纪八九十年代以来,随着全球性的行政改革运动的发展和深化,西方公共行政管理出现了很多新的特点。其一,在新管理主义思潮的影响下,许多在工商企业管理中被证明是行之有效的理论、方法和原则被大量引用到公共行政管理领域;其二,在新一波的民主政治思潮的影响下,更多地关注公共行政管理的公共本质、强调公民参与的公共管理理论不断涌现;此外,进入80年代以来,政策科学的理论和方法已经成为工业发达国家政府乃至事业团体管理决策的基本方式。到了90年代,政策科学已经成为一门独立的研究领域,大有与公共行政管理学分庭抗礼之势。① 总体看来,对所谓新公共管理本身及其范式之争的探讨,更是这一时期公共行政管理的一大亮点。本章将重点介绍这一拓展时期的最具影响力或代表性的五位公共行政管理思想家,他们分别是霍哲、奥斯本、登哈特、罗森布鲁姆和胡德。

一、马克·霍哲

马克·霍哲(Marc Holzer)是当代美国公共行政管理学界著名的政府公共部门绩效管理研究专家。他自1971年获得密歇根大学政治学博士学位后,一直从事公共行政管理尤其是政府公共部门绩效管理方面的教学和研究工作,曾任美国公共行政学会会长(2001—2002)、世界生产力科学研究院院士(2001)和美国国家公共行政研究院院士(2003),现任美国新泽西州立大学研究生院公共行政管理系资深教授和美国国家公共生产力中心主任。正是因为他在公共行政管理特别是政府公共部门绩效管理领域所取得的杰出成就,他曾获得美国公共行政学会唐纳德·斯通国家成就奖(1994)、全美公共事务与公共行政学院杰出教学奖(1998)、美国公共行政学会查尔斯·莱文杰出贡献纪念奖(2000)、《公共行政评论》威廉与莫舍最佳论文奖(2001)以及中国行政管理学会杰出贡献奖(2002)等多项大奖。霍哲公共行政管理思想的主要内容包括:

1. 绩效与绩效管理

霍哲认为,最具创新性和最富有绩效的政府公共机构可以将先进的管理技术整合成为一种绩效改进的综合方法,并且可以成为其他机构改进绩效的榜样。

---

① 张梦中:《美国公共行政学百年回顾》,载《中国行政管理》,2000年第6期,第46页。

长期以来,人们都在寻求改进政府绩效的管理途径。然而,人们在对"绩效"、"绩效管理"以及"绩效改进"等核心概念的理解上存在差异,并常常对其简化、误解乃至错误地运用。霍哲认为,绩效通常可以划分为个人的、团体的和组织的三个不同的层次,而且每一个层次的绩效都有助于组织的总体绩效。就政府组织而言,绩效是一个很复杂的概念,他涉及最高管理层的领导、各级政府部门的工作人员、绩效评估系统、有效的配合、合作的伙伴关系、政府雇员的培训、报酬结构、社区参与、技术创新、反馈机制以及预算管理决策等多方面的因素。"绩效"这个词可以代表趋向完善的一条更具有吸引力的概念之路,它正日益被人们认为是一种合法的期望。

绩效管理(performance management)是一个与绩效评估和绩效改进密切相关的概念,而且它常常与后面两个概念混淆。霍哲认为,绩效管理比绩效评估的范围更加宽泛,绩效管理纳入绩效评估的结果并将其运用于总体的管理实践。他引用《国家绩效评估报告》(National Performance Review)对绩效管理的定义解释说,"利用绩效评估信息帮助建立商定的绩效目标,分配并优先配给资源,通知管理者核实或改变目前的政策或者项目的方向以达到制定的目标,并报告是否成功地达到了这些目的。绩效评估是绩效管理的手段和措施,绩效改进才是绩效管理的目的和宗旨"[①]。

2. 现代政府责任观

政府实施绩效管理进而改进其绩效的必要性从根本上取决于政府的责任。在传统上,政府责任通常主要指财务清账(financial accounting),而在今天,政府应该被理解为一种关系,其中个人和机构被要求对有关授权行动的绩效做出回答,责任机制在某种意义上就是确定所授权的任务是否得以正确完成的方法。这种责任不仅使得政府要为其行动负责,而且同样要为其行动的后果负责,也就是说政府还要为其所提供的每一项服务或产品给每个公民造成的影响负责。政府要做到这一点,则必须能够评估并报告它所取得的绩效。

3. 影响政府绩效改进的无形要素

尽管影响政府公共部门绩效改进的因素有很多,但对绩效最具决定性影响的要素则是对人力资源尤其是对人的无形资源的开发。霍哲明确指出:"在一个并非经常出现财政压力的时代里,承诺、专业精神以及无形的支持比财政资源更为重要。"所谓承诺,就是组织成员的心理依附感。他通过实证研究发现,具有承诺的人员和来自高层行政首长的支持是政府管理创新最重要的因素,雇员

[①] 丁煌:《西方公共行政管理理论精要》,第370页。

承诺与高层管理者一同成为实现公共部门创新和提高工作绩效的关键。① 因此,为了改进绩效,我们就有必要做到:(1) 正确认识领导的角色;(2) 正确认识雇员承诺的多维性;(3) 在人员之间维持一种心理平衡关系;(4) 正确认识雇员与组织的多重关系。

4. 公民参与的政府绩效评估系统

霍哲认为,政府绩效评估是政府公共部门改进绩效的一种管理工具,而且它常常被认为是一种可以在政府公共部门的各种组织化、结构和社会环境之间使用的一种价值无涉的中性管理工具。他明确指出:绩效评估在某种程度上是一种社会整合的艺术,以便政府可以听到来自各利益相关者更为平衡的声音。② 他强调要建立一种基于公民参与的政府绩效评估系统,这种系统不应当只是关注管理者的成就和成果,而应当偏重于生活质量的改善以及社区目标和抱负的实现。评估政府的目的在于改进服务,让政府对公民的需求更负责任。

5. 政府绩效评估的基本环节

霍哲主张,当我们对政府组织进行绩效评估的时候,最好将其视为一个系统,一个设计合理的绩效评估系统应该包括以下七个基本环节:(1) 识别要评估的项目;(2) 阐述目的并确定所需结果;(3) 选择评估标准或指标;(4) 设立绩效和后果(成就目标)的标准;(5) 监督结果;(6) 绩效报告;(7) 评估结果和绩效信息的利用。霍哲给予评估结果和信息的有效利用以更多的强调。他认为,绩效评估能否在绩效管理过程中发挥其应有的作用,关键就在于此,因此完备的政府绩效评估系统应该设法保证评估结果的有效利用。

6. 改进政府绩效的综合模型

除了对上述几个有关绩效管理的基本问题的论述外,霍哲在其他问题如基于回应性的政府全面质量管理,到基于竞争的合作伙伴关系,以及对政府绩效与公众信任之间的互动等,都做了较为深入、系统的探讨并且均形成了自己的独到见解。正是基于对上述所有问题的系统研究,他从绩效管理的视角提出了一个由为质量而管理、开发人力资源、适应技术、建设伙伴关系以及绩效评估五个关键性概念构成的全面改进政府公共部门绩效的综合模型。③

二、戴维·奥斯本

戴维·奥斯本(David Osborne)被誉为"政府再造大师",是"重新设计政府联盟"的创办者及前任董事长,美国国家公共行政学会的研究员,美国进步政策

---

① Marc Holzer, *Government at Work*: *Best Practices and Model Programs* (Sage Publications, 1998), p. 164.
② Marc Holzer, ed., *Public Productivity Handbook* (New York: Marcel Dekker, 2004), p.291.
③ Ibid., p.7.

学院的研究员与美国学校治理委员会州分会教育委员会的成员。1993年担任美国副总统阿尔·戈尔的高级顾问,为国家绩效评估委员会提供指导。主要著作有《再造政府——企业精神如何改革着公营部门》(1992)、《摒弃官僚制:政府再造的五项战略》(1997)、《政府改革手册:战略与工具》(2000)等。奥斯本的行政管理思想主要包括:

1. 企业家政府的本质含义

奥斯本提出企业家政府理论的宗旨就是试图把企业管理的精髓移植到政府中来,用企业家精神来改革或重新塑造政府,通过改变官僚政府内部的管理机制和内部驱动力,使政府这类公共组织能像私人企业那样,合理利用资源,注重投入产出,提高行政效率,来达到重塑政府形象的目的。他明确指出:"我们使用'企业家政府'一词来指我们目睹在美国各地出现的新模式……我们说到企业家的模式时,指的是习惯性地这般行事(企业家运用新的形式创造最大限度的生产率和实效)的公共部门的机构,不断地以新的方式运用其资源来提高其效率和效能。"①奥斯本认为,政府和企业是两种性质根本不同的机构组织,政府不能像企业那样运作。而很多人正是在这个问题上对他所谓的"企业家政府"产生了误解,认为企业家政府就是"像企业那样来运作"的政府,而这是不对的。

2. 政府组织和企业组织的区别

为了进一步揭示"企业家政府"的本质特征,奥斯本对政府组织和企业组织的差异进行了比较分析,归纳总结了五个主要方面的区别:(1) 政府领导者与企业领导者的动机不同,前者主要是再选连任,后者是获取利润;(2) 政府与企业的主要收入来源和方式不同,企业主要来自顾客,政府主要来自税收;(3) 政府与企业的动力不同,前者往往来自于种种垄断,后者则来自于竞争;(4) 政府部门与企业组织对其成员的考核标准不同,前者看其是否能讨好当选的政客,后者看其是否能出产品或获得利润;(5) 政府雇员和企业雇员对风险和报酬的看法不同,政府雇员是以不犯错误为定向,企业的激励手段在政府组织中效果不佳。

3. 何谓政府再造

"政府再造"不是政治体制改革,不是重组,不是减少浪费、政治欺诈或权力滥用,不是缩减政府规模的同义语,不是"私有化"的同义语,不是仅仅使政府更具效率的替身,也不是"全面质量管理"(TQM)或"企业流程再造"(BPR)。② 我们所说的"再造",是指对公共体制和公共组织进行根本性的转型,以大幅提高组织效能、效率、适应性以及创新的能力,并通过变革组织目标、组织激励、责任

---

① 〔美〕奥斯本等:《再造政府——企业精神如何改革着公营部门》,上海译文出版社1996年版,前言第5—6页。

② 〔美〕奥斯本等:《摒弃官僚制:政府再造的五项战略》,中国人民大学出版社2002年版,引言第11—12页。

机制、权力结构以及组织文化等来完成这种转型过程。政府再造就是用企业化体制来取代官僚体制,即创造具有创新惯性和质量持续改进的公共组织和公共体制,而不必靠外力驱使。政府再造就是创造具有内在改进动力的公共部门——有人称之为"自我更新的机制"。①

4. 政府再造的十项原则

奥斯本认为,对传统的政府官僚体制的改革应当遵循以下十项原则,这十项原则所规定的内容也正是他所谓企业家政府的基本特征:(1) 掌舵而不是划桨;(2) 妥善授权而非事必躬亲;(3) 注重引入竞争机制;(4) 注重目标使命而非繁文缛节;(5) 重产出而非投入;(6) 具备"顾客意识";(7) 有收益而不浪费;(8) 重预防而不是治疗;(9) 重参与协作的分权模式而非层级节制的集权模式;(10) 重市场机制调节而非仅靠行政指令控制。

5. 政府再造的五项战略

《摒弃官僚制:政府再造的五项战略》一书列举了改革公共组织最有力的五项战略:(1) 核心战略,即帮助公共组织明确其基本目标,精简那些不再服务于基本目标的职能,将各种活动组织起来以便每个组织都能自由地关注自身的明确使命,这些使命都有利于体制的总体目标。(2) 后果战略,即为绩优组织引入奖励,而对绩差组织实施惩罚。(3) 顾客战略,即要求组织不仅对层级中的上司负责,还要对顾客负责。(4) 控制战略,即改变公共体制的控制位置和形式;赋予组织、管理者、雇员以及(有时)社区成员通过掌握重大决策权来改进绩效的自由,并要求对其结果负责。(5) 文化战略,即通过帮助组织改变雇员的习惯、心灵和心智来变革其价值观、模式、假设与期望。再造者可以使用许多途径来推行这些战略。②

三、戴维·罗森布鲁姆

戴维·罗森布鲁姆(David H. Rosenbloom)作为享有国际声誉的公共行政学家,他是美利坚大学公共事务学院杰出教授,美国国家公共行政研究院院士,他曾任美国公共行政学会会长和著名学术期刊《公共行政评论》主编,1992 年曾任克林顿政府的人事政策与管理顾问。由于他在公共行政领域的杰出贡献而先后获得全美公共事务与公共行政学院联合会和美国公共行政学会杰出研究奖(1992)、美国公共行政学会查尔斯·H. 莱文纪念奖(1993)、美国大学公共事务学院杰出学者奖(1994)、美国公共行政学会德怀特·沃尔多奖(1999)以及美国政治学会约翰·高斯奖等多项学术大奖。其代表作《公共行政学:管理、政治和

---

① 〔美〕奥斯本等:《摒弃官僚制:政府再造的五项战略》,引言第 14—15 页。
② 〔美〕奥斯本等:《改革政府手册:战略与工具》,中国人民大学出版社 2004 年版,第 5—6 页。

法律的途径》被翻译成多国语言应用于公共行政教育,集中体现了他在公共行政领域的主要思想。

罗森布鲁姆通过自身的研究,从新的角度对公共行政概念进行了再认识,他认为"公共行政乃是运用管理、政治以及法律的理论和过程来实现立法、行政以及司法部门的指令,为整个社会或者社会的局部提供所需的管制与服务功能"①。罗森布鲁姆从管理视角、政治视角和法律视角分别对公共行政进行了分析,为我们展现了公共行政研究的全面视角。

同时,他具体指出了公共行政的基本内涵,与私营部门管理相比公共行政的诸多特质。罗森布鲁姆认识到了新公共管理途径的强大生命力,并在管理学视角下对新公共管理理论进行了具体的分析。他认为,这一新的管理途径与传统管理途径的发展相类似,也主要是改革走向的,其目的在于改善公共部门的绩效。他分别从组织结构、对个人的观点、认知途径、决策、预算、管制行政以及行政责任与伦理等方面对新公共管理途径的表现形式进行了具体分析。

1. 在组织结构方面,罗森布鲁姆认为,新公共管理途径主张组织结构应当整合组织内部的各项运动,使各分工单位均能够像企业那样服务于各类"顾客";组织应该尽量通过授权使组织结构趋于扁平化,各分工单位也应具有更多的自主性;强调通过组织中各单位或个人之间的竞争而达到组织内部的协调。

2. 在对个人的观点方面,罗森布鲁姆指出,新公共管理引起人们注意的是它强调公共行政要以顾客满意为导向。新公共管理将个人视为"顾客",但公共行政中的公民与市场上的顾客有着不同的价值取向;尽管公民也像顾客一样寻求自己福利的最大化,但是公民参与政治的目的却在于解决共同面临的问题,界定政府(而非个人)的目标。公共管理的"顾客导向性"使其区别于传统的公共行政而更具有有效性。

3. 在认知途径方面,罗森布鲁姆认为,新公共管理在现阶段主要是由理论所推动的,不过它同时也以"务实"的观点来决定什么该做或什么不该做。就认知途径而言,新公共管理主要是经验性的,它主要倚重经验观察及测量指标去检验理论。

4. 在预算方面,罗森布鲁姆认为,新公共管理对预算的观点集中在公共服务的生产、管制及影响等层面,它不太关心人员或设备等投入层面的问题。只要政府机关能够产生良好的结果,在预算管理上应该有很大的弹性。立法的拨款应该以绩效和顾客、公众乃至全体国民的价值为基础。在可行的范围内,政府机关可采取"使用者付费"的方式自行创造财源或彼此分享资源。

---

① 〔美〕罗森布鲁姆:《公共行政学:管理、政治和法律的途径》,北京大学出版社2006年影印版,第5页。

5. 在决策方面,罗森布鲁姆认为,新公共管理的决策应建立在回应顾客、建立绩效指标以及成本效能分析等基础上的。决策方式一般主张采取分散化的原则,但在必要的时候仍需领导者进行集中决策。

6. 在管制行政方面,新公共管理途径与传统管理模式有着完全不同的观点。新公共管理的管制行政更愿意信任被管制者,并且愿意与他们结成伙伴关系。同时新公共管理的另一个特点是强调以裁量取代规章,它关注结果。因此,在新公共管理途径看来,服从规章是次要的或者不太重要。

7. 在行政责任与伦理方面,新公共管理途径与传统管理途径截然不同。新公共管理几乎把焦点集中在绩效与结果上,它将传统管理途径所依赖的程序性预防措施视为政府成本效益的障碍,并强调立法部门对各级行政部门绩效的外在监督,它还认为通过市场机制与顾客评价同样能够达到落实行政责任的目的。并指出,新公共管理寻求责任及伦理的方式是要求公共行政官员重新塑造一种彼此信任的文化。

四、克里斯托弗·胡德

克里斯托弗·胡德(Christopher Hood)是英国著名学者,公共管理研究的代表人物之一。2001年元月,胡德被选为牛津大学万灵学院的高级学者,获格莱斯通教授职位,并在牛津大学国际关系与政治学系任教。胡德在1991年最早提出了"新公共管理"这一概念,并通过他的一系列研究使得新公共管理一词名声大噪。胡德在公共管理领域的代表作有:《国家的艺术:文化、修辞学和公共管理》、《电讯管制:文化、混乱与管制过程的内部相互依赖》、《政府内管制》、《危机管理》等,其中《国家的艺术:文化、修辞学和公共管理》是他的理论集成,系统地表达了他在公共管理理论方面的学术思想。

在公共管理的概念方面,胡德认为"公共管理,这门国家艺术,可以松散地定义为如何设计与提供公共服务和政府行政的具体工作"①。胡德将在20世纪70年代中期以后,在英国以及其他经合组织国家掀起的政府改革运动称作"新公共管理"运动。

在其著名的《国家的艺术:文化、修辞学和公共管理》一书中,胡德通过使用网格/团体文化理论的框架来分析公共管理的中心思想,包括探寻控制和管制的基本类型,对管理方面有说服力的论点进行分解,讨论公共管理失败的各种类型等。胡德分析了公共管理的多元化发展趋势的必然性,并寻找到了研究公共管理多元化发展的有效途径——文化理论框架。文章最终形成了七个论点:

---

① 〔英〕克里斯托弗·胡德:《国家的艺术:文化、修辞学和公共管理》,上海人民出版社2004年版,第3页。

1. 网格/团体文化理论能够概括关于政府和公共服务组织所争论的大部分内容。因为网格/团体文化理论将多样性视为基本准则,将争论视作管理舞台的核心要素,它提供了一个很宽的分析框架,这一分析框架能够将那些丰富多样的、有关组织的知识整合在一起。文化理论能够提供另外的分析"工具",可以阐明公共管理中的许多核心问题。如对公共服务的瓦解和失败的分析,对控制和管制的分析,以及对如何使公共管理理念具有说服力的分析中,它都能得到很好的应用。

2. 文化理论为我们提供了一种重要的分析框架。将公共管理思想的不同传统放在这个框架中进行分析,我们发现关于如何组织政府和公共服务的那些观念,与文化理论中的四个类型都能一一对应。这四种公共管理形式具体可以包括等级主义的公共管理、个人主义的公共管理、平等主义的公共管理和宿命论的公共管理。胡德试图通过以上研究"以探寻解决政府组织问题的不同处方,以及强调那些不论在怎样不同的背景下,仍然常常能够跨越时空的重要主题"①。

3. 实现良好组织的任何一种处方都不能坚持认为自己比其他处方更"现代"。因为在以上四种公共管理"现代化"观念中的每一种,都包含一些有争议的命题,这些命题并不像现代化话语本身所自诩的那么确定不疑。不同文化理论所衍生的不同世界观表明,这四种现代化观念中的每一种,都可能包含相互矛盾的观点,这些相互矛盾的观点都以自己的方式解释什么是"现代化"。

4. 由文化理论而产生的组织方法的固有多样性不太可能消失,除非某种组织形式的内在弱点突然消失,否则由一种组织形式转向其他组织形式的障碍就不可能消失。因此,有人认为世界范围的公共管理有望通过一条简单、稳定的途径实现趋同,这一说法的局限性是相当明显的。

5. 文化理论的框架是"可伸展的",因此,文化理论的多角度,使对组织多样性的分析能够在多个层次上展开,以探索各种不同表现形式和混合体,以及宽泛的极化模式。

6. 从历史的角度理解文化与组织的多样性,这种历史视角在公共管理分析中应处于中心地位。缺少这一视野,就无法把握"良好管理"观念的多样性,无法充分认识组织类型的多样性,无法把握每一模式走向崩溃或自毁的典型模式。②

值得我们敬佩的是,胡德的分析是理性而且辩证的,他在指出这种分析框架的巨大作用的同时,又指出:"主张文化理论是一种可用于公共管理的分析工

---

① 〔英〕克里斯托弗·胡德:《国家的艺术:文化、修辞学和公共管理》,第75页。
② 同上书,第7页。

具,并不是说这种分析途径不存在任何问题。"①胡德对基于文化理论的分析过程的可能性批评进行了估计和解释,如"幼儿玩具"批评、"软科学"批评、"错误工具"批评等。同时,胡德指出,没有任何分析途径是没有弱点的,"作为一种对可能的组织形式作创造性思考的分析工具,在探讨围绕公共部门与政府的'做什么'观念的多样性问题上,文化理论分析能够为国家的艺术提供许多有益的东西"②。

* * *

思考题

1. 简述公共行政管理学的产生与发展背景。
2. 评述威尔逊的公共行政思想。
3. 政治—行政二分法对公共行政管理发展的贡献有哪些?
4. 林德布洛姆渐进决策理论的基本内容有哪些?
5. 新公共行政学的的主要观点是什么?
6. 试评述戴维·奥斯本的企业家政府思想对现代公共行政改革的意义。

---

① 〔英〕克里斯托弗·胡德:《国家的艺术:文化、修辞学和公共管理》,第237页。
② 同上书,第255页。

第八章 管理学理论的新转折

20世纪末期,整个世界的政治版图和经济格局发生了根本变化,世界原有两大对立的阵营不复存在。在广大发展中国家,中国等一大批新兴经济体国家迅速崛起。以中国为代表的东方管理思想和儒家文化随着经济崛起而日益受到世界重视,发挥越来越大的影响。以互联网在全世界扩张为标志,科学技术以空前未有的影响力改变着整个人类社会的生产方式和人们的生活方式,改变着企业管理方式和企业之间的竞争模式,加速了国际经济一体化进程。管理思想理论也呈现出新转折。

第一节 再造与创新

一、历史背景

亚当·斯密的分工理论主宰了二百多年的企业管理理论和实践的历史,但是随着时代的发展和观念的更新,分工理论越来越不能适应客观环境的变化和日新月异的管理实践,分工理论指导下的业务流程和官僚体制被重新审视,企业再造理论兴起。亚当·斯密是英国著名的古典经济学家,他对早期的管理思想进行了探索。1776年,斯密出版了其代表作《国富论》,书中提出的劳动分工理论,"劳动生产力最大的增进,以及运用劳动时所表现的更大的熟练、技巧和判断力,这似乎都是分工的结果"(亚当·斯密,1776)。分工理论对管理理论和实践具有重要的指导意义,被广泛运用到企业管理实践中,从泰勒到法约尔到韦伯无一例外地遵从和发展了分工理论。泰勒对计划职能和执行职能的分离,实行职能工长制;法约尔的十四条原则中,第一条原则就是"劳动分工"。分工理论应用于生产上的典型例子就是"福特制",福特汽车公司在实行福特制以后,汽车的装配时间仅是原先所需时间的十分之一。生产自动化和生产标准化的流水作业线简化了操作方法,降低了生产成本,提高了劳动生产率。

但21世纪是知识经济的时代,信息化与全球化浪潮迅速席卷全球,信息、知识和创造成为企业重要的战略资源。20世纪六七十年代以来,信息技术革命和市场经济的迅速发展,使企业的经营环境和运行方式发生很大变化,特别是顾客、竞争和变化这三个因素,完全改变了今天企业的苍穹。西方国家经济的长期低增长又使得市场竞争日益激烈,美国企业在感受来自其他国家的严峻挑战的同时,不得不针对自身竞争能力的不断下降进行反思。如何改变原有的组织与作业方式,激发企业人力资源的创造力,已是企业保持生命力持续发展的必然。

1. 顾客

20世纪初期,生产力虽然了有了明显发展,但相对于社会的大量需求来说,劳动生产率还是很低下,生产者并不能满足消费者的全部需求,卖方市场占据主导优势,消费者购物的长龙随处可见,那时消费者只想得到商品,很少想得到文明。对企业而言,只要通过大批量生产降低产品的成本,获得更大的产出,就能得到迅速发展。此时,生产者考虑的是如何通过有效的生产和管理方式填补供给不足,而顾客的需求并没有被纳入到企业的发展历程中。企业只关心自己能否生产出更多的产品,却丝毫不担心产品的销售问题。这种生产和管理的背景使劳动分工理论及其操作方式取得了显著成效。西方国家从30年代的经济危机直至二次大战以后,世界经济迅速恢复,需求不断膨胀,供不应求的卖方市场再度持续,规模经济和成本优势成为各个企业竞争战略的基本选择,分工理论进一步发展。

而到70年代,企业生产率大幅提高,各种有助于实现产品标准化、自动化、规模化大生产的管理手段与生产技术层出不穷,并不断将物美价廉的畅销学说推向高潮。于是各种各样的大宗商品不断涌向市场,市场需求逐渐趋于饱和状态。消费者面对"量"的需求有更大的选择余地,他们对产品的选择不再仅仅局限于价格,也开始关注产品质量的提高。卖方市场逐步退出,销售者排成了长龙,市场上的主导权由生产者开始转向消费者。面对消费者高层次、多元化和个性化的需求,企业要想在竞争中取胜,必须改变原有的生产经营方式,通过提高产品质量和优质服务,促进产品优化与更新换代来吸引顾客,满足顾客需求。并深度关注消费者的需求和潜在需求,建立一个个完善的顾客导向的服务体系。而传统的分工理论指导下的企业,过分强调了分工的专业化,片面追求企业内部业务流程的完善,却导致企业整体作业的僵化与复杂。需求的复杂化使生产和经营的环节越来越繁琐,以至于分工理论阻碍了劳动生产率的提高。企业内部流程的很多环节虽然精细、完善,但和满足顾客需求毫无关系,特别是很多种拖沓的审批流程,只是为了例行公事或是完成某部门的工作,以追求部门效率为根本目标,完全忽略了企业的整体效率和顾客的价值追求。企业再造理论力求从根本上改变这种僵化冗长的流程设置,以最简便、最直接的方式贴近顾客。

2. 竞争

交通与通信技术的发达,使得市场全球化的进程加快,加上反贸易保护的呼声越来越强烈,企业要面临的是整个全球市场的激烈竞争。以往物美价廉的获胜方式已经被多样化的竞争方式所取代,更多的企业开始更新产品类型、改变经营方式和内部组织结构。要保持在国际竞争中的持久优势就必须把握信息和市场的脉搏,必须将信息和市场的变化在最短时间内融入自己的产品和服务中,以最快的速度抢占企业竞争中的优势地位。"你死我亡"的残酷竞争现实,使企业认识到要想维持稳定的发展态势必须学会创新,只有优秀的企业才能引领竞争的潮流。因而,重新审视企业原有的管理观念、组织原则和工作方式,以更低的成本和更加灵活的反应应对竞争成为必然趋势,企业再造与创新成为当时美国恢复竞争力的唯一希望。

3. 变化

变化是世界的永恒,唯一不变的就是变化。科学技术不断进步,市场需求日趋多变,产品的寿命周期越来越短,企业要在竞争中立于不败之地求得生存和发展,就必须求变。而作为传统分工理论产物的金字塔形组织结构,分工精细、流程复杂,没有人能够洞察客观环境的变化,从整个企业发展的宏观角度及时提出变革要求。即使企业最基层在了解了顾客需求,发现需要变革时,往往因为逐级上报和指令传达耗费过长的时间而延误了最佳的变革时机,逐步使企业丧失了对环境变化反应的灵敏性。在这样的变化和挑战中,美国的一些老牌企业早先业绩颇佳,由于墨守成规、故步自封,没有及时采取快速变革的措施以适应新的竞争形势,最终走向淘汰的边缘。企业再造理论主张,为了迅速适应外界环境的变化,需要打破原有的职能部门和上下级之间的界限,使各部门能够相互渗透,把分离开的业务流程重新整合为一体;原有的金字塔形的组织结构也应逐步趋于扁平化,扩大管理幅度,减少管理层次,合理授权。

以上三点就是人们通常所说的关系到企业生存和发展的 3C 因素。全球的企业家逐步意识到,3C 使消费者对产品的需求和期望大幅提高,产品和服务的多样化、个性化、创新性趋势已势在必行;3C 使消费者的选择范围大大拓宽,没有哪一个顾客会有耐心等待某一个企业的特定产品和服务;3C 意味着市场竞争的加剧,任何一个企业都不可能长久地控制高利润的市场份额。在顾客需要瞬息万变、产品周期逐步缩短、竞争程度不断激烈的背景下,企业稍有不慎就会被市场淘汰。

4. 人性的演变

人性假设伴随着管理理论的整个发展过程,人性演变也成为管理发展史的主线之一。20 世纪初期,由于大部分企业恪守劳动分工理论和泰勒的科学管理原理,制度化管理思想主导了美国企业的实践。在完善企业的管理制度和达到规模效益的同时,也忽视了人的因素,整体业务流程被一道道工序简化,员工成了会说话的机器和业务流程的"零部件"。

制度管理和分工理论推崇的"经济人"假设认为员工没有一技之长、好逸恶劳、逃避责任、不思进取、追求金钱,只有在企业内部设置更多的监督环节,依靠集权管理和官僚主义体制的运行,才能防范员工的渎职与懒惰。但长期的重复简单劳动和繁文缛节的公文往来压抑了员工的创造性和变革精神。尤其是 20 世纪 60 年代以来,人们的文化素质和需求层次不断提高,自主管理意识增强,不再局限于基本生活的满足,更要求有自我价值的实现,纯粹的监督式管理已经无法赢得员工的赞同。而企业再造理论主张对人性重新审视,以提高工作兴趣为原则由员工组成工作小组,代替以前的水平分割式作业方式;增加对员工的信任度,允许员工享有更大的自主权,以提高员工的士气,发挥人力资源的战略作用,增强企业的核心竞争力。

5. 官僚体制

理想的官僚组织体系由德国社会学家马克斯·韦伯在 1947 年出版的《社会与经济组织的理论》一书中提出。韦伯认为社会组织的基础包括三个要素:权力、等级和官僚制,而官僚制是支配组织稳定运行的制度依托。官僚制度倡导分工明确、权责一致、等级安排、理性指导等,以制度为纽带的理性管理的确弥补了经验管理的缺陷,但也存在诸多缺陷:规章繁多、等级森严、部门主义泛滥、分人格化、信息不流畅等。这种纯技术性的组织形式过分强调了标准、精确和纪律,以制度为中心,人被置于制度之下,从而使体系本身丧失了灵活性,逐步陷入僵化。企业再造与创新的变革目的之一就是根除官僚体制的弊病,以业务流程为核心,重新构建一种灵活多变的柔性组织结构,逐步形成顾客满意至上、信息传递迅速、民主参与决策、沟通协调灵活的管理机制。

由此可见,亚当·斯密的劳动分工论在刚提出来时取得了很大成功,但是现在已经不适应时代的发展要求了,被分割得支离破碎的业务流程,等级森严的上下级关系,大大束缚了员工的积极性和创造性,成为企业持续发展的无形枷锁。20 世纪 80 年代以后,美国企业开始积极向日本的同行学习,并简单地认为将日本的成功经验移植过来就可以取得成功,但实际情况表明,这种改良式的变革没有给美国企业带来明显的效果。为了能够适应新的竞争环境,许多管理学家认识到,必须对现有的企业进行根本性的、彻底的重组再造,做一次伤筋动骨的大手术,才能帮助美国企业迅速获得再生,重新夺回世界领先的位置。在这种背景下,结合美国回应日本、欧洲挑战的实际探索,1993 年哈默和钱皮出版了《再造企业》一书,按照"合工"思想重新设计企业流程。哈默和钱皮提出:在过去的 20 年里,没有哪一个管理思潮能将美国的竞争力扭转过来,如目标管理、多样化、Z 理论、价值分析、分权、质量圈、追求卓越、结构重整、文化管理、走动管理、矩阵管理等。企业再造以再生的思维方式对传统的分工理论提出了质疑,是管理学发展史中的实质性变革。

二、主要代表人物及其主要观点

企业再造理论的创始人是迈克尔·哈默(Michael Hammer,1948—2008)和詹姆斯·钱皮(James Champy,1948—　)。迈克尔·哈默是美国著名的管理学家,16 岁考入美国麻省理工学院,先后在此获得学士、硕士和博士学位。他曾担任过麻省理工学院计算机专业教授、IBM 的软件工程师。1982 年,他开办了哈默咨询公司(Hammer & Co.)并担任公司总裁,同时还兼任一些世界级公司的咨询顾问。1990 年,哈默曾在《哈佛商业评论》上发表一篇名为《再造:不是自动化,而是重新开始》的文章,率先提出了企业再造的思想。1993 年他与钱皮合著的代表作《再造企业——工商管理革命宣言》(Reengineering the Corporation—A Manifesto for Business Revolution)一书出版,该书在连续 6 个月内被《纽约时报》列为非小说类的头号畅销书,并在出版的当年就被译成 14 种不同语言的版本向世界各国传播。书中提出了 BPR(business process reengineering,业务流程重组)的概念,哈默也因此被誉为"企业再造之父",是世界公认的流程再造、以流程为中心以及现代管理思想的先驱,成为 20 世纪 90 年代最受关注的管理思想家之一。哈默与史蒂文·斯坦顿(Steven Stanton)合著的《再造革命》一书出版,回答了人们对再造的质疑。1996 年出版的《超越再造》(Beyond Reengineering)对再造的得失做了总结,并澄清了实践中的混乱概念。"流程再造"成为 90 年代管理界的核心词汇之一,再造热潮风靡全球。

1. 企业再造的含义

企业再造也被译为"公司再造"、"再造工程",它是 1993 年开始在美国出现的关于企业经营管理方式的一种新理念和新技术,是 20 世纪 90 年代以来西方发达国家继全面质量管理之后的第二次管理革命,在西方国家被喻为"从毛毛虫变蝴蝶"的革命。所谓企业再造,就是以工作流程为中心,重新设计企业的经营、管理和运作方式。按照再造理论的创始人哈默和钱皮的定义,是指"为了飞跃性地改善成本、质量和服务等重大的现代企业的运营基准,对工作流程进行根本性重新思考并彻底改革",即"从头改变重新设计"。

哈默对企业再造的定义中包含四个关键因素:飞跃性、彻底、流程、重新设计。企业再造并非对业务进行微不足道的改善,其目的是使工作绩效有飞跃性改观。再造也不是企业内部简单的自动化改造而是彻底推倒重来。哈默指出:一些公司在信息技术方面的投资让人失望,主要是因为这些公司往往希望利用技术来提高业务流程的速度,而没有对现有流程进行任何改变;要想显著提高绩效,必须运用现代信息技术的强大力量彻底地重新"再造"业务流程;对许多公司来说,"再造"是它们摆脱老掉牙的流程以及行将被淘汰的命运的唯一希望。因此,在《再造企业》中,哈默以管理学家少有的坚决态度强调打破原有分工理论的束缚,重新树立"以流程为核心"思想的重要性。企业再造直接针对的就是被割裂得支离破碎的业务流程,其目的就是要重新建立完整和高效率的新流程,因此,在再造的过程中一定要牢固树立流程的思想,以流程为现行的出发点和终点,用崭新的流程替代传统的以分工理论为基础的流程。

2. 企业再造的进行遵循以下指导思想:

(1) 顾客导向。企业再造是站在顾客的立场上来重建企业,坚持了顾客导向。以市场为中心准确把握顾客需求的变化,并满足顾客需求是企业再造的根本出发点。传统的分工理论将完整的流程分解为若干任务,并把每个任务交给专门的人员去完成,在这种思想的影响下,工作的重点往往会落在任务上,从而忽视了"满足顾客需要"的最终目标。企业再造恢复了流程的整个面貌,高效率的、能够适应顾客需要的完整流程带来的直接好处就是使每位负责流程的人员充分意识到流程的出口就是向顾客提供较高的价值。

(2) 人本管理。企业再造主张以扁平化的新组织模式替代传统的金字塔形结构,变化后的企业主要以流程小组为主,小组中的成员必须是复合型的人才,需要具备全面的知识、先进观念和敬业精神,这一客观要求推动员工不断学习,不断挑战新的目标。把员工的个人目标融入企业的整体目标中,是人本管理的基本要求。

(3) 彻底改造。企业再造活动绝不是一次渐进式改良运动,而是重大的突变式变革。

企业再造对固有的基本信念提出挑战。企业在经营过程中会遵循一些事先假定的基本信念,这些信念往往会深深植根于企业内部,影响企业各种经营活动的展开,也影响企业业务流程的设计和执行,历史悠久的企业尤其如此。企业再造需要对这些原有的、固定的思维定式施行根本性的手术,产生创造性思维,从而促进基本信念的重大转变。

企业再造需要对原有的事物进行彻底的改造。与日本企业的原有变革思路不同,以美国企业为主要蓝本的企业再造绝不是一次渐进式改良措施,也不是仅仅满足于对组织的修修补补,而是努力开辟完成工作的崭新途径,就是要重建企业的业务流程,使企业产生脱胎换骨一样的巨大变化。

改革要使经营业绩取得显著的提高。企业再造不是要在业绩上取得点滴的改善或逐渐提高,而是要在经营业绩上取得显著的改进,哈默和钱皮为"显著改进"制定了一个目标:"周转期缩短70%,成本降低40%,顾客满意度和企业收益提高40%,市场份额扩大25%";其目标就是从企业竞争力这个指标上追赶日本企业。

3. 企业再造的主要程序

全面分析原有流程的功能和效率,并发现问题。根据企业现成的作业流程,绘制细致、明了的作业流程图。原来的作业程序是与过去的市场需求和技术条件相适应的。当客观环境发生变化使现有作业程序难以适应时,作业效率或组织结构的效能便会降低。这就需要仔细分析原有流程的环节和功能,注意整个流程的持续时间，弄清原有流程在新时代条件的优势和劣势。充分认识原有流程要分析功能障碍的症结所在，找出导致作业流程支离破碎或权责利脱节的真正原因。企业存在诸多流程，如生产、销售，随着市场的发展，要正确把握各种流程的重要性，以最重要且最容易改造成功的流程作为切入点进行。

重新设计业务流程方案。为了设计更加科学、合理、灵活的作业流程，必须集思广益、鼓励创新。在设计新的流程改进方案时，可以将现在的多项业务合并为一，给予职工民主参与决策的权力，尽量减少监督、控制、调整等管理工作，简化上下级管理人员之间的沟通机制，实行跳板原则等。

组成企业再造的管理团队。新的流程不仅需要人来设计，而且好的流程也要人来实施，因此，企业再造要在人力资源上有好的保障。企业再造团队在决策、指挥、协调、实施等方面都要有相应的结构和人力资源配置。

企业再造方案的系统化与持续性。新流程的设计只是企业再造的基础措施，只有以流程再造为核心形成系统的企业再造方案，才能达到预期的目的。再造方案的实施也并不意味着企业再造的终结，企业总是不断面临新的挑战，这就需要不断设计新方案，以适应新形势的需要。

企业再造自始至终贯穿着企业流程重组（BPR）的核心思想，哈默指出基于BPR的企业组织和业务流程具有以下的特点：

工作单位发生变化——从职能部门变为流程执行小组；

工作变换——简单的任务变为多方面的工作；

人的作用发生变化——从受控制变为授权；

职业准备发生变化——从职业培训变为学校教育；

衡量业绩和报酬的重点发生变化——从以活动为依据变为以成果为依据；

晋升的标准发生变化——从看工作成绩变为看工作能力；

价值观发生变化——从维护型变为开拓型；

管理人员发生变化——从监工变为教练；

组织结构发生变化——从等级制变为减少层次；

主管人员发生变化——从记分员变为领导人。

因此，企业流程再造在企业内创造了一种新的组织环境，在这种环境里，等级制度被削弱了，员工的技术水平提高了，组织结构比较灵活了。这对企业的综合效益提高将起到积极的作用。

企业再造理论为现代企业管理理论的发展带来一股清新之风，尽管在实行再造的企业中失败的比例非常高，但企业再造的思想还是被越来越多的企业所采纳，不仅仅是美国和欧洲企业，包括亚洲企业在内的许多企业都已经行动起来。企业再造理论的兴起对企业在日趋激烈的市场竞争中实现高效益、高质量、高柔性、低成本的战略提供了一种可实现的途径。

第二节 组织环境与观念

《谁动了我的奶酪》(Who Moved My Cheese?)一书的作者是斯宾塞·约翰逊。斯宾塞·约翰逊(Spencer Johnson)是享誉全球的思想家、演说家和畅销书作家,他曾先后在南加州大学、皇家医学院学习,并分别获得心理学学士和医学博士。他是心脏起搏器的发明人,是"跨学科研究机构"——一个思想库中的医学研究人员。约翰逊能面对复杂问题提出简单有效的解决办法,他的许多观点使成千上万的人发现了生活中的简单真理,使人们的生活更成功、更轻松。他与传奇式的管理咨询专家肯尼思·布兰查德博士合著的《一分钟经理人》一书,持续出现在畅销书排行榜上,并成为世界上最受欢迎的管理方法之一。约翰逊还有"一分钟系列"里的其他 5 本书:《一分钟销售》、《一分钟母亲》、《一分钟父亲》、《一分钟老师》和《一分钟的你自己》,都得到了读者的高度评价。除此之外,他还写了许多其他的畅销书,如《珍贵的礼物》、《是或不》(成为许多人的决策指南)、《道德故事》等。他的书已经被译成 26 种语言,在世界范围内广泛传播,并深受欢迎。他的书也成为许多媒体特别介绍的对象,如 CNN、《今日表演》、《时代杂志》、《商业周刊》、《纽约时报》、《华尔街日报》、《今日美国》、联合出版社和联合国际社等。

《谁动了我的奶酪》一书将斯宾塞·约翰逊的成功理念和方法,高度浓缩为 14 条处世忠告,分别是:

忠告 1　追求理想,这样你才能有收获。
忠告 2　相信自己:"我一定能成功。"
忠告 3　拥有一颗热忱的心,就会创造出奇迹。
忠告 4　只有智慧,才是你人生的舟楫。
忠告 5　创新:力量、自由及幸福的源泉。
忠告 6　抓住人生的每一个关键。
忠告 7　多走些路,在行动中把握机遇。
忠告 8　职业一生用心地做事。
忠告 9　努力培养自己的领导才能。
忠告 10　树立创新理念,追求富裕人生。
忠告 11　用迷人的个性魅力征服别人。
忠告 12　学会宽容,善于忍耐。
忠告 13　别让消极情绪毁掉自己。
忠告 14　不怕失败比渴望成功更可贵。

"奶酪"自然是个比喻,代表我们生活中任何最想得到的东西,可能是工作,或者是金钱、爱情、幸福、健康或心灵的安宁等。

生活在这样一个快速、多变和危机的时代,每个人都可能面临着与过去完全不同的境遇,人们时常会感到自己的"奶酪"在变化。各种外在的强烈变化和内心的冲突相互作用,使人们在各种变化中茫然无措,先是追问——到底是谁动了"我的奶酪"?然后对新的生活状况无所适从,不能正确应对并陷入困惑之中难以自拔。

如果你在各种突如其来的变化中,总耽于"失去"的痛苦、"决定"的两难、"失望"的无奈……那生活本身就会成为一种障碍。生活的迷宫很大,你会滞留在其中一角安身立命,久了,年纪越大,就"懒得变动",或者是"没有勇气和激情"再去变动和追寻。

斯宾塞在清晰洞察当代大众心理后,在该书中制造了一面社会普遍需要的镜子——怎样面对和处理信息时代的变化和危机。作者正是迎合了世界性的巨大心理需求,用一个小小的寓言打开了人们的心扉,给人带来一种内在的勇气,去直面"软心理问题"(即"正常人的心理问题"),这种每个人都肯定存在的心理障碍。

世事变化本无常,《谁动了我的奶酪?》一书告诉我们一个最简单的应对变化的方法,那就是把跑鞋挂在脖子上,时刻准备穿上它,在千变万化的世界里奔跑追寻。

专栏:《谁动了我的奶酪》内容概要

《谁动了我的奶酪》一书约4万字,通过一则寓言故事阐述了"变化是唯一的不变"这一生活真谛,是"用小故事讲大道理"的典型成功案例,可称为是一部富有启迪意义的极富可读性的成功人生读本。该书出版后,成为当时企业界最流行的管理学著作。就是这本不起眼的小书,在欧美创造了出版业的奇迹:自1998年9月由美国普特南出版公司出版后,两年中销售2 000万册,雄踞亚马逊网上书店第一名约80周,同时迅速跃居《纽约时报》、《华尔街日报》、《商业周刊》最畅销图书排行榜第一名。

书中有两只小老鼠嗅嗅和匆匆,两个小矮人哼哼和唧唧,这四者基本代表了我们人类性格的四个方面。故事情节限制在一个迷宫里,为了维持温饱他们都忙着寻求奶酪,而迷宫又犹如现实生活,有太多的风险,要得到奶酪需要付出很多代价。迷宫还有一种神奇的力量,对找到出路的人能使他们享受到美好的生活。

嗅嗅和匆匆头脑简单,行动迅速,寻找奶酪都是运用简单低效的方法。他们跑到一条走廊发现房间是空的,马上原路折回,继续寻找。同时,把没有奶酪的房间记下来。

哼哼和唧唧采取行动前会反复思考,想出一套复杂方法,比老鼠高效得多。然而,有时他们看问题的眼光变得暗淡,在迷宫中的生活更加复杂化,也更加富有挑战性。

不久,四者同时发现了奶酪C站,养成了各自的生活习惯,并在其周围构筑起自己的幸福生活。哼哼和唧唧还在墙上画了一些图画,其中一幅的内容是:

拥有奶酪,就拥有幸福。

有一天,奶酪C站的奶酪全不见了。突如其来的变化使他们的心态暴露无遗:嗅嗅和匆匆并不感到吃惊,毫不犹豫地开始了新的追寻,并很快找到了更新鲜更丰富的奶酪。

哼哼和唧唧对失去奶酪没有任何心理准备,面对新情况不知所措,只是呐喊着:"谁动了我的奶酪?""这不公平"……那晚,他们沮丧地回到家里。在离开之前,唧唧在墙上写下了一句话:

奶酪对你越重要,你就越想抓住它。

对他们而言,拥有奶酪是天然的权利。哼哼和唧唧抱着一丝希望,每天去奶酪C站查看,但总是挫败而归。奶酪始终没有再出现。终于有一天,唧唧厌倦了等待,嘲笑自己的被动,并试图说服哼哼一起去冒险,但哼哼拒绝了。唧唧决定独自一人出去探险,他对自己大声宣布:"这是一个迷宫的时代。"他在墙上写下一句恳切的话,留给哼哼去思考:

如果你不改变,你就会被淘汰。

离开奶酪C站时,唧唧忍不住回头看看这个熟悉的地方,又想躲进那个虽已没有奶酪但很安全的地方。片刻以后,他在面前的墙上写下一句话,看了许久:

如果你无所畏惧,你会怎样做呢?

他想到,原来的奶酪是逐渐变少的,并非一夜消失的。只是他们被成功冲昏了头脑,没有能够察觉到这些变化。从现在起,他要时刻保持警惕,期待着变化而且去追寻变化。

经常闻一闻奶酪的味道,才会知道它什么时候开始变质。

很长一段时间唧唧没有发现奶酪,恐惧在他的脑中萦绕,一个人独自前行特别孤单。他又在墙上写下一句话,以便提醒自己。同时,留给哼哼,希望哼哼会跟上来。

第八章·管理学理论的新转折

朝新的方向前进，是会发现新的奶酪的。

迷宫的危险和恐惧令他开始想象各种可怕的事情。突然，他感觉自己真是可笑，恐惧只会使事情变得更糟，于是他大胆朝一个新的方向跑去，对前景充满了信心。

当你超越了自己的恐惧时，你就会感到轻松自在。

为了使事情进行得更顺利，他为自己描绘了一幅美好的图景。在这幅图景中，他坐在各种各样喜欢的奶酪中，随心所欲地享受着。他相信这种享受会变成现实。他又在墙上写道：

在我发现奶酪之前，想象我正在享受奶酪，这会帮我找到新的奶酪。

不久，唧唧就发现了一个新的奶酪站。兴奋之际却惊讶地发现里面是空的。原来已经有人先来一步了。如果能早一点采取行动，可能早发现奶酪了。唧唧感觉有必要把他的朋友拉出来，于是他又折回奶酪C站。在路上，他停下来，在墙上写道：

越早放弃旧的奶酪，你就会越早发现新的奶酪。

哼哼很感激朋友的心意，但再次拒绝了，他仍在对苍天的追问中郁郁寡欢。唧唧很舍不得他的朋友，但更喜欢寻找奶酪的探险。他毅然离开了朋友。在墙上写道：

在迷宫中搜寻比停留在没有奶酪的地方更安全。

他所害怕的东西根本没有想象中的那样糟糕，心理恐惧比实际处境更坏。面对变化正确的做法就是采取行动，适应变化。唧唧的信念终于发生了改变，他又在墙上写道：

陈旧的信念不会帮助你找到新的奶酪。

唧唧还没找到奶酪，但心态完全不同了，他相信找到奶酪是迟早的事。变化对你有害，你可以拒绝；或者对你有好处，你会拥抱这种变化。这都取决于你相信什么。他在墙上写道：

当你发现你会找到新的奶酪并且能够享用它时，你就会改变你的路线。

如果早些离开奶酪C站，现在的境况会更好。希望哼哼追来的时候能够看到，他又在墙上写道：

尽早注意细小的变化，这将有助于你适应即将到来的更大的变化。

走廊的尽头，奶酪N站隐隐可见。当他走进去，眼前的景象使他目瞪口呆：一堆堆新鲜的奶酪矗立在眼前，好多种类是他从来没有见过的，数量也远远超过了奶酪C站。更令他惊奇的是，嗅嗅和匆匆已经在这里很长时间了。

唧唧边享受奶酪，边反思自己。他认识到，当他害怕变化的时候，一直受困于对那些已不复存在的奶酪的幻想而无法自拔。唧唧嘲笑自己的愚蠢及所做过的错事。改变自己的最快捷的方式，就是坦然嘲笑自己的愚昧。

从嗅嗅和匆匆身上，唧唧也学到了——做事果断，不畏惧改变，勇往直前。老鼠的思维是简单的，根本没法跟人比，但有些事情反而会为复杂的思维所累。唧唧相信拥有了这些体会，凭着聪慧的头脑，再遇到任何变化时他一定能比他的老鼠朋友们做得更好。

认真总结了自己的经验教训后，唧唧明白，只要善于反思自己所做过的事情，每个人都是可以坦然应对变化的。

首先，要清醒地认识到，生活是无时无刻不在变化的，不要害怕变化，因为害怕变化只能是逃避现实。善于观察生活中出现的细小变化，那样才能够为即将到来的大变化做好准备。经常闻一闻你的奶酪，以便知道他们什么时候开始变质。

其次，当变化出现时，有时需要简单的看待问题，以及敏捷的采取行动。把问题复杂化有时会坐失时机。越早放弃旧的奶酪，你就会越早享用到新的奶酪。如果不能及时调整自己，也可能永远找不到属于自己的奶酪了。

再次，必须认识到，阻止你发生改变的最大因素是你自己。只有自己发生了改变，事情才会开始好转。陈旧的观念只会使你裹足不前。

最重要的是要认识到，新奶酪总是存在于某个地方，不管你是否已经意识到了它的存在。只有勇于克服自己的恐惧念头，走出自己的习惯方式，去享受冒险带来的喜悦时，你才会得到新奶酪带给你的报偿和奖赏。

唧唧本来打算回去带哼哼一起来，把自己学到的东西告诉他，帮助他摆脱困境。但他又想到了以前试图改变哼哼时的失败经历。有些事是要自己去经历的，哼哼也必须寻找适合自己的路，没有人可以代替。他必须迈出第一步，否则永远不会看到改变自己所带来的好处。

为了避免遇到同样的尴尬，还有大量的奶酪储备时，唧唧就开始为新的变化做准备。他走出奶酪 N 站，到外面的迷宫去探索新的领地，以便使自己与周围发生的变化随时保持联系。

唧唧在想，他在奶酪 C 站和哼哼分道扬镳有多久了？忽然他听到了走动的声音。这声音渐渐大起来，是哼哼到了吗？唧唧真的希望：像他以前曾多次希望的那样……也许，他的朋友终于能够……

随着奶酪的变化而变化，并享受变化！

第三节 合作竞争

竞争新观念的核心是合作共赢。原来的竞争观念更多的是对手与对抗，新的竞争观念突出的是伙伴与合作，在合作中竞争，在竞争中合作，实现共赢，其典型的作品是:《合作竞争大未来》。该书出版于1995年,本书由销售领域的三位权威人士——尼尔·瑞克曼,劳伦斯·傅德曼和索察·鲁夫写成。三位作者作为销售领域的权威人士,其突出贡献在于将新观念、案例和实践中的问题引入到理论中进行了深入的探讨。

尼尔·瑞克曼(Neil Rackham)是美国国际性研究与顾问公司荷士卫机构的总裁。在销售效能研究领域内,瑞克曼被视为是一位先锋,他曾在销售能力的改善上,进行过多次研究并提出了洞察深刻的精辟见解,著有《销售巨人》等书。

劳伦斯·傅德曼(Lawrence Friedman)是荷士卫机构的客户服务经理,有关顾客服务与训练计划的设计均出自傅德曼之手,他也曾为客户提供个案与实例的研究。他擅长将一些发展中的新观念,如伙伴关系,转化成具体的客户策略与技巧。傅德曼曾在安达信顾问公司从事科技与变革管理的工作,著作甚丰,也是高科技产业中有关"伙伴关系"议题的发起者。

索察·鲁夫(Rickard Ruff)是荷士卫机构的执行副总裁。他有多年横跨学术界、政府机关与私人企业的咨询顾问经验,曾与美国国内外500家大企业中的许多组织有过合作,著有《重点销售管理》一书。

专栏:《合作竞争大未来》内容概要

该书通过对现有国际形势的分析,从管理者的角度提出了全新的公司经营战略:不要总是期盼从竞争对手那里抢到更多的蛋糕,而是要与竞争者一同将蛋糕做得更大,即形成伙伴关系——合作竞争大未来。很多跨国公司的总裁都对这一全新的经营战略深有同感,并在公司的实际经营管理中加以采用。

1. 伙伴关系出现的原因

随着经济多极化的出现和经济全球化趋势的明朗化,跨国公司的迅速发展,国际竞争不断加剧,传统的管理理论已不能满足现代社会发展的需要。美国管理学家以全新的视角提出了企业蜕变理论、竞争优势理论、合作竞争理论等,用以满足企业的发展壮大和获得竞争优势。

《合作竞争大未来》的三位作者认为:在新的世界经济大环境下,真正的根本性的企业及其管理变革,指的是组织之间加强团结合作,用合作的方法来产生和创造价值。公司应努力开发出新的合作经营方法,协助企业取得前所未有的获利能力与竞争力。这种新型合作关系可称为"伙伴关系"。

伙伴关系的意义在于带来更大的生产力、更低的成本和新市场价值的创造等。在全球范围内,许多国家特别是发达国家的企业,在这种伙伴关系策略的影响下逐渐改变了或正在改变其企业的经营方式。伙伴关系出现的原因有两点：一是缩减供应商数目的同时保证质量的可靠和价格的优惠。二是以前企业提高生产力的措施是削减费用、减少管理层次、精心设计流程、改善信息系统、例行事务的自动化等，但这些措施的注意力在公司内部。事实上，企业平均有55%的收益会用到产品与服务上，即公司有大半收益会花在对外采购上。有些公司开始大量缩减供应商数目并挟大额采购的优势强迫供应商大量削减成本，表面上似乎奏效，实际上有些企业开始失去供应商的忠诚与信赖，原料供给出现种种潜在的危机。伙伴关系的变革使得供应商和企业在各自的市场中具备了长期的竞争优势。

2. 伙伴关系的基本因素

成功的伙伴关系必须同时具备三个基本因素：贡献、亲密与远景。第一，贡献用以描述伙伴间能够创造具体有效的成果，成功的伙伴关系可以提高生产力和附加价值，最重要的是，也改善了获利能力，贡献可以说是每一个成功伙伴关系"存在的理由"，对双方企业或利益双方都有增进。第二，成功的伙伴关系超越了交易关系而达到相当程度的亲密感，这种亲密的结合在旧式的传统的交易模式中是无法想象的，它是一种利益攸关的亲密。第三，成功的伙伴关系之间必须有远景，亦即对伙伴关系所要达到的目标与如何达到的方法必须有生动的长远的想象。

贡献：最根本的因素。在成功伙伴关系的贡献中，有两项基本特征：一是伙伴关系的双方都必须为提高贡献对自身的某些操作流程或其他方面进行改革。二是伙伴关系把利润大饼做得更大，双方可以更公平地分享所增加的利润总和，如果供应商和企业执行适当的分配比例，则会形成一种双赢的局面。贡献不会凭空而得，贡献需要一个培育伙伴关系的环境，才能激励彼此进行改造，这是维系长期且深入的合作方式的最好方法。

亲密：伙伴关系的核心。亲密的伙伴关系有三个基本层面：互信、信息共享、伙伴团队本身。在每一个成功伙伴关系中，相互之间高度的信赖、企业重要策略信息的频繁真诚的交流以及两者间强力而健全的团队永远居于核心的角色。反之，如果双方之间缺乏相互信赖，信息的交流只会是短暂的表面的而且难以摆脱交易性质，伙伴间构成的团队只是供应商或客户单方面为己利的一厢情愿，那么这种伙伴关系很难持续。

在伙伴关系中，互信不仅仅是诚实坦白，而是更进一层，表现不在于你说了什么，而在于你代表谁，在于你能否不计报酬地引荐最佳的对策，也不计较谁主导或谁将从中获利，供应商如果具备这种无私的观点：一切以客户的利益为根本，并以此作为往来的指引，会让客户对你的无私做法有深刻印象,这也正是建立客户亲密关系的基石。此外,还必须将此互信的作用善加运用和发挥,互信本身并不是最终的目标。互信使销售人员有取得最新消息的渠道,同时也有助于让销售人员向客户提供更多更深入的重要信息。

对于顾客需求、企业方向、策略、偏好以及市场趋向等的深入了解,正是竞争优势的重要来源。销售人员的信息缺乏以及其他方面的信息缺乏要求信息共享。信息共享的原则有:1. 互惠;2. 事业层面的焦点,即信息交换的重点应该超越销售之上,而将伙伴间整体的事业议题涵盖在内,满足在这之上的双方更大的需求,同时也发掘更多的价值;3. 着眼长远未来而非仅仅是眼前的现在。

远景:伙伴关系的导向系统。共享的远景是所有成功伙伴关系的起点和基础。远景之所以重要,是因为它提供"为什么要建立伙伴关系?"的答案。在远景中明确描述出潜在的价值,借此为伙伴关系提供方向指引,也为这个过程中的风险与花费提供合理化的理由。为伙伴创造远景的方法模式如下:

(1) 评估伙伴潜能,即评判该伙伴关系是否具有足够的潜能。

(2) 发展伙伴前提。伙伴前提是指描述一些简单明了、具有吸引力的事业主题,双方可以在这个主题上共同合作,渐渐地开发出共有的远景。

(3) 共建可行性评估小组。当围绕伙伴前提的初步讨论渐渐引导出对潜在价值的共识后,伙伴供应商与客户间会共同组成工作小组,对伙伴关系的可行与否进行评估,同时,小组成员在他们公司中也跃居伙伴关系的主要角色。

(4) 创造共享远景。一旦双方认为这个伙伴关系确实必要且可行后,他们就必须创造一个共享的远景,不仅作为伙伴关系的目标,也为双方的合作提供指引,共同朝着目标前进。

讨论了伙伴关系的3个基本层面后,作者指出,并不是所有的顾客都会成为伙伴,毕竟,建立伙伴关系是一种高风险的策略。一方面,伙伴关系绝对是一个有力的客户关系策略:通过更长久的发展,可以为供应商带来竞争优势;另一方面,也使得供应商可以为市场创造出更多的贡献,让它们可以与市场的发展一起成长,而不仅是消极地回应自己。但是这种利益,都必须是在合适的环境中应用于合适的对象才可得到。选择合适的对象共结伙伴关系,是建立伙伴关系策略中最重要的一个基础。

3. 选择合适伙伴的基本原则

选择有效伙伴有四个最基本、最重要的准则:

(1) 创造贡献的潜能。是否能在伙伴关系中创造真正、独特的价值,而这是在传统的供应商—客户关系形态中所无法达成的。

(2) 共有的价值。考查供应商与客户在价值观上是否有足够的共通性，伙伴关系是否真实可行。

(3) 有利于伙伴关系的环境。研究客户的购买模式或态度是否适合建立伙伴关系。

(4) 与供应商的目标一致。该伙伴关系是否与客户自己的方向或市场策略一致。

除了与客户结成伙伴关系以保持竞争优势，供应商还可以与其他供应商即竞争对手结成伙伴关系，这存在三个理由：

(1) 效率与规模经济。供应商可以通过与同业的伙伴关系，运用科技的力量合力削减成本与改善效率，这在零售业中尤其盛行。

(2) 新市场价值。在某些产业中，同业供应商之间的伙伴关系进入了一个更新的层次——结合力量创造更多的市场价值，为整个市场引进全新的贡献。也就是说，厂商之间结合彼此的核心能力，研发新的产品或推出新的方案，在最高的层次中，这种核心能力的结合甚至会扭转整个产业的方向。

(3) 客户需求。当然，改变及创造整个产业策略最强且有力的理由在于满足客户的期望与需求，供应商之间的携手合作渐渐地成为客户的基本需求与期盼，特别是在高科技产业中。因此，厂商别无他途，只能咬紧牙关与其竞争者共谋合作。

如此一来，若要与其他供应商进行强有力的合作，该如何做呢？作者认为，必须有四个因素：

(1) 为合作建立有力的共同目标。这是伙伴关系课题中的一个关键技巧。要与其他供应商建立有效、能获利的伙伴关系，伙伴双方必须谨慎地思考每一个伙伴所要成就的目的，并思考彼此利益与需求的重叠处，以及可以为市场带来哪些独特的价值。

(2) 扩大共同的利益基础。当与其他的供应商结成伙伴时，应先界定出所有与其伙伴共享的目标，再引出无法与对方共享甚至是与对方利益冲突的目标，对于介于两者之间的目标应尽力支持，从而可以扩大利益的共同点，这也是这种伙伴关系中最精彩的部分。

(3) 以客户利益为中心，明确界定彼此的角色。界定的步骤是：首先，找出所有可能的角色，并且必须保证能涵盖所有对该客户的责任；其次，单独地通过某些工具或程序，指出意见不同之处；最后，将没有异议的角色放在一边，然后花足够的时间与精力互相协商，剖析彼此意见的差异，进而得到一些结论。

> （4）在伙伴关系中维持均衡。要伙伴产生忠诚或承诺，除了要让对方不仅获得报酬，还要让他们觉得自己的付出与努力最后会公平地分享到应得的回报。强调贡献与报酬的平衡，并且付诸实际行动，不失为一个明智的策略，平衡的达成永远是可能的，并不会因为不曾提及而消失或衰减。问题不在于"是否有平衡的可能"，这一点永远都有可能达到，而在于供应商是否愿意在伙伴关系进行过程中随时去留意伙伴的反应，或在问题出现后，趁着尚容易改变之时，马上加以调整。

第四节 无边界管理

"无边界管理"是杰克·韦尔奇（Jack Welch）创新经营管理的标志性理念之一，也是杰克·韦尔奇对管理学所作出的最大贡献之一。杰克·韦尔奇在通用电气的经营管理实践中逐渐形成了"无边界管理"管理哲学理念，并成功地将"无边界管理"的思想理念运用于通用电气的经营管理，创造了一个超大型组织的全新经营管理模式。"无边界管理"不仅帮助通用电气剔除了已有百年历史的公司等级制度中的僵化弊制和官僚体系的臃肿，清除了通用电气与外部供应商和客户的边界壁垒，也打通了地理空间的障碍，凝聚和大幅提高了通用电气的整体竞争力，使通用电气成为"地球上生产率最高的公司"之一。

杰克·韦尔奇，以变革通用电气公司为起点，以"无边界"为其变革的核心理念，在取得了令人瞩目的成就后也被誉为"20世纪最伟大的CEO"。"无边界"，人员、思想和创造性能够自由流动的无边界企业成为韦尔奇的目标。他本人也真正创造了一个"无边界"的组织，在这里，他使"人们专注于发现更好的方法、更好的思想，而无论其源头是某个同事、通用电气的另一个业务部门、街道那边的另一家公司抑或地球另一端的某个公司，他们都会与我们分享其最好的思想和实践"的理想成为了现实。

一、"无边界管理"理念提出的背景

1981年，杰克·韦尔奇坐上GE（通用电气）的第一把交椅时，GE被认为是全美最强大的公司之一，它的经营状况良好：1980年年收入为25亿美元，利润为1.5亿美元，并以12亿美元的股票市值在全美企业界排名第十。然而，杰克·韦尔奇敏锐地洞察到真实情况并非想象中的那样令人乐观，他得出了一个惊人的结论：GE正面临着衰败和巨大威胁——其最大挑战来自于全球市场环境急剧性的根本变化和其公司过度臃肿而僵化的官僚机构体制。

一方面，20世纪80年代初，美国经济弊端渐显，其制造业生产力持续下滑，

1981年夏天,美国经济开始进入经济萧条期。为了应付日益激烈的全球市场竞争,美国企业要做的不仅仅是改进企业内部的管理、大幅提高其自身生产力水平,同时还必须更积极地参与一体化大背景下的全球经济活动,适应全球市场环境的新变化,在新的世界一体化市场大环境中求得发展,变化的时代对管理技术提出了更高的要求和更大的考验。在这样的时代大背景下,杰克·韦尔奇的"无边界管理"应运而生。

另一方面,GE所采取的是典型的所有权与经营权相分离的现代股份制企业形态。然而这种分离的制度基础只是提供一种基点,并不意味着在管理制度上可以一劳永逸。随着公司的巨大发展,以讲究功能、工具理性为核心的管理组织逐渐体系化、官僚制化。其初始的管理目标在于使整个组织系统维持协调运行,排除家族所有制的弊病,阻止个人肆意武断地处理公务的可能性,严格分离高级管理者的公务和私务,从制度上保障管理形式按照工具理性的方向发展。但是,这种管理制度本身包含着一些非理性成分。例如,分级审理原则的贯彻,必然会增加陡然增多的文件数量,会使文牍主义风气蔓延;强调履行职务活动必须在文件形式上齐全的过分求全态度,反而会使处理公务的效率降低;制度明确规定了管理人员的权限和职责,有可能产生对管辖以外的事情漠不关心、互相推诿、本位主义和宗派主义的消极现象;处理公司公务严格按照规章制度,意味着以人际关系为竞争的关系,这可能会带来官僚式的冷漠态度等等。

这种模式在20世纪初叶是一种切实可行且非常有效的企业管理方式,在GE这种模式也一度非常成功。但是随着时间的推移,它的弊端也越来越明显。韦尔奇认识到:官僚主义不变的议事日程是抗拒变化、压制沟通、浪费精力和时间。官僚主义使企业经营相互扯皮,把注意力集中在自己而不是顾客身上。它导致人心涣散,切断好的创意与生产性的活动的联系,它只有利于控制着作出贡献者的人,并且扼杀生产率增长。在全球经济竞争时代,这种官僚主义的危害更加严重。全球企业竞争的不仅是科学技术,更是管理能力。针对GE中的种种官僚主义表现和现实危害,在如何铲除的探索中,杰克·韦尔奇的"无边界管理"逐渐形成。

二、无边界管理的思想理念

在杰克·韦尔奇看来,边界是障碍的同义语。韦尔奇痛恨过多而僵化的边界并想消除它们,主张在通用电气中要破除太多的边界:如管理层之间,各部门之间,工程人员和营销人员之间,通用正式工和钟点工之间,通用电气和整个外部之间,以及通用电气所在地域之间等等。杰克·韦尔奇的"无边界管理"中的无边界概括起来就是:纵向"无边界",即公司内各个管理层级之间"无边界";横向"无边界",即公司内各个部门之间"无边界";"外部无边界",即公司与顾客、与供应商之间"无边界";地理意义上的"无边界",即在全国全世界范围内公司业务间存在标准的产品平台、统一的行动和分享的经验,并且员工们都感到同等的存在。

有边界分工,无边界协作。一方面,纵向的高度集权与各管理层的独立决策同时并行,以保证全公司的经济活动服从一个统一的战略方向。同时,也保证了各管理层的自主决策,使各基层企业具有相应的权力和灵活性,以应付复杂多变的环境和挑战。另一方面,无边界管理不仅要祛除官僚体系的作风,更要重新定义"老板"与部属间的关系。破除阶级观念,上司与下属不过是功能交错的团队;员工不再要求仅仅是听命行事,它们将被赋予更多的权利与义务。它最终要在公司内部做到信息无阻、沟通顺畅、同心协力、资源共享。

无边界管理的目的就是拆毁所有阻碍沟通和阻碍找出好方法的"高墙",对此,韦尔奇有一个形象的比喻:一栋建筑物有墙壁和地板;墙壁分开了职务,地板则区分了层级,而我要将所有的人聚集在一个打通的大房间里。杰克·韦尔奇的组织目标是把通用电气塑造成为"地球上生产率最高的公司"。它的优势在于无边界企业能够克服公司规模和效率的矛盾,使其具有大型企业的力量,同时又具有小型公司的效率、灵活性和自信,使公司在扩大中变强,在变强中扩大,全面提高企业的核心竞争力和综合竞争力。

三、消除边界的实践

1. 弱化官僚体制

杰克·韦尔奇一开始就提出要培育全公司人员对官僚制的恨意。他认为:官僚制对人的压抑只是一个方面,它还会影响一个人的思考,改变他做事的优先次序;并且限制人的梦想,失去尝试的勇气和开拓精神。一个无边界的组织是向外开放自己的,而一个官僚的企业是自闭的,一天到晚只会内部争斗。所以,"我们的每一天都是一场战斗,必须不断地去摒弃官僚,使我们的机构保持公开、通畅和自由"。

2. 压平森严等级,重分事业群

婚庆蛋糕式的森严等级描绘了通用电气 1981 年的组织机构,众多层级渠道上升就像婚庆蛋糕一样。在 80 年代早期,韦尔奇通过减少管理层压平"婚庆蛋糕",为实现一个更开放的组织铺平了道路。更少的管理层次意味着更少的等级层次边界、更好的交流和沟通,以及对市场变化更灵活、更迅速的反应机制。杰克·韦尔奇说:"公司像大楼一样,变大之后就要加盖楼层。加地板、加墙壁。我们都会增加部门——运输部门、研究部门。这就是复杂,这就是墙壁。我们所有人的任务就是铲平这座大楼,拆光这些墙壁。如果我们做到了这点,那么就会有更多人来为我们公司需要做的业务提出更多的好建议。"在整个 80 年代,韦尔奇都致力于他所说的这项事业。经过一系列的改组,通用电气的主要决策层就由过去五个层次,即公司—区域部—事业部—事业分部—工厂,减少到三个层次,形成了公司—产业集团—工厂这样的三级管理体系。各个层次的管理权限和责任都很明确,分别是投资中心、利润中心和成本中心。通用电气实行这样的经营管理模式之后,砍掉了一些中间层次和繁杂的横向连接的管理体制,从而形成了决策—经营—生产这样层次分明的管理体系,使整个公司的智慧和运转系统灵活自如。

3. 建立"无藩篱障碍"的公司

杰克·韦尔奇"无藩篱障碍"的公司"就是内部与对外沟通皆无障碍的公司"。在此之前,通用电气的做法一方面是"非本地生产"(not-invented-here—NIH),认为本公司或者本部门的东西都是一流的,没有必要接受公司以外的事物。另一方面,在公司内部,就如包曼所言:"没有横向交流的等级界限降低了决策效率,浪费了太多时间。我们的业务之间存在着边界——在我们本应列队进入市场时,我们却单枪匹马独自上阵。"为此,在1986年开始行政主管会议(CEC)后,通用电气的高级主管便开始加入"拆除藩篱"的行动。到1993年度,"去除藩篱"已成为通用电气的核心价值。任何问题皆广泛征求每个人的意见,不因职位、肤色、性别、国籍或其他因素而有特别的待遇。"拆除藩篱"的行动,归纳起来,有如下几种做法:

(1) 实现公司内部信息无阻、沟通无碍

目前企业界都已认识到响应速度对于企业在信息时代生存的重要性,而响应速度的高低在很大程度上取决于企业有无畅通的信息沟通机制。真实的沟通是一种态度与环境,它是所有过程中最具互动性的,其目的在于创造一致性。

为了达到这一目标,通用电气通过各种各样的方法大规模清除导致沟通受阻、信息不畅的界限,发挥效用最大的几个有代表性的方式有:

一是听证会。韦尔奇在1989年通过听证会这一创举赋予员工权力,保证那些最接近生产过程的人在公司管理中有发言权。听证会在通用电气中建立了信任,建立了应有的上下左右之间、管理者与被管理者之间直接紧密的联系,并为年代中期的无边界革命奠定了基础。

二是CEC,即公司执行委员会(Corporate Executive Council)。其主要功能之一是作为通用电气的神经中枢,使一些好的主意能够以最快的速度在整个公司内部沟通传递,通用电气称此为"最佳做法"。通用电气中无边界和壁垒组织中的最好例子,莫过于成立于1986年,由25至30名公司管理高层人员组成的公司执行委员会。执行委员们每3个月碰一次头,一般是在每年的3月、6月、9月和12月举行会议。韦尔奇喜欢用下面的例子来描述老通用电气的混合集团公司的作风与90年代末期的新通用的工作方式之间的本质区别:"在老通用电气的模式下，每个部门都有一位部门主管，而公司则有一位财务主管，他们之间从不见面，也从不交流任何想法。每个财务季度结束的时候，这些部门主管便会给那位财务主管打个电话，报告一下部门的业务数据。"而这些几乎就是老通用模式下的所有合作。现在的通用完全不同了。通过定期的公司执行委员会会议，各事业部门的主管们充分地交流和沟通，而不是像过去一样，只是死板地交代各项数据。从库存周转情况到新产品的研发计划，大家无所不谈。韦尔奇本人也坚信，通用电气之所以能够一枝独秀，并取得如此瞩目的成绩，最主要的原因便是公司 13 个事业部门之间充分的交流和沟通。

三是 Co-Location，即"同屋办公"或"共处一地"。Co-location 是彻底的无边界行为，其含义非常简单：拆掉所有的围墙，使来自各部门的人聚集一堂，开发新的产品。这里只有一个房间、一只咖啡壶、一套班子、一个同甘共苦的集体。在制造部门，曾有一句标准的怨言——"这是哪个傻瓜设计出来的？"而现在再也听不到这样的埋怨了，因为现在的产品是在制造部门、销售部门、供货商，甚至是客户的参与下共同设计出来的。从这一活动中，公司内部的功能变得越来越模糊了，公司在逐渐走向"无边界"。

四是 Workout 计划，又称之为群策群力或"合力促进"计划。它有四个目标：增强员工对管理层的信任；对员工充分授权；减少不必要的工作；加速传播通用电气的企业文化。其必须具备两个基本条件：员工有机会当面向上司提出意见和建议；员工的问题必须得到相应而及时的回答——最好是当场解答。Workout 计划使公司内来自各个企业、各个层次的员工济济一堂，发泄他们的不满，提出各种建议，清除一个又一个不具有生产能力的因素，而员工们也不必担心因为发表意见而受批评，因此开放了通用电气的企业文化，使之能够接受来自每一个人和每一个地方的创意。

（2）扫除"NIH 综合征"

韦尔奇说："如果我不再学习新事物，开始回忆过去而不是展望未来，那么我一定离开。"韦尔奇的心愿就是把通用电气这个百年巨人企业塑造成为一个思想和智慧超越传统的新型企业，他认为像通用电气这样的多元化公司，成为一个开放的不断学习的组织是至关重要的。其最终的竞争优势在于它的学习能力，以及将其迅速转化为行动的能力。基于以上认识，20 世纪 90 年代中期，他开始提倡让每个雇员相互学习，并向公司外部学习。韦尔奇曾说，通用电气的竞争力的核心在于通过商业活动，通过他所谓"无边界组织"共享的好主意，他把公司看作是一座大本营，共享思想、金融资源和经理人才。

"NIH 综合征"使通用电气的员工认为从公司以外学习任何东西几乎没用，韦尔奇认为正是这种可怕的"NIH 综合征"，限制了他们向供应商、客户和其他跨国公司学习的主动性，这些跨国公司拥有对企业大有裨益的"好的实践案例"。这是存在于通用电气与外界之间的一大障碍和边界。当韦尔奇认识到这一点时，他便锲而不舍地致力于打破这一边界，通用电气公司在这方面迈出的最大一步就是在公司的文化中加入了新的内容 NIH——也就是接受不是自己而是别人发明的东西。现在，通用电气正试图在全球范围内寻找各种更好的方法去解决问题。这里有两个很成功的例证：

一是向新西兰的家电生产商学习目的为缩短商品周期的"快速反应"方法。它自学习之日起就被迅速运用到通用电气所拥有的加拿大家电业务并被位于肯塔基的通用家电公司所继承，对改良生产流程、提高速度、提高顾客反馈率以及小件库存方面作出了突出贡献。该公司原先从接受订货到发货需要 8 周，现在缩短到了 3.5 周，平均库存减少了 50%。其后，所有的生产部门都到肯塔基来学习"快速反应"。

二是与此同时，向美国最大的零售连锁店沃尔玛学习了"QMI"（Quick Market Intelligence）制度。QMI 是指针对不能听到呼声的管理人员，每周的星期五，由在第一线的营业人员直接汇报的制度。其目的不是为了得到策略上的解决，而是快速地反馈顾客的意见。由于实行了 QMI，全体公司人员都能直接关注市场，对顾客的要求变得敏感起来，大大提高了 GE 的反馈速度和整体效率。

尽管韦尔奇和通用电气在过去的 20 年之间做得很成功，但韦尔奇一直强调，通用电气是一个无边界的学习型组织，力图做到以全球的公司为师。他说："很多年前，丰田公司教我们学会了资本管理；摩托罗拉和联信推动我们学习六个西格玛；思科和 Trilogy 帮助我们学会了数字化。这样，世界上商业精华和管理才智就都在外面手中，而且，面对未来，我们也要这样不断追求世界上最新最好的东西，为我所用。"

4. 以全球为边界的战略

市场的全球一体化，各种主体之间的相互依赖和全球范围内的竞争，成为这个新时代的主要特征。针对这种趋势，通用电气的领导者们在 80 年代下半期把着重点转向国际市场，试图通过"全球化"行动，加强重点产业。同时，全球化战略也是韦尔奇无边界管理思想的重要组成部分。他说："我们已经看到经营环境正在迅速改变。全球化不只是我们的目标，更是我们马上采取行动的事情，因为市场开发已经使得地理上的边界变得模糊，甚至无关紧要。"

韦尔奇一直认为所谓的全球化公司是不存在的：公司是无法全球化的——公司的业务则可以。公司与公司之间的联合，不管是合资、成立新公司或是并购，都将是竞争和策略的产物，而不像过去是出于调整财务结构的需要。韦尔奇认为要将公司变成一个完整的、名副其实的国际性强大企业王国，必须集中公司的人力物力等全部资源致力于核心业务、高技术业务和服务业，实施跨越国界的"无边界"的生产、销售、金融等活动的经营战略。

5．创新无边界

这是一个只有快者才能生存的信息时代,变革的速度、发展的速度、适应的速度,已经成为企业是否成功的关键。韦尔奇敏锐地认识到了这一点。正如他在接受《福布斯》杂志的采访时说道:"在这里,我们不能有半点含糊,什么渠道冲突、市场和营销尚未成熟等借口,决不能用来阻滞或转移我们的攻势。稍有迟缓,你就会从市场中被抹掉。"

没有边界的组织,也是具有"速度"的组织。通用电气原有的管理制度,体现在计划和决策体系上的按部就班和经过过分粉饰的业绩对于通用当时所处的时代来说本无可厚非。但是韦尔奇却预见到这种管理制度到了 90 年代把通用电气带进坟墓。循序渐进的增长要被突飞猛进所取代,速度才是关键。市场更新变化远比从前快速,产品的生命周期也迅速缩短,快速地引进和开发新产品的问题变得紧迫突出,因此,要想在竞争中保持长足的优势,竞争精神和创新速度至关重要。在通用电气,速度被当作基本的优点。

尽管互联网的发展在全球风靡一时,韦尔奇在开始却迟迟按兵不动。然而,在他一旦认识到了互联网的魅力,并感到它将是推行自己无边界管理的一大利器时,他便以迅雷不及掩耳之势迅速组织了一支 3 000 人的队伍,开展起"摧毁你的业务"的运动,利用网络争夺市场和资源。与此同时,他身先士卒,率领高层领导向公司内年轻一代学习如何运用互联网。

1999 年,韦尔奇大举进军网络经济,他坚信,一场新经济的革命即将来临。他下令通用电气旗下的 13 个事业部门,必须选举和任命一位负责电子商务的领导人,坚决贯彻电子商务的新战略。电子商务,就这样成为了韦尔奇的新目标。在他看来,要构建一个真正的、电子化的公司,不仅意味着业务流程的网络化的转变,而且同时也要求利用网络技术的优势改进公司内部的沟通与交流。后来的事实证明,公司内部的沟通通过互联网做到了真正的无阻碍。而公司在组织、体制和业务的发展上,互联网也打破了 GE 的层层障碍,达到了透明和无边界的目标。正如韦尔奇所说:"电子商务给通用内部官僚主义的棺材钉上了最后一颗钉子。"

韦尔奇以他的开创性的"无边界管理",将一个官僚习气浓厚、等级森严、内部障碍重重的百年老企业,转变成为一个无边界的、开放的、创新氛围浓厚的组织,这无疑是他独特的领导能力的成功体现,更是一个企业因善于学习、勇于变革而取得辉煌成就的成功范例。韦尔奇的"无边界管理"思想及其实践,足以被誉为 20 世纪管理学史上的一场革命。

第五节 管理思想的国际化实践

一、一体化的背景

20世纪80年代以来,世界经济一体化的趋势不断加强。一方面,科技的发展,特别是第三次科技革命,极大地提高了社会生产力,使得各政治经济主体之间的联系日益密切,资本和人力资源在全球范围内的流动速度明显加快。另一方面,全球范围内资本主义周期性的经济危机也告诉人们:只有合作发展,打破贸易壁垒,实现贸易自由,才能渡过危机。为了实现经济一体化,在各国政府授权的共同治理机构的协调下,国家之间通过制定统一的经济贸易政策,在很大程度上实现了彼此之间的相互开放,消除了国别之间阻碍经济贸易发展的壁垒,形成了一个相互联系、相互依赖的有机整体。

经济一体化使得企业之间的竞争与合作程度不断加强,对于企业和政府等管理组织的生存和发展都提出了严峻的挑战,管理思想的国际化实践成为必然。它要求管理者适应经济一体化的要求,灵活高效地利用管理思想,提高管理水平,在国际市场的竞争中处于有利地位,以获取更多的利润。而标准依托其取得最佳效益、获得最佳秩序的特有优势成为国际贸易规则的重要组成部分。同时,标准又因其自身的法律约束性、技术依据性和质量保证性被各国作为技术性贸易措施来使用,以保护本国市场。一方面,作为标准,是全面质量管理国际化发展的结果,在世界范围内的推动深化了全面质量管理思想和标准化管理的合理内核。另一方面,标准在国际贸易中的作用越来越重要,主要发达国家纷纷把争夺和主导国际标准为目标的国际标准竞争策略作为国际经济竞争的首选策略。世界三大标准化组织包括:ISO、IEC、ITU。

ISO是国际标准化组织(International Organization for Standardization)的缩略语,是目前世界上最大、最有权威性的国际标准化专门机构。国际标准化组织ISO的目的和宗旨是:"在全世界范围内促进标准化工作的发展,以便于国际物资交流和服务,并扩大在知识、科学、技术和经济方面的合作。"其主要活动是制定国际标准,协调世界范围的标准化工作,组织各成员国和技术委员会进行情报交流,以及与其他国际组织进行合作,共同研究有关标准化问题。IEC是国际电工委员会(International Electrotechnical Commission)的缩略语,它成立于1906年,负责有关电气工程和电子工程领域中的国际标准化工作,总部设在瑞士日内瓦。ITU是国际电信联盟(International Telecommunication Union)的缩略语,成立于1865年5月17日,其宗旨是,促进电气、电子工程领域中标准化及有关问题的国际合作,增进国家间的相互了解。

当前,国际上最为常用的标准主要有 ISO9000、ISO14000 以及 SA8000 等,在管理思想及其国际化实践中发挥着重要的作用。

二、ISO9000、ISO14000 与 SA8000

1. ISO9000

ISO9000 是目前世界上最大、最有权威的国际性标准化专门机构——国际标准化组织(ISO)所属的质量管理和质量保证技术委员会 ISO/TC176 工作委员会制定并颁布的关于质量管理体系的系列标准。它是 20 世纪以来现代科学技术和生产力发展的必然结果,是国际贸易发展到一定阶段的必然要求,也是质量管理发展到一定阶段的产物。

ISO9000 自 1987 年发布以来,以其广泛的适用性和实效性被世界上数百万家单位所接受并严格执行。是否拥有 ISO9000 证书,已成为衡量一个企业是否具有高水平质量管理能力的最重要标志,以及是否满足顾客需求的衡量标准。当前国际通用的 ISO9000 标准是国际标准化组织于 2000 年修订的,包括四个核心标准:

(1) ISO9000:2000《质量管理体系:基础和术语》,表述质量管理体系基础知识,并规范质量管理体系相关术语。

(2) ISO9001:2000《质量管理体系:要求》,规定质量管理体系具体要求,用于证实组织是否能够提供顾客所需要的以及法规要求的产品和服务,增进顾客满意度。

(3) ISO9004:2000《质量管理体系:业绩改进指南》,为组织提供提升组织质量管理效率和效益的指南,促进组织改进业绩并使顾客及相关方满意。

(4) ISO19011:2002《质量和环境管理体系:审核指南》,为企业进行质量管理与环境管理的审核提供建议与指导。

ISO9000 的颁布,对于企业来说,可以促进其强化质量管理,提高产品质量水平,提升企业经济效益,树立良好的企业形象。同时,它有助于消除国际贸易壁垒,促进企业间的沟通与交流,深化国际经济联系,加强国际技术合作与经济交流,对于世界经济的发展具有不可忽视的意义。

2. ISO14000

20 世纪 60 年代以来,由于工业化引发的环境问题引起了世界各国的关注。世界范围内的环境保护运动此起彼伏。随着环保运动的不断深化,可持续发展逐渐成为世界各国的共识。在这样的大背景之下,国际标准化组织于 1996 年成立专门的技术委员会,研究、制定有关环境管理方面的标准,以加强组织保护环境的能力。发挥标准化在促进各国环境管理上的作用,指导企业在生产服务活动中改善环境,支持全球的环境保护工作,并减少因环境问题带来的贸易壁垒。

ISO14000 是国际标准化组织沿用 ISO9000 的指导思想,颁布的第二个通用管理体系系列标准,是一个用于环境管理的国际标准。它涉及了环境管理体系(EMS)、环境管理体系审核(EA)、环境标志(EL)、生命周期评价(LCA)、环境绩效评价(EPE)、术语和定义(T&D)等国际环境管理领域的研究与实践的焦点问题,其标准号从 14001 到 14100 共 100 个号,统称为 ISO14000 系列标准。ISO14001 系列标准由环境方针、策划、实施与运行、检查和纠正、管理评审等 5 个部分的 17 个要素构成。各要素间紧密结合,相互联系,形成一个循环的有机整机,实现组织不断地改善环境,实现可持续发展。

ISO14000 系列标准归根结底是一套管理性质的标准。它是对长期以来环境绩效管理经验的科学总结,对于指导国家及企业保护环境,促进可持续发展,具有积极的意义:它有助于企业自觉遵守环境法律、法规,提升自身形象;使企业在其生产、经营活动中减少对自然环境的破坏,保护自然环境;帮助企业获得进入国际市场的"绿色通行证";增强企业内部员工的环境意识;促使企业改进技术,实现可持续发展,加强环境管理等。

3. SA8000

SA8000(Social Accountability 8000)即"社会责任标准",是全球第一个关于企业责任、企业道德的国际标准,也是以保护劳动环境和劳动条件、劳工权利为主要内容的新兴的管理标准体系。它最早是由社会责任国际组织(SAI)于 1997 年 8 月制定的。SA8000 也是全球第一个可用于第三方认证的社会责任国际标准,旨在通过有道德的采购活动改善全球工人的工作条件,最终达到具备公平而体面的工作。

SA8000 标准对企业在工作环境、员工健康与安全、员工培训、薪酬、工会权利等的具体责任,都有最低的规定。其主要内容包括 9 个方面:童工、强迫性劳动、健康与安全、结社自由及集体谈判权利、歧视、惩戒性措施、工作时间、报酬、管理系统。

SA8000 标准的设立,对于提升企业的社会责任水平,促进企业长期发展,具有积极意义。它有利于减少跨国企业的审核时间,降低企业成本;使企业更大程度地符合当地法规要求;提升企业的知名度,树立良好的企业形象;让企业在消费者心中树立良好形象,为企业发展创造良好的社会环境。但同时,某些国家借用 SA8000,为其贸易保护行为披上了合法的外衣,使其贸易保护行为更加隐蔽,这是需要引起世界各国及企业警惕的。

4. 其他全球通用标准

除 ISO9000、ISO14000 与 SA8000 之外,世界上还有电信行业质量标准的 TL9000、航空行业基础质量标准 AS9100 以及绿色产品标准 QC080000 等多种全球通用标准,这些全球通用标准顺应了经济全球化与一体化的发展趋势,促进了世界范围内企业间经济技术交流,加快了企业国际化的步伐,对于世界经济的发展具有重要意义,也为未来管理学的研究提出了新的要求。

* * *

思考题

1. 结合新公共管理理论,谈谈你对企业流程再造理论的认识。
2. 分析20世纪末期管理哲学的兴起和特点。
3. 请评述"无边界管理"。

结 束 语

管理学自 20 世纪初诞生以来发展迅猛,尤其是近几十年来学派林立,新角度、新观点、新方法、新工具和新手段不断出现,管理思想和管理理论在不断演变中逐渐丰富和发展,以至于人们分析总结 20 世纪国家兴衰和企业分化时断言:工业化是属于 19 世纪的,而管理属于 20 世纪。在 1900 年,管理尚未为人所识,现在它已经成为人类文明的中心活动。在管理理论丛林演进过程中,涌现出各种相当明确的趋势力量和管理哲学,影响着管理学发展的方向和管理实践活动。

一、管理理论演变的内在逻辑和"效率"中心

1. 内在逻辑:从理性主义到人本主义

包括管理学在内的任何一门学科的演化,都有一定的内在逻辑。纵观一百多年来管理学的发展,透过外在的偶然事实,我们可梳理出管理思想史演变的内在逻辑。

以泰罗制为代表的古典科学管理理论,它的出现具有划时代的意义,从此科学开始代替随意,理性开始代替经验,管理学从此作为一门科学开始登上历史舞台。但其理论本身包含着一对不可调和的矛盾:"理性"与"人性"的矛盾,即追求标准化和科学化的理性,不断压抑人的心理和行为。古典管理学家视工人为"经济动物",只要满足人的物质需要,就能调动其积极性。基于这种认识,他们主张对管理客体实行"物本管理":重物轻人,把人当工具来管理。工人在泰罗那里只是作为"机器的附属品",法约尔同样是把工人置于正式组织的统治之下,韦伯则更是强调明确的权力等级、清晰的劳动分工、严格的规章制度和"非人格化"的人际关系。"理性"在古典科学管理家那里,被推到了无以复加的地步,这直接导致了在其推行过程中暴露出来的诸如管理者与被管理者关系紧张、工人抵触情绪严重等种种缺点,最后其主导地位不可避免地被以人际关系为核心的行为科学所取代。

但行为科学自初始就是以泰罗制"纠偏者"的姿态登上历史舞台的,它过分强调非理性主义和感情逻辑,忽视了工人作为决策者和行动者的角色;另一方面,行为科学所讲的"社会人"也不是有个性、有创新能力的个人,而是"人的类"——小群体组织,结果将团体提升到个人之上,使个人创造力受到组织的制约,使行为科学不能理性地分析社会经济技术发展变化对企业的影响。因此,二战后,随着科技尤其是信息技术的突飞猛进,企业外部竞争愈加激烈,对企业的战略规划和科学经营决策要求也随之提高,这时行为科学理论对此已力不从心。于是"理性主义"从沉睡中醒来,迎来了综合古典科学管理理论和行为科学理论的现代管理科学。

但综合并不代表完美,现代管理科学并未克服行为科学理论的不足,即仍未解决理性与人性的矛盾。正如丹尼尔·雷恩所说:"工人依旧被看做是达到工业生产率这一目标的手段。人际关系并没有恢复做工的骄傲和减轻无目的性,只是代之以工人的精神发泄,并没有从根本上解决问题,即改变工作本身的性质。"

20世纪80年代初随着日本的崛起,全世界管理大师的目光聚焦于日本。研究日本经济成功而催生的企业文化理论才真正解决了这一矛盾,使工人有了做工的骄傲,赋予了工作意义。可以说,它之所以超越现代管理科学理论在于它既吸取了泰罗科学管理理性的一面,又注重了行为科学对"人"的研究,同时引用了现代管理科学的系统论来看问题。企业文化理论与以往理论不同,他不是将激励的理论与方法落实到单个员工身上,而是过渡到树立企业的整体共同价值观念上,以形成企业强大的凝聚力。同时又注重文化的引导调控功能,把硬性管理技术和软性管理艺术结合起来,刚柔并济,从而在管理中将理性精神与人本主义结合在一起。西方管理客体思想由"物本管理"演变为"人本管理"。

特别是80年代末90年代初,随着市场经济、知识经济和信息经济的飞速发展,工业社会向信息社会转变,知识在生产中的地位发生了革命性变革。人是知识的载体,就管理客体而言,管理的核心从物转变为人,对人的管理也不再是单纯对体力劳动者的管理,重点是对脑力劳动者的管理。体能管理转变为智能管理,即如何发挥被管理者的创造力。这使得人本管理开始以人的知识和能力为核心,以最大限度发挥人的潜能,实现能力价值的最大化,推动组织发展和组织目标的创新。人本管理发展到了高级阶段——能本管理,即以人的内在知识、智力、技能和实践创新能力为本,比人本管理更强调人的主体地位和主导作用,更强调人的积极性、主动性和创造性的发挥,实现了知识经济时代以能力特别是实践、创新能力为核心的人力资本的价值。这也使被管理者实现了角色转变,由被管理者转变为特定领域中的管理者。从这个意义上讲,能本管理是更高层次上和新阶段的人本管理,是人本主义思想的根本体现,实现了真正意义上的"以人为本"。

管理理论的发展从一开始追求纯粹理性到行为科学的非理性主义,再到企业文化理论强调的理性精神和人文主义的有效结合,也促使西方管理客体思想实现了由物本管理到人本管理再到能本管理的逻辑演进。

2. "效率"中心:从"以量为中心"到"以质为中心"

管理理论和方法来自于实践。一定时期的管理理论,既是适应这一时期管理实践的要求而产生的，又是对这一时期管理实践一定程度的客观反映。它被深深地打上历史的烙印，不同历史时期，管理实践的内容大不相同，以及由此而形成的管理理论也各具特点。但在管理实践的众多理论和方法中，有着一个始终不变的相同的内容——提高效率，这是管理的永恒主题。管理的本质是减少消耗，追求效率。管理理论和管理实践从根本上也是围绕着效率展开的。管理学发展史其实就是一部人类如何提高效率的历史。

英国的亚当·斯密就劳动分工对生产效率的影响进行了系统研究。他强调，分工制度可以使人专门从事某一项操作技能的训练，生产效率会因为专业化生产而大大提高。社会由于分工而提高了社会的生产率。但是到了20世纪初，大机器广泛大规模运用，人们对众多机器的协同生产及工序与工序之间的配合还很陌生，出现了人与机器之间的矛盾。企业主仅凭经验无法处理较大规模的人与机器管理的问题，这个矛盾限制了生产能力的有效发挥。美国管理学家泰罗发现让机器与机器操作者密切地配合起来，可以大大提高生产的效率。他经过对所在企业的工人工作全过程的分析，设计了一套合理的操作方法、标准程序、标准工时和计件工资制，大幅度地提高了劳动生产率。泰罗主要是从工人的角度来考察提高效率，而法国的亨利·法约尔和德国的马克斯·韦伯则是从整体上关注如何使管理组织机构合理化，提高组织的效率。法约尔着重于分析高层管理效率和一般管理原则，韦伯主要研究官僚组织与效率的提高。他们的科学管理理念和方法的推行，从管理方面极大地促进了社会生产力的发展。但是随着工人生活水平提高、生活安定，工人开始表现出对安全、归属的较强烈的需求，价值准则开始由个人主义向社会伦理转化，职工文化素质普遍提高。单纯用科学管理理论已不能有效地控制工人达到提高生产率的目的。管理学家和心理学家们也意识到必须对人性进行深入的研究并采取相应的行为准则，使之适应社会化大生产的发展需要。为解决效率与人性之间矛盾的需要，行为科学管理理论就应运而生了。行为学派研究的对象是人，主要研究个体行为与组织行为，人的心理、行为等对效率的影响。

泰罗、亨利·法约尔、马克斯·韦伯以及后来的行为科学都从不同的角度对管理效率进行了研究，但无一例外都是围绕着"数量"中心，即如何增加产品的产量。比如，泰勒为提高劳动生产率从单个工人的工作方法入手，减少工作中不必要的无效劳动，使作业方法和作业时间标准化，以在相同时间内增加产品的数量；除此之外，泰勒为克服"磨洋工"的现象，还挑选了"一流的工人"，实行"差别工资制"，目的都是鼓励工人努力工作，实现产品数量最大化。后来梅奥主持了"霍桑实验"，以找出影响效率提高的主要因素。梅奥在对照明实验、福利实验、访谈实验和群体实验的结果进行比较分析时，采用的标准仍然是产品数量的增减。

到20世纪50年代初,在世界范围内开始的第三次技术革命,使管理学原有的理论和方法有些不适应新形式的需要。于是管理学家从不同角度对提高企业效率进行了研究,催生了许多新的管理理论和方法,产生了许多新的学术派别,形成了管理学的理论丛林时期。进入70年代以后,管理理论更是百花齐放。由于国际环境的剧变,尤其是石油危机对国际环境产生了重要的影响,出现了战略管理理论,从长远眼光研究企业组织与环境的关系,研究企业如何高效率地适应充满危机和动荡的环境,以应付外界的不断变化,迈克尔·波特(M. E. Porter)所著的《竞争战略》把这一理论推向了高峰。《第五项修炼》中的学习型组织理论指出"企业唯一持久的竞争优势源于比竞争对手学得更快、更好的能力"。这些都在20世纪末期为管理效率的提高提出了有效措施。尤其是80年代以后,市场经济的发展使物质产品极大丰富,市场由"卖方市场"转变为"买方市场",顾客消费的焦点不再集中于产品的数量,而是产品的优秀质量和高层次服务。各个企业开始实行全面质量管理,管理者也从短期目标的迷途中归返,回到长远的正确方向,不再满足于大批量的产品生产,而把改进产品质量和服务作为恒久目标,在企业内部各个领域进行全面改革和创新。杜绝低质的原材料和瑕疵产品;改善操作过程,大批量检验成本过高;抛弃"低价者得"的思想,界定质量原则;废除激发员工提高劳动生产率的计量化目标;取消工时和计件的数量化定额,把焦点放在质量上。正如戴明所说的"质量无需惊人之举",只要把这些观念系统、持久地付诸行动。

从回顾中不难看出:虽然每种理论都有所不同,但所有的理论都是针对当时的具体环境,都是围绕提高效率这一管理的核心问题而展开的。提高效率经历了从以"量"为中心到以"质"为中心的转变,这是一种新的哲学思想的转变。但无论是"量"还是"质",最终归宿都是管理效率的提高,使企业获得持久的生命力。效率是管理学永恒的研究中心。

二、管理理论演变的人性假设和关注重心

1. 人性假设:"经济人"—"社会人"—"自我实现人"—"复杂人"—"道德人"。

没有"经济人"假设,泰罗就不会提出科学管理理论;没有"社会人"假设,梅奥就不会提出人际关系理论。人性观是管理理论的依据,也是构建管理理论的逻辑起点,西方近代管理思想的发展,清晰地展示了人性假设与管理模式之间的必然联系。

"经济人"假设是早期的管理思想,与麦格雷戈的X理论很相似。这种假设认为,企业中人的行为的主要目的是追求经济利益,工作的动机是为了获取经济报酬。因此,管理者在管理活动中只要采取正确方法进行经济刺激,管理就会发挥出最大的效能。这种假设对人的认识过于浅薄,单纯注重人"经济性"的一面,而忽视了人的主动性和能动性,在实践中导致了管理者对工人地位和作用的贬低和忽视,容易造成管理对象消极反感的抵触心理,甚至是强烈的排斥和逆反情绪。

给管理理论的更新带来曙光的是"社会人"假设——梅奥从霍桑实验得出的结论。"社会人"的设想认为,人决不完全是受金钱驱使的"经济人",社会地位对其行为方式起着决定性的作用。从"经济人"向"社会人"的转变,无疑是一大进步,他强调了人的社会性需要,突出了人际关系对个人行为的影响。

至此,管理思想中对人性的分析并未终结,随着研究领域的拓展和研究的逐步深入,马斯洛基于社会中人的自尊与自我实现等高层次需要,提出了"自我实现人",他认为人都需要发挥自己的潜力,表现自己的才能。只有人的潜力充分发挥出来,才会感到最大的满足。麦格雷戈在此基础上提出了Y理论。这种假设认为:(1) 人的需要从低级向高级发展,低级需要满足后,便追求高级需要,自我实现是人的高级需要;(2) 人因工作而变得成熟,人有独立自主的倾向;(3) 人有自动自发的能力,能够自我控制。沙音等人在综合"经济人"、"社会人"和"自我实现人"的基础上,提出了"复杂人",强调了社会中人的需要的复杂性和多样性,必须进行因时、因地、因人的多样性模式管理。随着社会的发展和人类的进步,人们除了利己等特性外,在做出经济行为时,会有道德的自我约束,越来越考虑到或顾及社会的整体利益和他人利益,即"道德人"。

通过对上述西方管理思想中人性设定的演变过程的考察,我们可以发现,由"经济人"、"社会人"到"自我实现人"、"复杂人"再到"道德人",这条主线是围绕人的问题展开的,即怎样才能有效地调动人的积极性和创造性,怎样实现人的多方面需求和自我价值,又如何规范与约束人的行为,它充分反映了中国的古代哲理:以人为本,本理则固,本乱则国危。可以预见,今后管理学也将沿着人性假设的深入思考而不断深化和完善。

2. 关注重心:从组织内部要素到适应外部环境,再到组织和个人的创新能力。

早期的管理理论是为解决组织内部问题而产生的,泰罗一生都致力于提高生产效率的研究。他所摸索出的定额管理、标准化管理等方法,无一不是通过研究管理客体和外在的物得出的。法约尔对管理过程、职能等全局性问题的总结以及韦伯的科层管理体制都表明科学管理理论关注的重心是组织的内部矛盾,是组织内各要素的有效结合。行为科学理论探讨的重心虽是员工的感情需求、人际关系等方面的问题,但关注重心仍未跳出组织本身,只不过关注的内容发生了变化,从"物"的要素到了"人"的要素。

管理理论丛林的出现标志着管理理论关注的重心,从协调组织内部要素到适应外部环境的巨大转变。这次转变是在二战结束后的历史大背景下发生的。首先,二战后西方世界进入发展的黄金时期,物质财富从短缺转化为相对过剩,全球化市场日渐形成,跨国公司发展迅速,市场竞争激烈到直接决定着企业生存,这一切使企业对环境的依赖更为突出;其次,凯恩斯主义盛行,政府加强了对经济的宏观调控,对企业的干预也相应增强,企业不得不考虑与政府打交道,适应政府的干预;最后,"环保"在战后越来越受到人们的关注,企业为树立良好形象,不得不担负起一部分社会责任,因此适应外部环境成为关注重心也是理所当然的。

然而到了20世纪80年代,人们发现企业能不能在竞争日趋激烈的市场中获胜,不仅在于适应外部环境,更在于企业自身形成核心竞争能力,即在企业内部形成击败竞争对手的独特资源和能力,这才是企业立于不败之地、持久发展的基础和决定性力量。而核心竞争能力的形成,关键恰恰在于企业内部员工创造力的迸发和企业组织创新能力的开掘,在于组织内部有效形成不断学习、不断创新的机制。因而,管理学关注的重心又重新回到了组织内部,对组织学习能力的强调和企求、对管理创新的呼唤,由此成为后现代管理学的深沉底蕴。这样管理学又开始向组织内部与个人回归,呈现出一个否定之否定的更加富有深刻内涵的辩证过程。

三、管理理论演变的科学背景、方法论和研究领域

1. 科学背景与方法论:从机械论到系统观

科学管理理论产生于19世纪末20世纪初,当时经典科学特别是牛顿力学所带来的机械论思想仍占主导地位。机械论作为一种思维方式,认为一切事物都可以按照机械的相互作用的原理加以说明:把质还原为量,把整体归属为部分。从科学背景来看,科学管理理论和行为科学管理理论都是以这种思维模式为基础建立起来的。科学管理理论是将近代自然科学思维方式运用到企业管理当中的产物。泰勒的研究方法充分说明这一点,他在通过对时间与动作准确测量的基础上,以实现操作方法标准化、作业环境模式化、管理工作专门化;韦伯的机械思想与泰罗一脉相承,毫不逊色,他不断追求行政组织的精确性、稳定性、纪律性和可靠性。他们的目标都是通过对动作、组织、管理过程等客观对象进行精确分析,以达到管理的标准化、专业化和精确化,从而提高效率。

行为科学管理学派虽强调了人的复杂性和社会性,但仍未跳出机械观的窠臼,人被当作"条件反射"的机器来考虑,企图按自然科学的模式构建一种经过实验验证的、关于企业组织中人的行为的知识体系,以实现管理活动的科学化。

但人并不是原子或质点,组织也不是质点的集合体,管理活动更具有多样性与不确定性。因此,管理实践在呼唤新的理论方法和思维方式,系统科学的产生

和发展,为解决此类问题提供了科学观和方法论依据。把系统观作为管理理论基础是顺理成章的,因为凡是管理都离不开组织和环境,都可看成是对系统的管理。

社会系统学派代表人物巴纳德最早用系统方法研究管理问题,他把企业看做一个"协作系统",主张用系统分析方法来揭示其本质。决策理论学派也认为决策的基础是对知识和信息进行系统分析。系统管理学派则主张用系统的观点来考虑和管理企业,以便更好地实现企业的总目标。可见,"丛林"阶段虽观点纷杂,但大都以系统观为哲学基础,以系统方法为分析框架来研究管理问题。

随着信息技术的发展和全球化步伐加快,管理理论今后面临的最大挑战就是如何有效地处理复杂系统中涌现出来的不确定性。

两个世纪前,经济学的奠基人物亚当·斯密以制造"针"为例论述了劳动分工的作用,他认为,把制造过程分为若干道工序,并让每个人只从事一种工作,这样可大大提高工人的劳动熟练程度和劳动生产率。他的这一分工理论成了后来创建管理学的逻辑理论前提。

毫无疑问,劳动分工确实比以前提高了劳动生产率,但这种理论发展到今天,其负面效应也日益暴露出来。现代社会一方面产品个性化,生产复杂化,企业经营多元化;另一方面,高科技的快速发展,特别是计算机技术的普及运用,使简化管理环节成为可能。再者,随着劳动力素质的提高,员工不再满足于从事单调、简单的工作,对分享决策权的要求也日趋强烈。因此,如果片面追求分工精细,强调专业化,则会使企业的整体协调过程和对过程的监控越来越高,其结果致使企业效率低下,形成上下级关系的官僚体制,人的积极性、主动性得不到充分发挥。这时候,适时的"合工理论"应声而出,逐渐成为管理学研究的重要理论前提之一。

与分工理论相比,系统创新强调的所谓"合工理论"显示出了独特的优势:借助信息技术方法,将原先分割得破碎的业务流程通过科学的整合,重新进行组装,将多道工序合并起来,由一人独自完成,也可将分别负责不同工序的人整合为工作小组或团队来共同工作,以利于信息共享,优势互补,简化程序,缩短时间,提高效能。另外,减少管理层,提高管理幅度,建立扁平化的组织结构,从而打破官僚体制,降低管理成本,使员工有了自主权,也可大大调动员工的积极性。

2. 研究领域:从经济组织扩展到其他社会建制

随着管理科学在企业中的成功运用,人们越来越认识到它的巨大作用,不少管理者和管理专家也在不断努力,研究在其他社会组织中如何推行科学的管理方法。最早被人们认可并推行于各种组织中去的是韦伯的行政组织理论。

韦伯所提倡的高效的科层制组织,不仅适合于企业,同样也适合于国家机构、军队、学校、医院、党派等各种团体。随后,泰罗、法约尔所总结的管理方法、原则在其他组织中也都存在和适用。管理科学在其推广应用的同时也与其特点相结合,发展出管理学的各个分支,如行政管理学、教育管理学等。

行为科学学派把研究重心由物转变到人,更使其具有普遍性。梅奥的社会人假设适合于一切组织;马斯洛的需求层次理论,概括了一切人的需求特点;赫茨伯格的双因素理论更具有说服力,因为他本身就是从对一些活动自由度较大的从业者,如会计师、工程师的调查分析中得出的,这说明那时的管理学专家已经自觉地注重对非企业组织的管理进行研究,使管理学更具有一般性。

而20世纪五六十年代,各种管理学派的观点大都从一般的、总体的角度来阐述人类的管理活动,使自己的理论普遍化、通用化。到了以人为本的今天,从政府到企业,从学校到民间团体,都在大力提倡人性化管理,注重人的发展,其研究领域更是全方位、多视角地面向一切社会组织。

随着管理学的研究范围从企业扩展到整个社会的其他组织,我们认识到任何一门学科的发展,都要遵循认识活动的规律,从特殊到一般,再从一般到特殊。管理学也同样如此。先从最早成熟的经济组织中总结出一般的管理学原理,再来指导其他社会组织,使管理学的研究领域逐步扩大,如此不断循环往复。理论视野不断开阔,理论水平不断提高,就会越来越全面地了解管理。管理学也越来越具有普遍意义,而成为真正的一般意义上的管理学。

参 考 文 献

1. Kauko Mikkonen, Matti Saarnisto, "The competitive advantage of regions and small economic areas: The case of Finland", *Fennia* 180: 1—2, 2002.
2. 《哈佛商业评论》精粹译层:《知识管理》(杨开峰等译),中国人民大学出版社 2004 年版。
3. 陈孟熙主编:《西方学说史教程》,中国人民大学出版社 2003 年版。
4. 丁煌:《西方公共行政管理理论精要》,中国人民大学出版社 2005 年版。
5. 丁煌:《西方行政学说史》,武汉大学出版社 2004 年版。
6. 凡禹主编:《管理三杰:德鲁克、韦尔奇、巴菲特的思想精华》,北京工业大学出版社 2005 年版。
7. 范喜贵:《无形、有形——企业文化:管理的第四阶段》,经济科学出版社 2002 年版。
8. 方圆编著:《奶酪的 52 个管理忠告》,当代中国出版社 2002 年版。
9. 封新建、肖云编:《世界管理学名著速读手册》,企业管理出版社 2001 年版。
10. 郭咸纲:《西方管理思想史》(第二版),经济管理出版社 2002 年版。
11. 姜杰等主编:《管理学》,山东人民出版社 2005 年版。
12. 姜杰等主编:《管理学名著概要》,山东人民出版社 2005 年版。
13. 李长武:《近代西方管理思想史》,吉林大学出版社 1991 年版。
14. 李津主编:《世界管理学名著精华》,企业管理出版社 2004 年版。
15. 刘光明编著:《企业文化》(第四版),经济管理出版社 2004 年版。
16. 罗珉著:《管理理论的新发展》,西南财经大学出版社 2003 年版。
17. 彭和平、竹笠家等编译:《国外公共行政理论精选》,中共中央党校出版社 1997 年版。
18. 桑玉成编:《管理思想史》,上海教育出版社 2002 年版。
19. 石伟主编:《组织文化》,复旦大学出版社 2004 年版。
20. 宋光周编著:《新编行政学》,华东大学出版社 2003 年版。
21. 孙峰、雷如桥:《战略管理理论历程及发展趋势》,《湖北汽车工业学院学报》2004 年第 9 期。
22. 孙耀君:《西方管理思想史》,山西人民出版社 1987 年版。
23. 孙耀君:《西方管理学名著提要》,江西人民出版社 2002 年版。
24. 唐兴霖:《公共行政学:历史与思想》,中山大学出版社 2000 年版。
25. 王方华、吕巍主编:《企业战略管理》,复旦大学出版社 1997 年版。
26. 王珺之主编:《世界管理大师智慧精华》,中国海关出版社 2005 年版。
27. 文祺主编:《一次读完 28 本管理学经典》,中国商业出版社 2005 年版。
28. 颜光华、刘正周等:《企业再造》,上海财经大学出版社 1998 年版。
29. 尹卫东:《百年回眸——哲学视野中的西方管理思想流变》,苏州大学出版社 2004

年版。

30. 于菁编著:《企业再造:重组企业的业务流程》,广东经济出版社 2000 年版。
31. 张德主编:《组织行为学》,高等教育出版社 1999 年版。
32. 张兰霞:《新管理理论丛林》,辽宁人民出版社 2001 年版。
33. 张梦中:《美国公共行政学百年回顾》(上、下),载于《中国行政管理》2000 年第 5—6 期。
34. 张学文、周浩明:《企业战略管理理论的新发展及新趋势》,《湖南经济管理干部学院学报》2004 年第 10 期。
35. 赵光中主编:《韦尔奇管理艺术——简单型文化》,中国时代经济出版社 2002 年版。
36. 赵光中主编:《韦尔奇管理艺术——领导型文化》,中国时代经济出版社 2002 年版。
37. 赵光忠主编:《韦尔奇管理艺术——领导型管理》中国时代经济出版社 2002 年版。
38. 赵光忠主编:《韦尔奇管理艺术——效率型组织》,中国时代经济出版社 2002 年版。
39. 赵建芳编译:《管理大师速读》,地震出版社 2004 年版。
40. 赵文明、黄成儒编著:《百年管理思想精要》,中华工商联合出版社 2003 年版。
41. 周三多等:《战略管理思想史》,复旦大学出版社 2002 年版。
42. 〔荷〕霍夫斯泰德:《跨越合作的障碍——多元文化与管理》,中国科学出版社 1996 年版。
43. 〔美〕小阿尔弗雷德·D. 钱德勒等:《管理学历史与现状》(郭斌译),东北财经大学出版社 2001 年版。
44. 〔美〕阿伦·肯尼迪、特伦斯·迪尔:《公司文化》(印国有等译),生活·读书·新知三联书店 1989 年版。
45. 〔美〕埃德加·沙因:《企业文化生存指南》(郝继涛译),机械工业出版社 2004 年版。
46. 〔美〕彼得·圣吉:《第五项修炼》(郭进隆译),上海三联书店 1994 年版。
47. 〔美〕查理德·J. 斯蒂尔曼二世:《公共行政学:概念与案例》(竺乾威、扶茂松等译),中国人民大学出版社 2004 年版。
48. 〔美〕戴维·奥斯本等:《摒弃官僚制:政府再造的五项战略》(谭功荣等译),中国人民大学出版社 2002 年版。
49. 〔美〕戴维·奥斯本等:《改革政府手册:战略与工具》(谭功荣等译),中国人民大学出版社 2004 年版。
50. 〔美〕丹尼尔·雷恩:《管理思想的演变》,中国社会科学出版社 2000 年版。
51. 〔美〕杜拉克:《管理思想全书》(苏伟伦译),九州出版社 2001 年版。
52. 〔美〕弗雷德·戴维:《战略管理》(第八版)(李克宁译),经济科学出版社 2001 年版。
53. 〔美〕哈罗德·孔茨、海因茨·韦里克:《管理学》(第十版),经济科学出版社 1998 年版。
54. 〔美〕罗伯特·史密特:《杰克·韦尔奇 29 个领导秘诀》(孙芳译),中国财政经济出版社 2003 年版。
55. 〔美〕迈克尔·哈默、詹姆斯·钱皮:《改革公司——企业革命的宣言书》(胡毓源等译),上海译文出版社 1998 年版。

56. 〔美〕尼古拉斯·亨利:《公共行政与公共事务》(项龙译),华夏出版社 2002 年版。

57. 〔美〕帕斯卡尔:《日本企业管理艺术》(陈金森译),中国科学技术翻译出版社 1983 年版。

58. 〔美〕斯坦利·布鲁:《经济思想史》(焦国华等译),机械工业出版社 2004 年版。

59. 〔美〕斯图尔特·克雷纳:《管理百年——20 世纪管理思想与实践的批判性回顾》(邱琼等译),海南出版社 2003 年版。

60. 〔美〕托马斯·彼得斯、罗伯特·沃特曼:《追求卓越》(戴春平等译),中央编译出版社 2000 年版。

61. 〔美〕威廉·大内:《Z 理论——美国企业界怎样迎接日本的挑战》(孙耀君译),中国社会科学出版社 1984 年版。

62. 〔英〕大卫·李嘉图:《政治经济学及赋税原理》(郭大力等译),商务印书馆 1972 年版。

63. 〔英〕亚当·斯密:《国民财富的性质和原因的研究》(郭大力等译),商务印书馆 1972 年版。

附录 人物及著作一览表

汉谟拉比(Hammurabi) 古巴比伦 《汉谟拉比法典》

苏格拉底(Socrate,前469—前399年) 古希腊

色诺芬(Xenophon,约前430—前350年) 古希腊 《家庭管理》

柏拉图(Plato,前427—前342年) 古希腊 《理想国》

亚里士多德(Aristotle,前384—前322年) 古希腊 《政治学》

马库斯·贾图(Marcus Poreius Cato,前235—前149) 古罗马 《论农业》

马库斯·铁伦提乌斯·瓦罗(Marcus Terentius Varro,前116—前27) 古罗马 《论农业》

托马斯·阿奎那(Thormas Aquinas,1226—1276) 意大利 《神学大全》

尼科洛·马基雅弗利(Niccolò Machiavelli,1469—1527) 意大利 《战争的艺术》、《君主论》、《佛罗伦萨史》

托马斯·莫尔(Thomas More,1478—1535) 英国 《乌托邦》

詹姆斯·斯图亚特(James Stewart,1712—1780) 英国 《政治经济学原理研究》(1767)

亚当·斯密(Adam Smith,1723—1790) 英国 《国富论》(1776)

让·巴蒂斯特·萨伊(Jean Baptiste Say,1767—1832) 法国 《政治经济学概论》(1803)

大卫·李嘉图(David Ricardo,1772—1823) 英国 《政治经济学及赋税原理》(1817)

伊莱·惠特尼(Eli Whitney,1765—1825) 美国

罗伯特·欧文(Robert Owen,1771—1858) 英国 《新社会观》(1813—1814)、《关于制造制度的效果的观察》(1815)

卡尔·冯·克劳塞维茨(Carl Von Clausewitz,1780—1831)普鲁士 《战争论》

安德鲁·尤尔(Andrew Ure,1778—1857) 英国 《制造业的哲学》(1835)

查尔斯·杜平(Charles Dupin,1784—1873) 法国 《关于工人情况的谈话》(1831)

查尔斯·巴贝奇(Charles Babbage,1792—1871) 英国 《论机器和制造业的经济》(1832)

威廉·杰文斯(William Jevons,1835—1882) 英国 《科学管理》(1874)、《经济学原理》(1905)

丹尼尔·克雷格·麦卡勒姆(Daniel Craig Mc Callum,1815—1878) 美国

亨利·瓦农·普尔(Henry Varnum Poor,1812—1905) 美国

亨利·汤尼(Henry R. Towne,1844—1924) 美国 《作为经济家的工程师》(1886)、《收益分享》(1889)、《有关制造成本的原则》(1912)、《工业管理的演变》(1921)

亨利·梅特卡夫(Henry Metcalfe,1847—1917) 美国 《制造业的成本与工厂管理》(1885)

弗雷德里克·哈尔希(Frederick Halsey,1856—1935)　美国　《劳动报酬的奖金方案》(1891)

奥柏林·史密斯(Oberlin Smith,1840—1926)　美国　《实验机械学》(1881)、《机械零件术语》(1881)

弗雷德里克·温斯洛·泰勒(Frederick Winslow Taylor,1856—1915)　美国　《计件工资制》(1895)、《工厂管理》(1903)、《效率的福音》(1911)、《科学管理原理》(1911)

卡尔·乔治·巴思(Carl G. Barth,1860—1939)　美国　《泰勒的〈论金属切削技术〉一文的补充》(1920)、《机械工具的标准化》(1916)、《经过改进的带状计算尺》(1922)

亨利·劳伦斯·甘特(Henry L. Gantt,1861—1919)　美国　《制造业中的一种日平衡图示法》(1903)、《培训工人的勤奋习惯和协作精神》(1908)、《工作、工资和利润》(1910)、《效率与民主》(1918)、《工业的组织》(1919)

弗兰克·邦克·吉尔布雷斯(Frank Bunker Gilbreth,1868—1924)、莉莲·莫勒·吉尔布雷斯(Lillian Moller Gilbreth,1878—1972)　美国　《疲劳研究》(1916)

哈林顿·埃默森(Harrington Emerson,1853—1931)　美国　《效率的十二原则》(1912)

莫里斯·库克(Morris Cooke,1872—1960)　美国　《学院的效率和工业的效率》(1910)、《我们的城市在觉醒》(1918)、《有组织的劳工和生产》(1940)

路易斯·布兰代斯(Louis Brandeis,1856—1941)　美国　《科学管理和铁路》(1911)、《有关提高铁路运费率事件的证词》(1910)

亨利·法约尔(Henri Fayol,1841—1925)　法国　《工业管理和一般管理》(1916)

马克斯·韦伯(Max Weber,1864—1920)　德国　《新教伦理与资本主义精神》(1905)、《社会和经济组织的理论》(1921)、《一般经济史》、《社会学基本概念》(1922)、《社会学论文集》(1946)、《社会科学方法论》(1949)

林德尔·厄威克(Lyndall F. Urwick,1891—1983)　英国　《动态管理:玛丽·派克·福莱特论文集》(1924,与梅特卡夫合编)、《作为几个技术问题的组织》(1933)、《管理的职能》(1934)、《行政科学论文集》(1937,与古利克合编)、《管理备要》(1956)

卢瑟·古利克(Luther H. Gulick,1892—1993)　美国　《组织理论评论》、《科学、价值观和公共管理》、《行政科学论文集》(与厄威克合编,1937)、《行政原则》、《公共行政的下一步》

胡戈·蒙斯特伯格(Hugo Munsterberg,1863—1916)　美国　《心理学和工业效率》(1913)、《美国的问题——从一个心理学家的观点来看》(1910)、《心理学和经济生活》(1912)、《一般心理学和应用心理学》(1914)、《企业心理学》(1918)

亨利·丹尼森(Henry Dennison,1877—1952)　美国　《组织工程学》(1931)

奥利弗·谢尔登(Oliver Sheldon,1894—1951)　英国　《管理的哲学》(1923)

乔治·埃尔顿·梅奥(George Elton Mayo,1880—1949)　美国　《工业文明中的人类问题》(1933)、《工业文明中的社会问题》(1945)

亨利·默里(Henry Murray)　美国　《人的探索》(1938)

亚伯拉罕·马斯洛(Abraham H. Maslow,1908—1970)　美国　《人类动机理论》(1943)、《动机与人格》(1954)、《反常心理学原理》(1941)、《心理安全——不安全的动力学》(1942)、《冲突、挫折和威胁理论》(1943)

附录·人物及著作一览表

弗雷德里克·赫茨伯格（Fredrick Herzberg, 1923—2000） 美国 《工作的推动力》（1959，与莫纳斯和斯奈德曼合著）、《工作与人性》（1966）、《再论如何激励职工》（1968）

戴维·麦克利兰（David C. McClelland, 1917—1998） 美国 《成就动机》（1953）、《有成就的社会》（1961）、《促使取得成就的事物》（1966）、《权利：内心体验》（1975）

克莱顿·奥尔德弗（Clayton P. Alderfer） 美国 《生存、关系以及发展：人在组织环境中的需要》（1972）、《关于组织中需要满足的三项研究》（1973）

维克多·弗鲁姆（Victor H. Vroom, 1919—?） 美国 《工作与激励》（1964）、《领导与决策》（1973）

弗雷德里克·斯金纳（Burrhus Frederic Skinner, 1904—1990） 美国 《有机体的行为》（1938）、《科学和人类行为》（1953）、《言语行为》（1957）、《强化程序》（1957）、《教学技术》（1968）、《超越自由和尊严》（1971）、《关于行为主义》（1974）

亚当斯（J. S. Adams） 美国 《工人关于工资不公平的内心冲突同其生产率的关系》（1962，与罗森鲍姆合著）、《工资不公平对工作质量的影响》（1964，与雅各布森合著）、《社会交换中的不公平》（1965）

莱曼·波特（Lyman W. Porter）、爱德华·劳勒（Lyman W. Porter） 美国 《管理态度和绩效》（1968）

凯利（H. H. Kelley） 美国 《社会心理学的归因理论》（1967）

韦纳（B. Weiner） 美国

道格拉斯·麦格雷戈（Douglas M. McGregor, 1906—1964） 美国 《企业的人性方面》（1960）、《领导和激励——道格拉斯·麦格雷戈论文集》（1966）、《职业的经理》（1966）

克利斯·阿吉利斯（Chris Argyris） 美国 《个性和组织：系统与个人之间的冲突》（1957）、《个人和组织：相互调节的若干问题》（1957）、《理解组织行为》（1960）、《把个人同组织结合起来》（1964）

埃德加·沙因（Edgar H. Schein） 美国 《组织心理学》（1965）、《企业文化与领导》（1985年初版,1992年再版）、《企业文化生存指南》（1999）

约翰·莫尔斯（John Morse）、杰伊·洛尔施（Jay W. Lorsch） 美国 《超Y理论》（1970）、《组织及其成员：权变法》（1974）

库尔特·卢因（Kurt Lewin, 1890—1947） 美国 《个性的动态理论》（1935）、《实验性社会环境中的激进行为模型》（1939）、《解决社会冲突》（1948）、《社会科学中的场论》

罗伯特·布莱克（Robert R. Blake）、简·莫顿（Jane S. Mouton） 美国 《管理方格》（1964）

伦西斯·利克特（Rensis Likert） 美国 《管理的新模式》（1961）、《人群组织：取管理和价值》（1967）

拉尔夫·M.斯托格蒂尔（Ralph M. Stoqdill）、卡罗尔·H.沙特尔（Carroll L. Shartle） 美国

罗伯特·坦南鲍姆（Robert Tannenbaum）、沃伦·施密特（Warren H. Schmidt） 美国 《怎样选择一种领导模式》（1958）

詹姆斯·穆尼（James D. Mooney, 1884—1957）、阿兰·赖利（Alan C. Riley, 1869—1947）

美国 《组织原理》(1939)

哈罗德·孔茨(Harold Hoontz,1908—1984)、**西里尔·奥唐奈**(Cyril O'Donnell) 美国 《管理学》(1955年初版时名为《管理学原理》,1980年第7版易名为《管理学》)

威廉·纽曼(William H. Newman) 美国 《经营管理的原则》(1950)、《管理过程:思想、行为和实务》(1961)

拉尔夫·戴维斯(Ralpah C. Davis) 美国 《企业组织和作业原理》(1935)、《高层管理的基本原理》(1951)、《工业组织和管理》(1957)、《管理哲学》(1957)

小埃弗里特·亚当(1934—)、**罗纳德·埃伯特**(1930—) 美国 《生产与经营管理》(1978)

切斯特·巴纳德(Chester I. Barnard,1886—1961) 美国 《经理人员的职能》(1938)、《组织与管理》(1948)

赫伯特·西蒙(Herbert A. Simon,1916—2001) 美国 《管理行为》(1945)、《行政行为——行政组织决策过程的研究》(1947)、《公共管理》(1950,与史密斯伯格·汤普森合著)、《人的模型》(1957)、《组织》(1958,与马奇合著)、《经济学与行为科学中的决策理论》(1959)、《管理决策新科学》(1960)、《思维的模型》(1979)

詹姆斯·马奇(James G. March,1916—) 美国 《组织》(1958,与西蒙合著)、《公司行为的一种理论》(1963,与赛尔特合著)

路德维希·冯·贝塔朗菲(Ludwig von Bertallanffy) 美国 《物理学与生物学的开放系统理论》(1950)、《一般系统理论的基础、发展和应用》(1968)

诺伯特·威纳(Noeber Wiener,1894—1964) 美国 《控制论:关于在动物和机器中控制和通讯的科学》(1948)

肯尼思·博尔丁(Kenneth Boulding) 美国 《一般系统理论:一种科学的框架》(1956)

理查德·约翰逊(Richard A. Johnson)、**弗里蒙特·卡斯特**(Fremont E. Kast)、**詹姆斯·罗森茨韦克**(James E. Rosenzweig) 美国 《系统理论与管理》(1963,三人合著)、《组织与管理——系统方法与权变方法》(1970,卡斯特和罗森茨韦克合著)

杰伊·福里斯特(J. W. Forrester) 美国 《工业动态学》(1961)

罗伯茨(Edward B. Robers) 美国 《研究和发展的动态模型》(1964)

弗雷德·卢桑斯(Fred Luthans) 美国 《权变管理理论:走出丛林的道路》(1973)、《管理导论:一种权变学说》(1976)

琼·伍德沃德(Joan Woodward,1916—1971) 英国《工业组织:理论和实际》(1965)

保罗·劳伦斯(Paul R. Lawrence)、**杰伊·洛尔施**(Jay W. Lorsch) 美国 《组织和环境》(1967)、《复杂组织的分化和整体化》(1967)

唐·赫里格尔(Don Hellriegel)、**约翰·斯洛坎姆**(John W. Slocum) 美国《组织设计:一种权变研究方法》(1973)

弗雷德·E. 菲德勒(Fred E. Fiedler,1912—) 美国 《让工作适应管理者》(1965)、《领导游戏:人与环境的匹配》、《一种有效的领导原理》(1967)、《领导方式训练和经验效果:对一种权变模型的说明》、《领导方式与有效的管理》(与马丁·切默斯合著)、《领导效能新论》和《权变模型——领导效用的新方向》(1974)等维克多·弗鲁姆(Victor H. Vroom)、菲利普·叶顿(Phillip Yetton) 美国 《领导与决策》(1973)

卡曼(A. K. Korman) 美国 "领导生命周期理论"

罗伯特·豪斯(Rrobert J. House) 美国 《有关领导者效率的一种目标—途径理论》(1971)、《目标—途径领导理论》(1974,与特伦斯·米切尔合著)等

彼得·德鲁克(Peter F. Drucker,1909—2005) 美国 《公司的概念》(1945)、《管理实践》(1954)、《有效的管理者》(1967)、《管理——任务、责任、实践》(1974)等

欧内斯特·戴尔(Ernest Dale,1919—) 美国 《伟大的组织者》(1960)、《企业管理:理论和实践》、《组织中的参谋工作》(1960)等

艾尔弗雷德·斯隆(Alfred P. Sloan,1875—1966) 美国 《我在通用汽车的年代》(1963)

亨利·福特(Henry Ford,1863—1947) 美国 《我的生活和工作》(1925)、《今天和明天》(1926)、《前进》(1931)等

亨利·明茨伯格(Herry Mintzberg,1939—) 加拿大 《经理工作的性质》(1973)、《组织的结构——研究的综合》(1979)、《组织内外的权力》、《组织战略的形成》、《职业战略》(1987)、《战略过程》(1991)、《战略规划的起落》(1994)、《战略历程:纵览战略管理学派》(1998,与布鲁斯·阿尔斯特兰德和约瑟夫·兰佩尔合著)等

托马斯(E. J. Thomas)、比德尔(B. J. Biddle) 《角色理论:概念和研究》(1966)

萨尔宾(T. R. Sarbin)、艾伦(V. L. Allen) 《论角色理论》(1968)

乔兰(I. Choran) 《小公司的经理》(1969)

贝克斯(John Bex) 《对变动环境中的经理角色的某些观察》(1971)

爱德华·鲍曼(Edward H. Bowman)、罗伯特·费特(Robert B. Fetter) 《生产管理分析》

韦斯特·丘奇曼(C. West Churchman)、拉塞尔·阿考夫(Russell L. Ackoff)、伦纳德·阿诺夫(Leonard E. Arnoff) 《运筹学导论》(1957)

埃尔伍德·斯潘赛·伯法(E. S. Buffa) 美国 《现代生产管理》(1975)

菲利普·塞兹尼克(Philip Selznick) 《经营中的领导》(1957)

小阿尔弗雷德·D. 钱德勒(Alfred D. Chandler,1918—2007) 美国 《战略与结构》(1962)、《看得见的手:美国商业经理革命》(1977)、《管理上的等级制度》(1980)、《规模和范围》(1990)和《管理学的历史与现状》(1996)等

伊戈尔·安索夫(Igor H. Ansoff,1918—2002) 美国 《公司战略》(1965)、《战略管理》(1979)、《导入战略管理》(1984)和《新公司战略》(1988)等

肯尼思·安德鲁斯(Kenneth Andrews) 美国 《经营策略:原理和案例》(1965)

迈克尔·波特(Michael E. Porter,1947—) 美国 《品牌间的选择、战略和双向市场的力量》(1976)、《竞争战略》(1980)、《竞争优势》(1985)、《国家竞争力》(1990)和《产业集群与竞争》(1998)等

C. K. 普拉哈拉德(C. K. Prahalad)、加里·哈默尔(Gary Hamel) 美国 《企业核心能力》(1990)、《作为延伸杠杆的战略》(1993)、《竞争未来》(1994)等

弗雷德·R. 戴维(Fred R. David) 美国 《战略管理》

威廉·爱德华兹·戴明(William Edwards Deming) 美国 《商业研究中的样本设计》(1960)、《转危为安》(1986)、《工业、政府和教育的新经济》(1993)

约瑟夫·莫西·朱兰(Joseph M. Juran,1904—2008) 《生产问题的统计方法应用》(1928)、《朱兰质量控制手册》(第一版,1951)、《质量策划》

阿德曼·V.费根鲍姆(A. V. Feigenbaum,1920—) 美国 《全面质量管理》

石川馨(Kaoru Ishikawa,1915—1989) 日本 《质量管理入门》(1954)、《日本的质量管理》(1981)

菲利浦·克劳斯比(Philip Crosby,1968—2001) 美国 《质量不花钱》(1979)、《完美无缺——不流泪的质量管理》(1984)等

吉尔·A.洛丝特(Jill A. Rossiter) 美国 《全面质量管理》(1996)

史蒂文·科恩(Steven Cohen) 美国 《高效的公共管理人员》(1988,与威廉·埃米克合著)、《政府全面质量管理》(1993,与罗纳德·布兰德合著)

理查德·帕斯卡尔(Richard Tanner Pascale)、安东尼·阿索斯(Anthony G. Athos) 美国 《日本企业管理艺术》(1981)

威廉·大内(William Ouchi) 美国 《Z理论——美国企业界如何迎接日本的挑战》(1981)

特伦斯·迪尔(Terrence E. Deal)、阿伦·肯尼迪(Allan A. Kennedy) 美国 《公司文化——公司生活的礼节和仪式》(1981)

托马斯·彼得斯(Thomas Peters)、罗伯特·沃特曼(Robert H. Waterman) 美国 《追求卓越》(1982)

彼得·圣吉(Peter M. Senge) 美国 《第五项修炼:学习型组织的艺术与实务》(1990)

霍夫斯泰德(G. Hofstede,1928—) 荷兰 "文化分维系统理论"

托马斯·伍德罗·威尔逊(Thomas W. Wilson,1856—1924) 美国 《行政学研究》(1887)、《国家》(1889)、《分裂与重新统一(1829—1889)》(1893)、《乔治·华盛顿》(1896)、《美国人民的历史》(1902)以及《美国的宪法政府》(1908)

弗兰克·古德诺(Frank J. Goodnow,1859—1939) 美国 《比较行政法》(1893)、《政治与行政》(1900)、《共和与君主论》(1914)

伦纳德·D.怀特(Leonard D. White,1891—1958) 美国 《公共行政学研究导论》(1926)、《近代公共行政的趋势》、《联邦主义者》(1948)、《外国的文官制度》、《共和党时代》(1958)

玛丽·福莱特(Mary Parket Follett,1868—1933) 美国 《众议院的发言人》(1909)、《新国家》(1920)、《创造性地经验》(1924)、《作为一种职业的管理》(1925)、《建设性冲突》、《发号施令》、《领导者和专家》、《权威的基础》、《领导的必要因素》、《协作》、《控制的工程》、《动态行政管理》(1941)、《自由与协调》(1947)

罗伯特·达尔(Robert A. Dahl,1915—) 美国 《民主理论的前言》、《论民主》、《公共行政科学:三个问题》(1947)

C.诺斯科特·帕金森(C. Northcote Parkinson,1909—1993) 英国 《帕金森定律及行政管理中其他问题的研究》(1957)

查尔斯·E.林德布洛姆(Charles E. Lindblom, 1917—) 美国 《政治、经济及福利——计划构成与政治经济系统的基本社会过程》(与达尔合著,1953)、《政策分析》(1956)、《"渐进调试"的科学》(1959,也译作《"竭力对付"的科学》)、《决策过程》(1968)、《政治与市场——世界政治经济体系》(1977)、《尚未达成,仍须调试》

弗雷德·里格斯(Fred W. Riggs, 1917—) 美国 《比较公共行政的模式》(论文,1957)、《公共行政生态学》(1961)、《发展中国家的行政:棱柱型社会的理论》(1965)、《泰国:一个官僚政体的现代化》(1965)、《发展行政的新领域》(1971)、《重访棱柱社会》(1973)

乔治·弗雷德里克森(George Frederickson, 1934—) 美国 《论新公共行政学》(论文,1971)、《社会公平和公共行政》(1974)、《新公共行政学沿革》(1977)、《新公共行政学》(1980)

叶海卡·德罗尔(Yehezkel Dror, 1928—) 奥地利 《公共政策制定的再审查》(1968年初版,1983年再版)、《政策科学构想》(1971)、《政策科学探索》(1971)、《疯狂的国家:违背常规的战略问题》(1971年初版,1980年再版)、《逆境中的政策制定》(1986)、《政策赌博》

马克·霍哲(Marc Holzer) 美国 《运作中的政府:最佳实践与模范项目》、《公共生产力手册》

戴维·奥斯本(David Osborne) 美国 《再造政府——企业精神如何改革着公营部门》(1992)、《摒弃官僚制:政府再造的五项战略》(1997)、《政府改革手册:战略与工具》(2000)

戴维·罗森布鲁姆(David H. Rosenbloom) 美国 《公共行政学:管理、政治和法律的途径》

克里斯托弗·胡德(Christopher Hood) 英国 《国家的艺术:文化、修辞学和公共管理》、《电讯管制:文化、混乱与管制过程的内部相互依赖》、《政府内管制》、《危机管理》

迈克尔·哈默(Michael Hammer)、詹姆斯·钱皮(James Champy, 1948—) 美国 《再造:不是自动化,而是重新开始》(1990,哈默)、《再造企业——工商管理革命宣言》(1993)、《再造革命》(哈默与史蒂文·斯坦顿(Steven Stanton)合著)、《超越再造》(1996)

史蒂文·斯坦顿((Steven Stanton) 美国 《再造革命》

斯宾塞·约翰逊(Spencer Johnson) 美国 《谁动了我的奶酪》(1998)、《一分钟经理人》(与肯尼思·布兰查德合著)、《一分钟销售》、《一分钟母亲》、《一分钟父亲》、《一分钟老师》、《一分钟的你自己》、《珍贵的礼物》、《是或不》、《道德故事》

尼尔·瑞克曼(Neil Rackham)、劳伦斯·傅德曼(Lawrence Friedman)、索察·鲁夫(Rickard Ruff) 美国 《合作竞争大未来》(1995)

杰克·韦尔奇(Jack Welch) 美国 《杰克·韦尔奇自传》、《赢》